Andreas Fürst

Beschwerdemanagement

GABLER EDITION WISSENSCHAFT

**Schriftenreihe des Instituts für
Marktorientierte Unternehmensführung
Universität Mannheim**
Herausgegeben von
Professor Dr. Hans H. Bauer und Prof. Dr. Christian Homburg

Das Institut für Marktorientierte Unternehmensführung (IMU) wurde 1999 an der Universität Mannheim neu konstituiert. Das Institut ist durch Umbenennung aus dem ehemaligen Institut für Marketing entstanden. Es versteht sich als Plattform für anwendungsorientierte Forschung sowie als Forum des Dialogs zwischen Wissenschaft und Praxis.

Ziel dieser Schriftenreihe ist es, wissenschaftliche Erkenntnisse zu publizieren, die für die marktorientierte Unternehmensführung von Bedeutung sind.

Andreas Fürst

Beschwerdemanagement

Gestaltung und Erfolgsauswirkungen

Mit einem Geleitwort von Prof. Dr. Christian Homburg

Deutscher Universitäts-Verlag

Bibliografische Information Der Deutschen Bibliothek
Die Deutsche Bibliothek verzeichnet diese Publikation in der Deutschen
Nationalbibliografie; detaillierte bibliografische Daten sind im Internet über
<http://dnb.ddb.de> abrufbar.

Dissertation Universität Mannheim, 2005

1. Auflage November 2005

Alle Rechte vorbehalten
© Deutscher Universitäts-Verlag/GWV Fachverlage GmbH, Wiesbaden 2005

Lektorat: Brigitte Siegel / Stefanie Loyal

Der Deutsche Universitäts-Verlag ist ein Unternehmen von
Springer Science+Business Media.
www.duv.de

Das Werk einschließlich aller seiner Teile ist urheberrechtlich geschützt.
Jede Verwertung außerhalb der engen Grenzen des Urheberrechtsgesetzes
ist ohne Zustimmung des Verlags unzulässig und strafbar. Das gilt insbesondere für Vervielfältigungen, Übersetzungen, Mikroverfilmungen und die
Einspeicherung und Verarbeitung in elektronischen Systemen.

Die Wiedergabe von Gebrauchsnamen, Handelsnamen, Warenbezeichnungen usw. in diesem
Werk berechtigt auch ohne besondere Kennzeichnung nicht zu der Annahme, dass solche
Namen im Sinne der Warenzeichen- und Markenschutz-Gesetzgebung als frei zu betrachten
wären und daher von jedermann benutzt werden dürften.

Umschlaggestaltung: Regine Zimmer, Dipl.-Designerin, Frankfurt/Main
Druck und Buchbinder: Rosch-Buch, Scheßlitz
Gedruckt auf säurefreiem und chlorfrei gebleichtem Papier
Printed in Germany

ISBN 3-8350-0205-8

Meinen Eltern

Helene und Karl Fürst

Geleitwort

Die Kundenorientierung von Unternehmen zieht seit vielen Jahren sowohl in der Unternehmenspraxis als auch in der Marketingforschung viel Aufmerksamkeit auf sich. Es steht außer Frage, dass ein effektives Beschwerdemanagement eine zentrale Komponente der Kundenorientierung eines Unternehmens darstellt.

Die bisherige Behandlung dieses Themenkreises in der Marketingforschung ist einerseits umfassend, andererseits aber dennoch lückenhaft: Obwohl sehr viele Arbeiten über Kundenbeschwerden existieren, kann festgestellt werden, dass die meisten von ihnen ausschließlich eine Kundenperspektive (zumeist eine Konsumentenperspektive) einnehmen. Wenige Arbeiten behandeln hingegen das Beschwerdemanagement aus der Perspektive des Unternehmens, das sich mit Kundenbeschwerden konfrontiert sieht.

Die besondere Bedeutung der Arbeit von Andreas Fürst liegt darin, dass der Verfasser nicht nur die vernachlässigte Unternehmensperspektive aufgreift, sondern beide Perspektiven integriert: Er untersucht insbesondere, wie die Gestaltung des Beschwerdemanagements in Unternehmen die zu steuernden Erfolgsgrößen (z.B. Gerechtigkeitswahrnehmungen und Zufriedenheit der Kunden) beeinflusst.

Dieser breiten Perspektive entsprechend, stützt sich die Untersuchung von Herrn Fürst auf eine beeindruckende Datengrundlage. Es ist ihm gelungen, eine dyadische Stichprobe von Unternehmen und Kunden, die sich bei den jeweiligen Unternehmen beschwert haben, zu generieren. Besonders bemerkenswert ist, dass diese aufwändig gewonnene Stichprobe groß genug ist, um komplexe Methoden der Dependenzanalyse anzuwenden. Die empirische Basis der Arbeit kann ohne Einschränkung als beeindruckend bezeichnet werden.

Gestützt auf diese umfassende empirische Datenbasis, eine sorgfältige theoretisch-konzeptionelle Fundierung sowie eine souveräne Beherrschung der angewandten multivariaten Methoden generiert die Arbeit von Herrn Fürst eine Reihe interessanter und in dieser Form neuer Erkenntnisse.

Beispielhaft sei hier die im zweiten Modell vorgenommene Unterscheidung zwischen dem mechanistischen und dem organischen Ansatz zur Gestaltung der Beschwerdebehandlung erwähnt. Der Verfasser erarbeitet wichtige Erkenntnisse im Hinblick auf die Beziehung zwischen diesen beiden Ansätzen. Er argumentiert auf der Basis seiner empirischen Ergebnisse überzeugend, dass diese Beziehung in erster Linie komplementärer Art ist. Interessant ist auch das Ergebnis, dass der mechanistische Ansatz einen stärkeren Einfluss auf den Erfolg der Beschwerdebehandlung besitzt als der organische Ansatz. Von grundsätzlicher Bedeutung ist auch die Erkenntnis, dass es signifikante Unterschiede zwischen dem Firmen- und Privatkundengeschäft sowie zwischen dem Dienstleistungs- und Sachgüterbereich im Hinblick auf die Effektivität einzelner Facetten des Beschwerdemanagements gibt. Wie der Verfasser richtig verdeutlicht, ist dies ein Indiz für die Relevanz der Unterscheidung zwischen dem Marketing für Firmenkunden und dem Marketing für Privatkunden bzw. zwischen dem Marketing für Dienstleistungen und dem Marketing für Sachgüter, die in der neueren Literatur bisweilen in Frage gestellt wird.

Die Erkenntnisse der Untersuchung von Herrn Fürst sind auch für die Unternehmenspraxis von hoher Relevanz. Es lassen sich daraus zahlreiche konkrete Handlungsempfehlungen für Manager ableiten. Insbesondere wird auch die grundlegende Relevanz des Themas Beschwerdemanagement nochmals untermauert: Das Ergebnis, dass die Kundenbindung nach der Beschwerde vor allem von der spezifischen beschwerdebezogenen Zufriedenheit und weniger von der kumulativen Zufriedenheit abhängt, zeigt eindeutig, wie bedeutsam das Beschwerdemanagement im Rahmen des Kundenbeziehungsmanagements ist.

Der Arbeit ist eine weite Verbreitung in Wissenschaft und Praxis zu wünschen.

Christian Homburg

Vorwort

„Nobody is perfect!"

(Schlussworte im Film „Manche mögen's heiß" von Billy Wilder, USA 1959)

Diese Feststellung gilt auch für Unternehmen. Trotz umfangreicher Vorkehrungen können Kundenprobleme vor, während oder nach dem Kauf eines Produkts auftreten und dadurch die Entstehung langfristiger, profitabler Geschäftsbeziehungen gefährden. In solchen Situationen kann ein professionelles Beschwerdemanagement maßgeblich dazu beitragen, aus Anbietersicht unvorteilhafte Reaktionsformen unzufriedener Kunden (z.b. Abwanderung, negative Mund-zu-Mund-Kommunikation) zu vermeiden, die Zufriedenheit von Kunden wiederherzustellen und das zukünftige Auftreten derartiger Probleme zu verhindern.

Trotz der hohen praktischen Relevanz scheint vielerorts noch Nachholbedarf in Bezug auf den richtigen Umgang mit Beschwerden vorzuherrschen. So weiß beinahe jedermann von negativen Erfahrungen mit dem Beschwerdemanagement von Unternehmen zu berichten. Überraschend ist zudem die bislang geringe wissenschaftliche Durchdringung der Thematik. Während sich die Marketingforschung seit langem intensiv mit den Reaktionen von Kunden auf ein Problem bzw. auf die Behandlung ihrer Beschwerde durch den Anbieter auseinander setzt, mangelte es bis dato an theoretisch-konzeptionell und empirisch fundierten sowie methodisch anspruchsvollen Arbeiten, die sich mit den Aktivitäten von Unternehmen in Zusammenhang mit Beschwerden beschäftigen. Zentrales Ziel der vorliegenden Arbeit war es nicht nur, diese Forschungslücke zu schließen, sondern auch eine integrative Betrachtung beider Perspektiven der Beschwerdeforschung (Unternehmensperspektive und Kundenperspektive) vorzunehmen.

Diese Arbeit entstand während meiner Tätigkeit als Wissenschaftlicher Mitarbeiter am Lehrstuhl für Allgemeine Betriebswirtschaftslehre und Marketing I an der Universität Mannheim. Sie wurde im Sommer 2005 von der Fakultät für Betriebswirtschaftslehre der Universität Mannheim als Dissertationsschrift angenommen.

Nach dem erfolgreichen Abschluss meines Promotionsvorhabens möchte ich mich bei all denen bedanken, die zu diesem Erfolg beigetragen haben. Besonderer Dank gebührt meinem akademischen Lehrer und Doktorvater Herrn Prof. Dr. Christian Homburg. Mit seiner zielorientierten, strukturierten Art der Betreuung und seinen kompetenten Ratschlägen half er mir, im Dschungel des wissenschaftlichen Arbeitens stets den Blick für das Wesentliche zu behalten. Die Tätigkeit an seinem Lehrstuhl hat mich sicherlich fachlich wie auch persönlich reifen lassen. Mein Dank gilt außerdem Herrn Prof. Dr. Hans H. Bauer für die bereitwillige und zügige Erstellung des Zweitgutachtens. Zu Dank bin ich auch der Studienstiftung des deutschen Volkes für die Förderung während meiner Studien- und Promotionszeit verpflichtet.

Ohne den Austausch mit meinen Lehrstuhlkollegen hätte sich die Erstellung meiner Dissertation sicherlich schwieriger gestaltet. Für ihren fachlichen Input in unterschiedlichen Projektphasen möchte ich insbesondere Matthias Bucerius, Martin Klarmann und Heiko Schäfer danken. Mein kollegiales Umfeld hatte zudem großen Anteil daran, dass ich jeden Tag gerne ins Büro gegangen bin und mir meine Promotionszeit – trotz der oft hohen Arbeitsbelastung – in so positiver Erinnerung bleiben wird. Es wird sicherlich nicht leicht sein, ein derart fachlich kompetentes, diskussionsfreudiges sowie zugleich sympathisches und angenehmes Arbeitsumfeld wiederzufinden. Zusätzlich zu den bereits erwähnten Personen sei an dieser Stelle insbesondere folgenden Kollegen gedankt: Beatrix Dietz, Petra Ehemann, Tim Fargel, Martin Faßnacht, Marko Grozdanovic, Nicole Koschate, Jutta Kuhn, Markus Richter, Bernhard Schenkel, Rembert Schulze-Wehninck, Hansjörg Stephan sowie Beate Scherer und Gisela Weiss. Ferner zu Dank verpflichtet bin ich Julia Zimmermann für die Beschaffung unzähliger Literaturquellen und die Erledigung einer Vielzahl sonstiger Aufgaben sowie Nina Ludwigs für die tatkräftige Unterstützung bei der Durchführung der Datenerhebung auf Kundenseite.

Mein spezieller Dank gilt zudem zwei Menschen, die mir während meiner Promotionszeit besonders nahe standen. Marion Glaize danke ich für ihr Verständnis und ihre Geduld, mit der sie lange Zeit den Mangel an gemeinsamer Freizeit hingenommen hat sowie für die Schaffung des notwendigen Ausgleichs vom berufs- bzw. promotionsbedingten Stress. Rückblickend betrachtet habe ich sicherlich mein Privatleben zu häufig zu ihren Lasten hinten angestellt. Zu großem Dank bin ich auch meiner Freundin Jana Prigge verpflichtet. Sie hat sich nicht nur Verdienste durch die kritische Durchsicht einer früheren Version dieser Arbeit erworben, sondern sie hat mich insbesondere durch alle Höhen und Tiefen im Laufe des letzten Jahres begleitet. Für ihre Unterstützung und ihr Einfühlungsvermögen während dieser Zeit bin ich ihr zutiefst dankbar.

Der allergrößte Dank gebührt meinen Eltern Helene und Karl Fürst. Trotz oder vielleicht gerade wegen aller eigener Entbehrungen haben sie mir eine unbeschwerte Jugend und eine hervorragende Ausbildung ermöglicht sowie mir ihre stete Liebe und Unterstützung zu Teil werden lassen. Hierdurch haben sie letztlich den Grundstein für meine Dissertation gelegt. Wenngleich ich ihnen hiermit nicht nur annähernd das zurückzahlen kann, was sie mir im Laufe ihres Lebens gegeben haben, so möchte ich ihnen dennoch in tiefer Dankbarkeit die vorliegende Arbeit widmen.

Andreas Fürst

Inhaltsverzeichnis

Abbildungsverzeichnis XIII

Tabellenverzeichnis XV

1. Einleitung 1
   1.1 Ausgangspunkt der Arbeit 1
   1.2 Forschungsfragen der Arbeit 4
   1.3 Aufbau der Arbeit 7

2. Grundlagen der Arbeit 8
   2.1 Definitorische Grundlagen 8
      2.1.1 Definition des Begriffs „Beschwerde" 8
      2.1.2 Definition des Begriffs „Beschwerdemanagement" 10
   2.2 Bestandsaufnahme der Literatur 12
      2.2.1 Systematisierung der Beschwerdeforschung 12
      2.2.2 Forschung zum Beschwerdeverhalten von Kunden 13
         2.2.2.1 Forschung zur Reaktion von Kunden auf Unzufriedenheit 13
         2.2.2.2 Forschung zur Reaktion von Kunden auf die Beschwerdebehandlung 24
      2.2.3 Forschung zum Beschwerdemanagement von Unternehmen 33
         2.2.3.1 Forschung zur Gestaltung der Beschwerdemanagement-Aufgaben 34
         2.2.3.2 Forschung zur Gestaltung des internen Beschwerdemanagement-Umfelds... 38
      2.2.4 Zusammenfassung des Erkenntnisbeitrags der ausgewerteten Literatur 43
   2.3 Theoretisch-konzeptionelle Bezugspunkte 51
      2.3.1 Die Verhaltenswissenschaftliche Entscheidungstheorie 51
      2.3.2 Die Rollentheorie 54
      2.3.3 Die Exit-Voice-Theorie 58
      2.3.4 Zusammenfassung des Erkenntnisbeitrags der theoretisch-konzeptionellen Bezugspunkte 62
   2.4 Empirische Grundlagen 65
      2.4.1 Grundlagen zur Datengewinnung 65
         2.4.1.1 Datengewinnung auf Unternehmensseite 65
         2.4.1.2 Datengewinnung auf Kundenseite 72
      2.4.2 Grundlagen zur Datenanalyse 73
         2.4.2.1 Grundlagen zur Konstruktmessung 73
         2.4.2.2 Grundlagen zur Dependenzanalyse 81

3. Das Integrative Erfolgsfaktoren-Modell 88

3.1 Bezugsrahmen für die Untersuchung 88

3.2 Definition und Darstellung der Konstrukte 90

3.2.1 Charakteristika der Gestaltung der Beschwerdemanagement-Aufgaben 90

3.2.2 Charakteristika der Erfolgsgrößen des Beschwerdemanagements 93

3.3 Herleitung der Hypothesen 94

3.3.1 Herleitung der Hypothesen zu den Haupteffekten 94

3.3.2 Herleitung der Hypothesen zu den moderierenden Effekten 103

3.4 Messung der Konstrukte 114

3.5 Empirische Überprüfung der Hypothesen 119

3.5.1 Empirische Überprüfung der Hypothesen zu den Haupteffekten 119

3.5.2 Empirische Überprüfung der Hypothesen zu den moderierenden Effekten 122

4. Das Beschwerdebehandlungs-Modell 126

4.1 Bezugsrahmen für die Untersuchung 126

4.2 Definition und Darstellung der Konstrukte 128

4.2.1 Charakteristika der Gestaltung der Beschwerdebehandlung 129

4.2.2 Charakteristika der Erfolgsgrößen der Beschwerdebehandlung 131

4.3 Herleitung der Hypothesen 133

4.3.1 Herleitung der Hypothesen zu den Haupteffekten 134

4.3.2 Herleitung der Hypothesen zu den moderierenden Effekten 140

4.4 Messung der Konstrukte 143

4.5 Empirische Überprüfung der Hypothesen 151

4.5.1 Empirische Überprüfung der Hypothesen zu den Haupteffekten 151

4.5.2 Empirische Überprüfung der Hypothesen zu den moderierenden Effekten 154

5. Empirische Bestandsaufnahme der Beschwerdemanagement-Praxis 157

5.1 Branchenübergreifende Betrachtung der Beschwerdemanagement-Praxis 159

5.2 Branchenspezifische Betrachtung der Beschwerdemanagement-Praxis 164

6. Schlussbetrachtung 167

6.1 Zusammenfassung der zentralen Ergebnisse 167

6.2 Implikationen für die Forschung 171

6.3 Implikationen für die Unternehmenspraxis 176

Literaturverzeichnis 179

Abbildungsverzeichnis

Abbildung 1: Felder der Beschwerdeforschung im Überblick 13

Abbildung 2: Bezugsrahmen des Integrativen Erfolgsfaktoren-Modells 89

Abbildung 3: Hypothesen zu Haupteffekten im Integrativen Erfolgsfaktoren-Modell 102

Abbildung 4: Ergebnisse der Überprüfung der Hypothesen zu Haupteffekten im Integrativen Erfolgsfaktoren-Modell 120

Abbildung 5: Ergebnisse der Überprüfung der Hypothesen zu moderierendem Effekt der Beschwerdezufriedenheit und des Ausmaßes der beschwerdebasierenden Verbesserungen auf die Beziehung zwischen Beschwerderate und Gesamtzufriedenheit 123

Abbildung 6: Bezugsrahmen des Beschwerdebehandlungs-Modells 128

Abbildung 7: Hypothesen zu Haupteffekten im Beschwerdebehandlungs-Modell 139

Abbildung 8: Ergebnisse der Überprüfung der Hypothesen zu Haupteffekten im Beschwerdebehandlungs-Modell 152

Abbildung 9: Gesamtprofessionalität des Beschwerdemanagements (über alle Branchen) 159

Abbildung 10: Professionalität der einzelnen Facetten des Beschwerdemanagements (über alle Branchen) 160

Abbildung 11: Organisatorische Ansiedlung des Beschwerdemanagements 161

Abbildung 12: Eingesetzte Software im Rahmen des Beschwerdemanagements 163

Abbildung 13: Gesamtprofessionalität des Beschwerdemanagements (nach Branchen) 164

Tabellenverzeichnis

Tabelle 1: Definitionen des Begriffs „Beschwerde" im Überblick 9

Tabelle 2: Definitionen des Begriffs „Beschwerdemanagement" im Überblick 11

Tabelle 3: Ausgewählte Arbeiten zur Reaktion von Kunden auf Unzufriedenheit 23

Tabelle 4: Ausgewählte Arbeiten zur Reaktion von Kunden auf die Beschwerdebehandlung 32

Tabelle 5: Ausgewählte Arbeiten zur Gestaltung des Beschwerdemanagements 42

Tabelle 6: Beschreibung der Stichprobe (erste Datenerhebung auf Unternehmensseite) 68

Tabelle 7: Beschreibung der Stichprobe (nach Abschluss der ersten Phase der zweiten Datenerhebung auf Unternehmensseite) 70

Tabelle 8: Beschreibung der Stichprobe (nach Abschluss der zweiten Phase der zweiten Datenerhebung auf Unternehmensseite) 71

Tabelle 9: Hypothesen zu moderierenden Effekten im Integrativen Erfolgsfaktoren-Modell 113

Tabelle 10: Messung des Konstrukts „Qualität der Gestaltung der Beschwerdebehandlung" 115

Tabelle 11: Messung des Konstrukts „Qualität der Gestaltung der Beschwerdekanäle" 115

Tabelle 12: Messung des Konstrukts „Qualität der Gestaltung der externen Kommunikation zur Beschwerdestimulierung" 116

Tabelle 13: Messung des Konstrukts „Qualität der Gestaltung der Beschwerdeanalyse" 117

Tabelle 14: Messung des Konstrukts „Ausmaß der beschwerdebasierenden Verbesserungen" 118

Tabelle 15: Ergebnisse der Prüfung auf Diskriminanzvalidität für das Integrative Erfolgsfaktoren-Modell anhand des Fornell-Larcker-Kriteriums 119

Tabelle 16: Ergebnis der Überprüfung der Hypothese zu moderierendem Effekt der externen Kommunikation auf die Beziehung zwischen Qualität der Gestaltung der Beschwerdekanäle und Beschwerderate 122

Tabelle 17: Ergebnisse der Überprüfung der Hypothesen zu moderierenden Effekten der Kontextvariablen auf die Beziehung zwischen Qualität der Gestaltung der Beschwerdemanagement-Aufgaben und Erfolgsgrößen des Beschwerdemanagements 124

Tabelle 18:	Messung des Konstrukts „Qualität der Verfahrensrichtlinien für die Beschwerdebehandlung" 144
Tabelle 19:	Messung des Konstrukts „Qualität der Verhaltensrichtlinien für die Beschwerdebehandlung" 144
Tabelle 20:	Messung des Konstrukts „Qualität der Ergebnisrichtlinien für die Beschwerdebehandlung" 145
Tabelle 21:	Messung des Konstrukts „Grad der Unterstützung der Beschwerdebehandlung durch das interne Umfeld" 146
Tabelle 22:	Messung des Konstrukts „wahrgenommene prozedurale Gerechtigkeit der Beschwerdebehandlung" 147
Tabelle 23:	Messung des Konstrukts „wahrgenommene interaktive Gerechtigkeit der Beschwerdebehandlung" 148
Tabelle 24:	Messung des Konstrukts „wahrgenommene distributive Gerechtigkeit der Beschwerdebehandlung" 148
Tabelle 25:	Messung des Konstrukts „Beschwerdezufriedenheit" 149
Tabelle 26:	Messung des Konstrukts „Gesamtzufriedenheit (nach der Beschwerde)" 149
Tabelle 27:	Messung des Konstrukts „Kundenbindung (nach der Beschwerde)" 150
Tabelle 28:	Ergebnisse der Prüfung auf Diskriminanzvalidität für das Beschwerdebehandlungs-Modell anhand des Fornell-Larcker-Kriteriums 151
Tabelle 29:	Ergebnisse der Überprüfung der Hypothesen zu moderierenden Effekten des internen Umfelds auf die Beziehung zwischen Qualität der Beschwerdebehandlungs-Richtlinien und wahrgenommener Gerechtigkeit der Beschwerdebehandlung 154
Tabelle 30:	Ergebnisse der Überprüfung der Hypothesen zu moderierenden Effekten der Kontextvariablen auf die Beziehung zwischen Qualität der Beschwerdebehandlungs-Richtlinien und wahrgenommener Gerechtigkeit der Beschwerdebehandlung 155
Tabelle 31:	Professionalität der einzelnen Facetten des Beschwerdemanagements (nach Branchen) 165

1. Einleitung

1.1 Ausgangspunkt der Arbeit

In den letzten Jahren hat sich der Fokus der Marketingforschung und -praxis verstärkt auf den Aufbau und die Pflege langfristiger Geschäftsbeziehungen mit Kunden gerichtet (Jensen/Fürst 2004). Im Zuge dessen gewinnen seit geraumer Zeit Themenkomplexe wie Kundennähe (Homburg 1998, 2000a), Kundenorientierung (Beutin/Fürst/Finkel 2003; Homburg/Werner 1998), Kundenzufriedenheit (Fornell 1992; Homburg/Bucerius 2003), Kundenbindung (Bauer/Huber/Bräutigam 1997; Homburg/Becker/Hentschel 2005) und Kundenrückgewinnung (Homburg/Fürst/Sieben 2003; Homburg/Sieben/Stock 2004) zunehmend an Bedeutung.

Triebfeder dieser Entwicklung ist insbesondere die Erkenntnis, dass der Aufbau und die Pflege langfristiger Kundenbeziehungen zu einer Erhöhung des wirtschaftlichen Erfolges von Unternehmen führt (Bruhn/Georgi 2005; Zeithaml 2000). Dies liegt zum einen daran, dass zufriedene Kunden oft Wiederholungs-, Mehr- und Zusatzkäufe tätigen und positive Mund-zu-Mund-Kommunikation betreiben (Anderson/Sullivan 1993, S. 141; Pfahlert/Fürst 2003, S. 408f.) sowie eine hohe Preisbereitschaft aufweisen (Homburg/Koschate 2003; Homburg/Koschate/Hoyer 2005) und dadurch beträchtliche Umsatzsteigerungen ermöglichen. Zum anderen führen langfristige Geschäftsbeziehungen zu Einsparungen bei kundenbezogenen Marketing- und Vertriebsaufwendungen (z.B. für die Kundenakquisition und -betreuung) und somit zu deutlichen Kostensenkungen (Anderson/Fornell/Lehmann 1994; Homburg/Daum 1997).

Eine ernsthafte Gefährdung für den Beginn bzw. Fortgang einer Geschäftsbeziehung sind von Kunden wahrgenommene Probleme vor, während oder nach dem Kauf eines Produkts. Diese lassen sich trotz aller Vorkehrungen von Anbietern nicht gänzlich verhindern (Boshoff 1997; Cook/Macaulay 1997). Unternehmen sehen sich deshalb der Notwendigkeit gegenüber, auf die durch die Wahrnehmung von Problemen verursachte Unzufriedenheit potenzieller oder aktueller Kunden adäquat zu reagieren. Hierzu kann das Beschwerdemanagement einen wertvollen Beitrag leisten (Homburg/Krohmer 2003, S. 789ff.; Stauss/Seidel 2002, S. 34f.).

So ermöglicht es ein professionelles Beschwerdemanagement, die Zufriedenheit von Beschwerdeführern ganz oder zumindest größtenteils wiederherzustellen und damit einem Abbruch der Geschäftsbeziehung vorzubeugen. Dies wird durch empirische Studien belegt, die berichten, dass etwa 70% bis 80% der zufriedenen Beschwerdeführer das betreffende Produkt wieder beim gleichen Anbieter zu kaufen beabsichtigen (TARP 1986a) bzw. fast 90% der zufriedenen Beschwerdeführer tatsächlich wieder beim gleichen Anbieter gekauft haben (Gilly/

Gelb 1982). Zudem können Anbieter durch eine zufriedenstellende Behandlung von Beschwerden nicht nur das Ausmaß von negativer Mund-zu-Mund-Kommunikation unzufriedener Kunden gegenüber Familienmitgliedern, Freunden, Bekannten oder Kollegen reduzieren, sondern sogar positive Mund-zu-Mund-Kommunikation über die Art und Weise der Beschwerdebehandlung generieren (Blodgett/Wakefield/Barnes 1995; Liljander 1999). Empirische Studien zeigen, dass Kunden, die mit der Behandlung ihrer Beschwerde zufrieden sind, mit durchschnittlich fünf bis elf Personen über diese Erfahrung sprechen (TARP 1981, 1997; Hansen/Jeschke 2000, Hennig-Thurau 1999). Einige Studien kommen sogar zu dem Ergebnis, dass Kunden, bei denen ein Problem erfolgreich behoben wird, zufriedener und loyaler sind sowie eine stärkere Neigung zu positiver Mund-zu-Mund-Kommunikation aufweisen als Kunden, bei denen kein Problem aufgetreten ist (Bitner/Booms/Tetreault 1990; Kelley/Hoffman/Davis 1993; Smith/Bolton 1998). Man spricht in diesem Zusammenhang auch vom sogenannten „Recovery Paradox" (McCollough/Berry/Yadav 2000; Smith/Bolton 1998).

Darüber hinaus wird einem angemessen gestalteten Beschwerdemanagement auch die Fähigkeit zugeschrieben, unzufriedene Kunden zu einer Beschwerde beim eigenen Unternehmen motivieren zu können (Davidow/Dacin 1997; Halstead/Dröge/Cooper 1993). Dies ist insofern von hoher Bedeutung, als dass Kunden generell eine breite Palette an Möglichkeiten besitzen, auf ein wahrgenommenes Problem zu reagieren. Neben der Beschwerde bei dem betreffenden Anbieter sind dies vor allem der Abbruch der Geschäftsbeziehung, negative Mund-zu-Mund-Kommunikation oder die Kontaktaufnahme zu Drittparteien wie z.B. Verbraucherorganisationen, Medien oder Rechtsanwälte (Singh 1988; Dart/Freeman 1994). Aus Sicht des Anbieters ist die Beschwerdeäußerung gegenüber der eigenen Organisation die einzige wünschenswerte Reaktionsform. Nur in diesem Fall erfährt er auf direktem Wege von der Unzufriedenheit des Kunden und erhält somit die Möglichkeit, das aufgetretene Problem unmittelbar wieder gut zu machen und unvorteilhafte Kundenreaktionen zu verhindern.

Schließlich wird auch häufig darauf hingewiesen, dass ein professionelles Management von Beschwerden Unternehmen dabei hilft, aus Fehlern der Vergangenheit zu lernen und dadurch zukünftige Unzufriedenheit sowie daraus resultierende unvorteilhafte Kundenreaktionen zu vermeiden (Schibrowsky/Lapidus 1994, S. 16; Stauss 2003, S. 313). So betrachtet repräsentieren Kundenbeschwerden „valuable marketing research information [...] [that] can provide crucial early warning information on failures or imperfections in product or service offerings" (Andreasen 1988, S. 705). Die Auswertung dieser Beschwerden auf aggregierter Ebene „will increase the chance of doing it right the first time" (Adamson 1993, S. 439).

Einleitung

Die hohe praktische Relevanz des Beschwerdemanagements wird auch von Fornell/ Wernerfelt (1987, 1988) unterstrichen. Diese Autoren zeigen anhand mathematischer Modelle, dass ein effektives Beschwerdemanagement den Marktanteil steigern und die Ausgaben für offensives Marketing (z.B. Werbung) senken kann. Ihr Fazit „complaint management pays" (Fornell/Wernerfelt 1988, S. 290) steht im Einklang mit Studien, die von einer sehr hohen Profitabilität des Beschwerdemanagements berichten (Rust/Subramanian/Wells 1992, S. 44; Stauss/Schöler 2003, S. 101; TARP 1986b, S. 6). Beispielsweise quantifiziert TARP (1986b, S. 6) die Beschwerdemanagement-Rendite von Unternehmen verschiedenster Branchen auf teilweise über 100%. Ferner betonen auch zahlreiche praxisorientierte Publikationen mit Titeln wie „Eine Beschwerde ist ein Geschenk" (Barlow/Møller 1996), „Reklamationen als Chance nutzen" (Dietze 1997) oder „Beschwerden sind gut für's Geschäft" (Hillebrecht 1998) die hohe Bedeutung des Managements von Kundenbeschwerden.

Trotz der hohen Relevanz des Beschwerdemanagements deuten jedoch verschiedene Indikatoren darauf hin, dass in der Unternehmenspraxis noch ein weit verbreiteter Nachholbedarf in Bezug auf den richtigen Umgang mit Beschwerden besteht. So ist durchschnittlich nur etwa die Hälfte der sich beschwerenden Kunden mit der Behandlung ihrer Beschwerde durch den Anbieter zufrieden (Estelami 2000; Meyer/Dornach 1999). Diese Tatsache unterstreicht nachhaltig die folgende Aussage von Tax/Brown/Chandrashekaran (1998, S. 60): „Firms are [often] not well informed [...] on how to deal successfully with [...] failures". Vor diesem Hintergrund fordert Andreassen (2001, S. 47): „[C]ompanies in general must improve their complaint resolution efforts dramatically". Zudem beschwert sich die Mehrheit der unzufriedenen Kunden nicht beim betreffenden Unternehmen, sondern reagiert auf andere Art und Weise auf ein Problem (Andreasen 1988; Kolodinsky 1993), da beispielsweise die wahrgenommene Erfolgswahrscheinlichkeit einer Beschwerde bei dem Anbieter zu gering ist (Blodgett/Wakefield/Barnes 1995; Richins 1987; TARP 1986a). Als weiterer Indikator für den in der Praxis weit verbreiteten Nachholbedarf im Hinblick auf ein effektives Management von Beschwerden kann das Versäumnis vieler Unternehmen angeführt werden, aus den in Beschwerden vorhandenen Informationen über betriebliche Schwächen und Marktchancen ausreichend zu lernen. Stattdessen kann häufig beobachtet werden, dass Anbieter dieselben Fehler immer wieder begehen (Best 1981; Brown 1997).

Ein zentraler Grund für den in der Praxis vorhandenen Optimierungsbedarf bei der Gestaltung des Beschwerdemanagements ist die bis dato geringe wissenschaftliche Durchdringung dieser Thematik (vgl. hierzu ausführlich Abschnitt 2.2). Die Vernachlässigung dieses Forschungsgegenstandes überrascht vor allem angesichts der bereits beschriebenen hohen praktischen

Relevanz des Beschwerdemanagements. Auf dieses Missverhältnis weisen auch Singh/Widing (1991, S. 30) hin: „[I]t appears critically important that marketers institute programmes that convert consumer dissatisfaction into satisfaction, and [...] loyalty. Despite its importance, research questions such as 'What complaint resolution mechanisms are successful?', 'Under which conditions are they successful?' and 'Why are they successful?' have remained largely unexplored". Ähnliche Forschungsfragen werden auch in einem kürzlich erschienenen Übersichtsartikel aufgeworfen: „Several questions come to mind to focus future research. Which organizational response affects which type of justice? Which organizational factors most influence the customer's feeling of fairness?" (Davidow 2003, S. 247). Während sich die Beschwerdeforschung bereits seit Jahrzehnten intensiv mit den Reaktionen von Kunden auf ein wahrgenommenes Problem bzw. auf die Behandlung ihrer Beschwerde durch den Anbieter beschäftigt, existieren erst relativ wenige Arbeiten, die sich auf die Aktivitäten von Unternehmen in Zusammenhang mit Beschwerden fokussieren.

Zusammenfassend ist der Gestaltung des Beschwerdemanagements eine sehr hohe praktische Relevanz zuzusprechen. Die wissenschaftliche Durchdringung dieser Thematik offenbart jedoch noch große Forschungslücken. Das zentrale Ziel dieser Arbeit ist es daher, einen Beitrag zur Schließung dieser Forschungslücken zu leisten.

1.2 Forschungsfragen der Arbeit

Die Gestaltung der zentralen Aufgaben des Beschwerdemanagements sowie deren Auswirkungen auf die wesentlichen Erfolgsgrößen des Beschwerdemanagements werden anhand der folgenden vier Forschungsfragen analysiert:

Im Rahmen der Forschungsfrage 1 geht es um die Bestimmung der wesentlichen Größen, anhand derer man den Erfolg des Beschwerdemanagements messen kann. Das Wissen um die zentralen zu steuernden Erfolgsgrößen des Beschwerdemanagements ist für Unternehmen von hoher Bedeutung und bildet die Grundlage für die Ableitung der zentralen Aufgaben des Beschwerdemanagements. Aus der Beantwortung dieser Forschungsfrage ergeben sich somit wichtige Implikationen für die Gestaltung des Beschwerdemanagements. Da bisherige Studien in Bezug auf die Gestaltung und Erfolgsauswirkungen des Beschwerdemanagements meist keine integrative Betrachtung vornehmen, sondern nur eine isolierte Betrachtung einzelner Facetten, besteht in der Forschung zum Beschwerdemanagement bis dato kein breiter Konsens über die zentralen Erfolgsgrößen. Zwar existieren einige Arbeiten, die sich mit der Messung des Beschwerdemanagement-Erfolges beschäftigen (Fornell 1978a; Hoffmann

1991; TARP 1979). Allerdings liegt deren Fokus auf der Quantifizierung des Beitrags des Beschwerdemanagements zum Unternehmenserfolg. Im Hinblick auf die Gestaltung des Beschwerdemanagements leisten diese Arbeiten damit zwar einen wichtigen Beitrag zur Verbesserung des Beschwerdemanagement-Controlling. Jedoch sind die ermittelten Erfolgsgrößen vor allem aufgrund ihrer hohen Anzahl, ihres meist hohen Detaillierungsgrades und ihrer häufig geringen direkten Beeinflussbarkeit durch die Gestaltung des Beschwerdemanagements nur sehr begrenzt für die Ableitung der zentralen Beschwerdemanagement-Aufgaben geeignet. Vor diesem Hintergrund werden in der vorliegenden Arbeit auf Basis der Beschwerdeforschung und eigener konzeptioneller Überlegungen die zentralen Erfolgsgrößen des Beschwerdemanagements ermittelt. Die Forschungsfrage 1 kann daher wie folgt formuliert werden:

1. Anhand welcher zentraler Größen lässt sich der Erfolg des Beschwerdemanagements messen?

Aufbauend auf Forschungsfrage 1 untersucht Forschungsfrage 2 einerseits, welche Beschwerdemanagement-Aufgaben hauptsächlich die zentralen zu steuernden Erfolgsgrößen des Beschwerdemanagements beeinflussen. Andererseits befasst sich diese Forschungsfrage mit der optimalen Gestaltung dieser Aufgaben. In diesem Zusammenhang wird analysiert, wie die zentralen Aufgaben des Beschwerdemanagements durchgeführt werden sollten, um eine angemessene Ausprägung der wesentlichen Erfolgsgrößen des Beschwerdemanagements zu gewährleisten. Diese Erkenntnisse besitzen eine hohe Relevanz für die Unternehmenspraxis, da hierdurch die zentralen Stellhebel für einen systematischen Umgang mit Beschwerden identifiziert werden. Die wenigen wissenschaftlichen Arbeiten, die sich bisher mit dieser Thematik beschäftigt haben, weisen jedoch konzeptionelle, empirische und methodische Schwächen auf. Gestützt auf einer umfassenden Literaturbestandsaufnahme, einem breiten theoretisch-konzeptionellen Fundament und einer ausführlichen qualitativen Voruntersuchung wird daher in der vorliegenden Arbeit zunächst ein integrativer Untersuchungsrahmen aufgespannt. Dieser umfasst sowohl die Gestaltung der verschiedenen zentralen Aufgaben des Beschwerdemanagements als auch Hypothesen zu deren Auswirkungen auf die wesentlichen Erfolgsgrößen des Beschwerdemanagements. Diese Hypothesen werden anschließend im Rahmen einer umfangreichen empirischen Untersuchung mit Hilfe fortgeschrittener quantitativer Methoden überprüft. Die Forschungsfrage 2 lautet somit:

2. Welches sind die zentralen Aufgaben des Beschwerdemanagements und wie sollten diese gestaltet sein, um den Erfolg des Beschwerdemanagements sicherzustellen?

Die Forschungsfrage 3 beschäftigt sich mit Bedingungen, unter denen die Beziehungen zwischen der Gestaltung der zentralen Aufgaben des Beschwerdemanagements und den wesentlichen Erfolgsgrößen des Beschwerdemanagements stärker oder schwächer ausgeprägt sind. In diesem Zusammenhang wird die für die Unternehmenspraxis äußerst relevante Fragestellung beleuchtet, inwieweit die Gestaltung der einzelnen Aufgaben des Beschwerdemanagements je nach Kontext (B2B vs. B2C bzw. Dienstleistungsbranche vs. Sachgüterbranche) eine unterschiedlich hohe Bedeutung besitzt. In methodischer Hinsicht geht es dabei um die Untersuchung moderierender Effekte von Kontextfaktoren auf die Zusammenhänge zwischen der Gestaltung der einzelnen Aufgaben des Beschwerdemanagements und den entsprechenden Erfolgsgrößen. Da zu diesem Sachverhalt bisher keine empirischen Erkenntnisse existieren, wird in der vorliegenden Arbeit dieser Fragestellung nachgegangen. Im Zuge dessen erfolgt eine literaturgestützte Entwicklung entsprechender Hypothesen, die im Anschluss mittels fortgeschrittener quantitativer Methoden empirisch getestet werden. Folglich ergibt sich als Forschungsfrage 3:

3. Gibt es in Abhängigkeit vom jeweiligen Kontext (B2B vs. B2C bzw. Dienstleistungsbranche vs. Sachgüterbranche) signifikante Unterschiede hinsichtlich der Erfolgsauswirkungen der Gestaltung der zentralen Aufgaben des Beschwerdemanagements?

Die Forschungsfrage 4 zielt schließlich auf eine Bestandsaufnahme der Gestaltung des Beschwerdemanagements in der Unternehmenspraxis ab. Konkrete und verlässliche Aussagen darüber, wie professionell die verschiedenen Facetten des Beschwerdemanagements aktuell in der Praxis gestaltet sind, besitzen für Anbieter zum Zwecke des Benchmarking eine hohe Relevanz. Neben empirischen Studien älteren Datums (TARP 1979, 1986a) liegt allerdings bisher nur eine einzige aktuellere Bestandsaufnahme der Beschwerdemanagement-Praxis vor (Stauss/Schöler 2003). Die Stichprobe von Stauss/Schöler (2003) umfasst jedoch ausschließlich Unternehmen aus dem B2C-Bereich. Zudem beinhaltet sie nur bei einer der betrachteten Branchen mehr als 20 Unternehmen, so dass die ermittelten branchenbezogenen Ergebnisse als wenig verlässlich anzusehen sind. Außerdem werden keine Aussagen auf aggregierter Ebene darüber gemacht, wie professionell die einzelnen Facetten des Beschwerdemanagements gestaltet sind. Die vorliegende Arbeit zielt deshalb darauf ab, konkrete und verlässliche branchenübergreifende als auch branchenspezifische empirische Erkenntnisse über die Gestaltung der verschiedenen Facetten des Beschwerdemanagements in der Unternehmenspraxis zu gewinnen. Daher lautet die Forschungsfrage 4:

4. Wie stellt sich der Status quo der Gestaltung des Beschwerdemanagements derzeit in der Unternehmenspraxis dar?

1.3 Aufbau der Arbeit

Die vorliegende Arbeit ist in sechs Kapitel gegliedert. Das im Anschluss folgende *zweite Kapitel* umfasst die Grundlagen der Untersuchung. In Abschnitt 2.1 werden die zwei zentralen Begriffe dieser Arbeit (Beschwerde, Beschwerdemanagement) definiert. In Abschnitt 2.2 erfolgt eine Systematisierung und umfassende Bestandsaufnahme der Beschwerdeforschung. Abschnitt 2.3 zeigt die theoretisch-konzeptionellen Bezugspunkte der Arbeit auf. Im Rahmen dessen wird auf die Grundlagen der Verhaltenswissenschaftlichen Entscheidungstheorie, der Rollentheorie und der Exit-Voice-Theorie eingegangen sowie deren Erkenntnisbeitrag zur vorliegenden Untersuchung aufgezeigt. Abschnitt 2.4 stellt die empirischen Grundlagen der Arbeit dar. Hierbei werden zunächst der Prozess und das Ergebnis der Datengewinnung auf Unternehmens- und Kundenseite erläutert. Anschließend wird im Rahmen der Beschreibung der Grundlagen zur Datenanalyse darauf eingegangen, wie abstrakte, theoretische Variablen empirisch messbar gemacht werden können. Danach erfolgt eine Darstellung der Verfahren der Dependenzanalyse, mit Hilfe derer im Rahmen der Arbeit die Wirkungszusammenhänge zwischen Variablen untersucht werden.

Das *dritte Kapitel* beschäftigt sich mit dem ersten Untersuchungsmodell dieser Arbeit („Integratives Erfolgsfaktoren-Modell"). Diesem Modell liegt eine integrative Betrachtung der Gestaltung der verschiedenen zentralen Beschwerdemanagement-Aufgaben und deren Auswirkungen auf wesentliche Beschwerdemanagement-Erfolgsgrößen zu Grunde. Das *vierte Kapitel* befasst sich mit dem zweiten Untersuchungsmodell („Beschwerdebehandlungs-Modell"). In diesem Modell wird die Gestaltung einer zentralen Beschwerdemanagement-Aufgabe - die Beschwerdebehandlung - und deren Einfluss auf relevante Erfolgsgrößen näher beleuchtet. Für beide Modelle erfolgt eine Vorstellung des Bezugsrahmens (Abschnitte 3.1 und 4.1). Außerdem werden für beide Modelle die betrachteten Konstrukte definiert und dargestellt (Abschnitte 3.2 und 4.2), die Hypothesen zu den unterstellten Wirkungsbeziehungen entwickelt (Abschnitte 3.3 und 4.3), die Konstrukte gemessen (Abschnitte 3.4 und 4.4) und die Ergebnisse der empirischen Überprüfung der Hypothesen präsentiert (Abschnitte 3.5 und 4.5).

Das *fünfte Kapitel* beinhaltet eine empirische Bestandsaufnahme der Gestaltung des Beschwerdemanagements in der Unternehmenspraxis. Der Status quo wird dabei sowohl branchenübergreifend (Abschnitt 5.1) als auch branchenspezifisch (Abschnitt 5.2) analysiert.

Zum Abschluss werden im *sechsten Kapitel* die zentralen Ergebnisse der vorliegenden Untersuchung zusammengefasst (Abschnitt 6.1) und darauf aufbauend Implikationen der Arbeit für die Forschung (Abschnitt 6.2) und die Unternehmenspraxis (Abschnitt 6.3) abgeleitet.

2. Grundlagen der Arbeit

Die Beantwortung der in Abschnitt 1.2 formulierten Forschungsfragen basiert im Wesentlichen auf vier Grundlagen: Im Einzelnen sind dies

- die Definition von zentralen Begriffen (Abschnitt 2.1),
- die umfassende Bestandsaufnahme der relevanten Literatur zu Beschwerdeverhalten und Beschwerdemanagement (Abschnitt 2.2),
- die Heranziehung von theoretisch-konzeptionellen Bezugspunkten, mit Hilfe derer die Untersuchungsmodelle und -hypothesen hergeleitet werden können (Abschnitt 2.3) und
- die Gewinnung und Analyse empirischer Daten, die eine Überprüfung der entwickelten Hypothesen ermöglichen (Abschnitt 2.4).

2.1 Definitorische Grundlagen

Wie in den kommenden Abschnitten 2.1.1 und 2.1.2 aufgezeigt wird, existiert weder in der Unternehmenspraxis noch in der Beschwerdeforschung ein einheitliches Verständnis über die für die vorliegende Untersuchung zentralen Begriffe „Beschwerde" und „Beschwerdemanagement". Aus diesem Grund werden im Folgenden die dieser Arbeit zu Grunde gelegten Definitionen dieser Begriffe vorgestellt. Im Zuge dessen erfolgt außerdem eine Abgrenzung von in der Unternehmenspraxis und Beschwerdeforschung häufiger verwendeten, inhaltlich verwandten Begriffen.

2.1.1 Definition des Begriffs „Beschwerde"

In der Unternehmenspraxis scheint ein uneinheitliches Verständnis des Begriffs „Beschwerde" nicht nur zwischen unterschiedlichen Anbietern weit verbreitet zu sein, sondern auch innerhalb der gleichen Organisation. Zudem neigen Anbieter häufig dazu, den Begriff inhaltlich zu eng zu definieren und damit von Beginn an bestimmte Unzufriedenheitsäußerungen von Kunden auszuklammern (Homburg/Schäfer/Schneider 2003, S. 284).

Die in Tabelle 1 dargestellte Aufstellung ausgewählter, in früheren Arbeiten verwendeter Definitionen von „Beschwerde" zeigt, dass auch in der Beschwerdeforschung kein einheitliches Verständnis über diesen Begriff vorherrscht. Ähnlich wie in der Unternehmenspraxis wird auch hier der Begriff unterschiedlich breit definiert.

Grundlagen der Arbeit

Autor(en) (Jahr, Seite)	Definition von „Beschwerde"
Fornell (1978b, S. 294)	„an articulation of a grievance: a dissatisfaction with a product, the service accompanying it, or with any element involved in the consumer's shopping or purchase experience"
Landon (1980, S. 337)	„an expression of dissatisfaction on a consumer's behalf to a responsible party"
Jacoby/Jaccard (1981, S. 6)	„an action taken by an individual which involves communicating something negative regarding a product or service to either the firm manufacturing or marketing that product or service, or to some third-party organizational entity"
Hoffmann (1991, S. 2)	„alle unternehmensgerichteten Kundenartikulationen nach dem Kauf von Produkten oder Dienstleistungen, die darauf abzielen, subjektiv wahrgenommene Kundenprobleme, die in direktem Zusammenhang mit dem Kauf und/oder der Nutzung der Produkte oder Dienstleistungen stehen, zu beseitigen"
Stauss (1995, S. 226f.)	„Artikulationen von Unzufriedenheit, die gegenüber dem Unternehmen bzw. Drittinstitutionen mit dem Zweck geäußert werden, auf ein subjektiv als schädigend wahrgenommenes Verhalten eines Anbieters aufmerksam zu machen, Wiedergutmachung für erlittene Beeinträchtigungen zu erreichen und/oder eine Änderung des kritisierten Verhaltens zu bewirken"
Kowalski (1996, S. 179)	„expressions of dissatisfaction, whether subjectively experienced or not, for the purpose of venting emotions or achieving intrapsychic goals, interpersonal goals, or both"
Wegmann (2001, S. 9)	„unternehmensgerichtete, individuelle Unzufriedenheitsäußerungen von Personen [...], die mit der Leistung oder Handlung des Unternehmens oder einem anderem Aspekt der Unternehmenstätigkeit nicht einverstanden sind. Hierbei ist die Artikulation darauf gerichtet, das zu Grunde liegende Problem zu lösen"
Wimmer/Roleff (2001, S. 269)	„eine vom Kunden ausgehende Artikulation von Unzufriedenheit [...], die sich auf ein konkretes Leistungsangebot einschließlich der damit in der Vor-, Kauf- und Nachkaufphase zusammenhängenden Marketingaktivitäten des Anbieters bezieht und an diesen adressiert ist"

Tabelle 1: Definitionen des Begriffs „Beschwerde" im Überblick

Um eine (für Anbieter letztlich unvorteilhafte) Ausklammerung bestimmter Unzufriedenheitsäußerungen von Kunden zu verhindern, liegt der vorliegenden Arbeit ein sehr umfassendes *Beschwerdeverständnis* zu Grunde. Dieses basiert auf bestehenden Definitionen und eigenen konzeptionellen Überlegungen und umfasst die folgenden Merkmale bzw. die in Klammern stehenden Ausprägungen dieser Merkmale:

- Beschwerdeform (schriftlich, telefonisch, persönlich)

- Beschwerdeinhalt (Unzufriedenheitsäußerung)

- Beschwerdeführer (potenzieller Kunde, tatsächlicher Kunde)

- Beschwerdeadressat (Hersteller, Absatzmittler)

- Beschwerdeobjekt (wahrgenommenes Problem mit Kernleistung, Zusatzleistung und/oder Verhalten von Mitarbeitern eines Anbieters)

- Zeitpunkt des Problemauftretens (Vorkaufphase, Kaufphase, Nachkaufphase)

- Kaufrechtlicher Anspruch (vorhanden, nicht vorhanden)

- Beschwerdeabsicht (Erreichung von Wiedergutmachung, Erzeugung von Aufmerksamkeit für das Problem, Verhinderung des nochmaligen Auftretens des Problems und/oder dem Ärger Luft machen)

Demnach wird im Folgenden unter einer *Beschwerde* jede schriftliche, telefonische oder persönliche Unzufriedenheitsäußerung eines potenziellen oder tatsächlichen Kunden gegenüber dem Hersteller oder einem Absatzmittler verstanden, die sich auf ein wahrgenommenes Problem mit der Kernleistung, der Zusatzleistung und/oder dem Verhalten von Mitarbeitern eines Anbieters vor, während oder nach dem Kauf bezieht und die darauf abzielt, auf Basis eines vorhandenen oder nicht vorhandenen kaufrechtlichen Anspruchs Wiedergutmachung zu erreichen, auf dieses Problem aufmerksam zu machen, ein solches Problem mit dem Anbieter nicht noch einmal zu erleben und/oder dem Ärger über das Problem Luft zu machen.

Synonym zum Begriff „Beschwerde" wird von Praktikern und Beschwerdeforschern häufig der Begriff „*Reklamation*" verwendet (Riemer 1986, S. 76). In dieser Arbeit wird sich jedoch der Auffassung von Autoren angeschlossen, die Reklamationen als diejenige Teilmenge von Beschwerden ansehen, bei denen tatsächliche Kunden ihre Unzufriedenheit über ein wahrgenommenes Problem nach dem Kauf äußern, um auf Basis eines vorhandenen kaufrechtlichen Anspruchs Wiedergutmachung zu erreichen (Hansen 1990, S. 449; Pepels 1997, S. 45).

2.1.2 Definition des Begriffs „Beschwerdemanagement"

Die Auffassungen über den Begriff „Beschwerdemanagement" gehen in der Praxis relativ weit auseinander. Vielerorts wird dieser Begriff noch mit einer Abteilung im Unternehmen gleichgesetzt, die die alleinige Verantwortung für den Umgang mit Beschwerden besitzt. Allerdings scheint sich zunehmend die Meinung durchzusetzen, dass das Management von Beschwerden bereits bei den Mitarbeitern im Kundenkontakt beginnt (Homburg/Werner 1998).

Betrachtet man die in der Literatur existierenden Definitionen von „Beschwerdemanagement", so stellt man auch hier ein relativ uneinheitliches Begriffsverständnis fest (Tabelle 2). Generell lassen sich diese Definitionen in drei Kategorien einteilen:

- *Prozess- bzw. aufgabenbezogene Definitionen*: Beschwerdemanagement als die Abfolge verschiedener konkreter Aufgaben in Zusammenhang mit Beschwerden (Johnston 2001; Stauss 2004)
- *Systembezogene Definitionen*: Beschwerdemanagement als das innerhalb eines Unternehmens existierende Subsystem für den Umgang mit Beschwerden (Fornell/Wernerfelt 1988; Riemer 1986)
- *Kumulative, aktivitätsbezogene Definitionen*: Beschwerdemanagement als die Summe aller unternehmerischen Aktivitäten in Zusammenhang mit Beschwerden (Günter 2003; Hansen/Jeschke/Schöber 1995; Wimmer 1985)

Grundlagen der Arbeit

Autor(en) (Jahr, Seite)	Definition von „Beschwerdemanagement"
Wimmer (1985, S. 233)	„Planung, Durchführung und Kontrolle aller Maßnahmen […], die ein Unternehmen im Zusammenhang mit Beschwerden ergreift"
Riemer (1986, S. 28)	„Ein System von Handlungsanweisungen, Strukturen und Mitteln für den Umgang mit Beschwerden unter der Zielsetzung, diese für das Marketing zu nutzen"
Fornell/Wernerfelt (1988, S. 288)	„a system, set up by the firm, that offers an opportunity for customers to have their grievances resolved"
Hansen/Jeschke/ Schöber (1995, S. 77)	„aktiver Umgang mit Beschwerden für eine zielgerichtete Gestaltung der Marktbeziehungen"
Johnston (2001, S. 61)	„involves the receipt, investigation, settlement and prevention of customer complaints and recovery of the customer"
Günter (2003, S. 294)	„die Behandlung der geäußerten und der nicht geäußerten […] Unzufriedenheit von Kunden durch einen Anbieter"
Stauss (2004, S. 343)	„umfasst einen komplexen unternehmerischen Handlungsbereich, in dem Unzufriedenheitsartikulationen von Kunden angeregt, entgegengenommen, bearbeitet, beantwortet und im Hinblick auf Verbesserungspotentiale ausgewertet werden"

Tabelle 2: Definitionen des Begriffs „Beschwerdemanagement" im Überblick

Die prozess- bzw. aufgabenbezogene Sichtweise hat vor allem den Nachteil, dass eine vollständige Aufzählung aller Beschwerdemanagement-Aufgaben und deren Einordnung in eine sinnvolle Abfolge nur schwer möglich ist. Da sich die vorliegende Arbeit weitgehend auf die Gestaltung ausgewählter Aktivitäten des Beschwerdemanagements fokussiert und dabei Aspekte wie Strukturen und Mittel für den Umgang mit Beschwerden weitgehend ausklammert, erscheint eine systembezogene Sichtweise ebenfalls wenig zielführend. Vor diesem Hintergrund wird in dieser Untersuchung eine kumulative, aktivitätsbezogene Sichtweise des Begriffs „Beschwerdemanagement" eingenommen. Konkret werden im Folgenden unter dem *Beschwerdemanagement* alle proaktiven und reaktiven Maßnahmen subsumiert, die ein Anbieter in Zusammenhang mit Beschwerden ergreift.

Analog zum oftmaligen synonymen Gebrauch der Begriffe „Beschwerde" und „Reklamation" werden auch die Begriffe „Beschwerdemanagement" und „Reklamationsmanagement" häufig gleichbedeutend verwendet. Entsprechend der in Abschnitt 2.1.1 vorgenommenen Abgrenzung der Begriffe „Beschwerde" und „Reklamation" wird allerdings in dieser Arbeit das *Reklamationsmanagement* als Spezialfall des Beschwerdemanagements verstanden.

In der englischsprachigen Beschwerdeliteratur findet sich zudem häufig der Begriff „*Service Recovery*". Hierunter sind proaktive und reaktive Maßnahmen zu verstehen, die ein Anbieter in einem Dienstleistungskontext in Zusammenhang mit einem begangenen Fehler ergreift (Johnston/Hewa 1997, S. 467; Smith/Bolton/Wagner 1999, S. 357). Der Begriff „Service Recovery" umfasst damit eine größere Bandbreite an Aktivitäten als der Begriff „Beschwerdemanagement", „because it includes situations in which a service failure occurs but no complaint is lodged by the customer" (Smith/Bolton/Wagner 1999, S. 359).

2.2 Bestandsaufnahme der Literatur

Nachdem im vorangegangenen Abschnitt die definitorischen Grundlagen der Arbeit gelegt wurden, soll im Folgenden eine umfassende Bestandsaufnahme der bisherigen Beschwerdeforschung erfolgen (vgl. hierzu auch Homburg/Fürst 2005a). Angesichts der großen Menge an Veröffentlichungen zu dieser Thematik (für Schätzungen vgl. z.B. Gronhaug/Kvitastein 1991; Perkins 1991, 1993) wird zunächst eine Systematisierung der Beschwerdeforschung vorgenommen (Abschnitt 2.2.1). Anschließend erfolgt die Ermittlung des Standes der Forschung zum Beschwerdeverhalten von Kunden (Abschnitt 2.2.2). Im Zuge dessen wird auf die Forschung zur Reaktion von Kunden auf Unzufriedenheit sowie auf die Forschung zur Reaktion von Kunden auf die Beschwerdebehandlung von Unternehmen eingegangen. Danach findet eine Darstellung des Standes der Forschung zum Beschwerdemanagement von Unternehmen statt (Abschnitt 2.2.3). Hierbei wird auf die Forschung zur Gestaltung der verschiedenen Beschwerdemanagement-Aufgaben und auf die Forschung zur Gestaltung des internen Beschwerdemanagement-Umfelds eingegangen. Abschließend erfolgt eine Zusammenfassung des Erkenntnisbeitrags der ausgewerteten Beschwerdeliteratur im Hinblick auf die Beantwortung der Forschungsfragen (Abschnitt 2.2.4).

2.2.1 Systematisierung der Beschwerdeforschung

Anhand des primären Betrachtungsobjekts lässt sich die Beschwerdeforschung in die Forschungsfelder Beschwerdeverhalten und Beschwerdemanagement unterteilen.

Im Mittelpunkt des *Forschungsfelds Beschwerdeverhalten* stehen unzufriedene Kunden. Arbeiten aus diesem Bereich untersuchen die Reaktion von Kunden auf ein wahrgenommenes Problem sowie die Reaktion von Kunden auf die Beschwerdebehandlung von Unternehmen. Diesem Forschungsfeld liegt somit eine Kundenperspektive zu Grunde. Das *Forschungsfeld Beschwerdemanagement* hat hingegen primär Aktivitäten von Anbietern in Zusammenhang mit Beschwerden zum Gegenstand. Es umfasst sowohl die Gestaltung der einzelnen Aufgaben des Beschwerdemanagements als auch die Gestaltung des internen Umfelds des Beschwerdemanagements und nimmt damit eine Unternehmensperspektive ein.

Abbildung 1 zeigt eine Übersicht über die verschiedenen Felder der Beschwerdeforschung und dient gleichzeitig als Bezugsrahmen für die nachfolgende Bestandsaufnahme der Beschwerdeliteratur.

Grundlagen der Arbeit 13

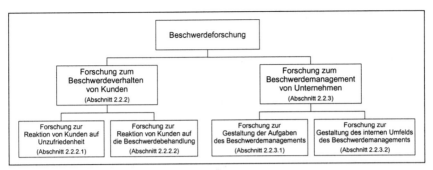

Abbildung 1: Felder der Beschwerdeforschung im Überblick

2.2.2 Forschung zum Beschwerdeverhalten von Kunden

Im Folgenden werden zunächst die zentralen Erkenntnisse von Arbeiten vorgestellt, die sich mit der Reaktion von Kunden auf ein wahrgenommenes Problem vor, während oder nach dem Kauf eines Produkts beschäftigen (Abschnitt 2.2.2.1). Im Anschluss erfolgt eine Darstellung der zentralen Ergebnisse von Studien, die die Reaktion von Kunden auf die Beschwerdebehandlung von Unternehmen zum Betrachtungsgegenstand haben (Abschnitt 2.2.2.2).

2.2.2.1 Forschung zur Reaktion von Kunden auf Unzufriedenheit

Die Studien, die sich diesem Forschungsfeld zuordnen lassen, beschäftigen sich vor allem mit

- den Formen der Kundenreaktion auf Unzufriedenheit sowie
- den Einflussfaktoren der Kundenreaktion auf Unzufriedenheit.

Im Zuge der Identifikation und Systematisierung von *Formen der Kundenreaktion auf Unzufriedenheit* sind eine Reihe entsprechender Klassifikationen (auch als Taxonomien bezeichnet) bzw. Typologisierungen entstanden. In diesem Zusammenhang ist darauf hinzuweisen, dass in der Beschwerdeforschung ein anderes Begriffsverständnis von Klassifikationen (Taxonomien) und Typologisierungen vorzuherrschen scheint als in der klassischen konfigurationalen Schule (Doty/Glick 1994; Rich 1992). Entsprechend dem Fokus dieser Arbeit basieren jedoch die folgenden Ausführungen auf dem Begriffsverständnis der Beschwerdeforschung. Unter *Klassifikationen* versteht die Beschwerdeforschung den „attempt to categorise the various responses into two or more groups in such a way that at least [...] responses within a group are similar to each other, but different from responses categorised in other groups" (Singh 1990c, S. 59). Vor allem in den 70er und 80er Jahren beschäftigten sich Forscher intensiv mit dieser Thematik. Der erste und gleichzeitig wegweisende Klassifizierungsversuch ist Bestandteil der Exit-Voice-Theorie (Hirschman 1970, 1974; vgl. hierzu Abschnitt 2.3.3). Gemäß dieser Theorie reagieren Kunden auf nicht zufriedenstellende Leistungen von Unternehmen mit Abwanderung („Exit"), Widerspruch („Voice") oder Inaktivität („Loyalty").

Inspiriert durch die Exit-Voice-Theorie wurden in der Folgezeit verschiedene Ansätze mit dem Ziel entwickelt, die Reaktionen von Kunden auf Unzufriedenheit zu gliedern. Die weiteste Verbreitung haben hierbei die Ansätze von Day/Landon (1977), Day (1980), Bearden/Teel (1983) und Singh (1988) gefunden. Die empirische Überprüfung der drei erstgenannten Ansätze führte jedoch nur zu widersprüchlichen Ergebnissen (Day et al. 1981; Maute/Forrester 1993; Singh 1988). Der Klassifikationsansatz, der bisher in der Literatur die größte Akzeptanz erfährt, ist die Taxonomie von Singh (1988). Auf Basis einer umfangreichen Konsumentenbefragung und mittels des Einsatzes fortgeschrittener Analyseverfahren identifiziert Singh drei Gruppen von Reaktionsformen: „Voice Responses" (Aufforderung an Anbieter zur Wiedergutmachung, Inaktivität), „Private Responses" (Abwanderung, negative Mund-zu-Mund-Kommunikation) und „Third Party Responses" (Kontaktaufnahme zu Drittparteien, Einleitung rechtlicher Schritte). Arbeiten, die das Beschwerdeverhalten von Firmenkunden untersuchen, bestätigen diese Gruppeneinteilung (Dart/Freeman 1994; Hansen/Swan/Powers 1997).

In der Anfangszeit der Beschwerdeforschung wurde meist implizit davon ausgegangen, dass unzufriedene Kunden stets nur auf eine Art und Weise reagieren (z.B. abwandern, sich beschweren *oder* inaktiv bleiben). Im Laufe der Zeit kristallisierte sich allerdings heraus, dass viele unzufriedene Kunden multiple Reaktionen zeigen (Bearden/Teel 1983; Day 1984; Richins 1983a), insbesondere im Falle hoher Unzufriedenheit (Singh/Pandya 1991). Multiple Reaktionen können sowohl parallel (z.B. Abwanderung und gleichzeitig negative Mund-zu-Mund-Kommunikation) als auch sequentiell (z.B. Beschwerde beim Anbieter und anschließend Abwanderung) auftreten. Vor diesem Hintergrund untersuchen zahlreiche Arbeiten, welche Reaktionsformen häufig in Kombination auftreten und wie Kunden charakterisiert werden können, die diese Reaktionstypen zeigen.

Das Ergebnis dieser Studien sind *Typologisierungen*, d.h. „a unique set (or combination) of responses that a group of consumers [or business customers] utilise to deal with their dissatisfaction" (Singh 1990c, S. 55). Die ersten Typologisierungsansätze entstanden in den 70er und 80er Jahren. Diese Ansätze beschränken sich meist darauf, unzufriedene Kunden bezüglich ihrer Reaktion in zwei Gruppen aufzuteilen (z.B. „Action/No-action", Mason/Himes 1973 oder „Complainers/Non-complainers", Morganosky/Buckley 1987) und die Kunden anschließend anhand sozio-demographischer und psychographischer Merkmale zu charakterisieren.

Komplexere und fundiertere Typologisierungsansätze stammen von Dart/Freeman (1994), Hansen/Swan/Powers (1997) und Singh (1990a). Alle drei Ansätze basieren auf der Klassifikation von Singh (1988). Sie unterscheiden sich jedoch im Bezug auf die untersuchte Art der Kunden (B2B-Kunden vs. B2C-Kunden) und die Art des involvierten Produkts (Dienstleistung vs. Sachgut). Während die Typologien von Dart/Freeman (1994) und Singh (1990a) eine relativ hohe Übereinstimmung aufweisen, existieren zwischen diesen beiden Ansätzen und der Typologie von Hansen/Swan/Powers (1997) vergleichsweise große Unterschiede.

Den zweiten Schwerpunkt der Forschung zur Reaktion von Kunden auf Unzufriedenheit bildet die Untersuchung von *Einflussfaktoren der Kundenreaktion auf Unzufriedenheit*. Empirische Studien zeigen übereinstimmend, dass sich unzufriedene Kunden weder stets beim Anbieter beschweren noch zwangsläufig bestimmte andere Reaktionsformen wählen (Best/ Andreasen 1977; Hansen/Jeschke 2000; Richins 1987). Vielmehr hat sich herausgestellt, dass „a myriad of factors exist that may well affect complaint behavior" (Bearden/Mason 1984, S. 491). Die Identifikation dieser Faktoren sowie die Analyse deren Zusammenspiels und Wirkungsweise bilden bislang einen, wenn nicht sogar *den* Schwerpunkt der Beschwerdeforschung. Zahlreiche Studien untersuchen mögliche direkte, indirekte und moderierende Effekte verschiedenster Faktoren auf das Verhalten von Kunden nach dem Auftreten eines Problems. Diese Faktoren lassen sich wie folgt kategorisieren:

- Ausmaß der Unzufriedenheit
- Kundenbezogene Faktoren (sozio-demographische und psychographische Charakteristika)
- Unternehmensbezogene Faktoren
- Geschäftsbeziehungsbezogene Faktoren
- Markt-/branchenbezogene Faktoren
- Problembezogene Faktoren (Attributionen, Art und Bedeutung des Problems, Art und Wichtigkeit des Produkts)
- Kulturelle Faktoren

Eine ausführliche Darstellung der Ergebnisse von Studien, die sich mit diesen Einflussfaktoren der Kundenreaktion auf ein wahrgenommenes Problem beschäftigen, würde den Umfang dieser Arbeit bei weitem übersteigen. Daher wird sich im Folgenden auf eine kurze Darstellung der zentralen empirischen Erkenntnisse beschränkt.

Ausmaß der Unzufriedenheit: Ausgangspunkt für das Beschwerdeverhalten ist normalerweise ein aus Kundensicht negatives Erlebnis mit einem Anbieter. Wie eine Vielzahl empirischer

Arbeiten zeigt, beeinflusst der Grad der aus einem Problem resultierenden Unzufriedenheit das Ausmaß des Beschwerdeverhaltens positiv und hat zudem einen Einfluss auf die Form des Beschwerdeverhaltens (Bolfing 1989; Johnston 1998; Zeelenberg/Pieters 2004). Allerdings lassen sich hierdurch insgesamt nur ca. 10% bis 15% der Varianz des Beschwerdeverhaltens erklären (Bearden/Teel 1983; Gilly 1981; Singh/Widing 1991).

Kundenbezogene Faktoren: Als weitere Einflussfaktoren des Beschwerdeverhaltens identifizieren zahlreiche Arbeiten die sozio-demographischen und psychographischen Charakteristika unzufriedener Kunden.

Empirische Studien, die den Einfluss *sozio-demographischer Charakteristika* auf die Reaktion von Kunden nach einem wahrgenommenen Problem untersuchen, kommen insgesamt nur zu recht widersprüchlichen Resultaten. So existieren Arbeiten, die bei Frauen eine stärkere Beschwerdeneigung als bei Männern feststellen (Granbois/Summers/Frazier 1977; Keng/ Richmond/Han 1995), aber auch Untersuchungen, die zu dem umgekehrten Ergebnis kommen (Meffert/Bruhn 1981; Moyer 1984) bzw. keinen Einfluss des Geschlechts konstatieren (Liefeld/Edgecombe/Wolfe 1975; Smart/Martin 1993). In Bezug auf das Alter wird in den meisten Arbeiten ein negativer Einfluss auf die Beschwerdewahrscheinlichkeit nachgewiesen (Bearden 1983; Meffert/Bruhn 1981). Teilweise berichten Studien jedoch auch von einem positiven Effekt (Keng/Richmond/Han 1995; Smart/Martin 1993) oder keinem Effekt (Bolfing 1989; Shuptrine/Wenglorz 1981). Während Smart/Martin (1993) eine stärkere Beschwerdeneigung bei verheirateten Konsumenten ermitteln, stellen andere Arbeiten keinen entsprechenden Einfluss des Familienstandes fest (Bolfing 1989; Mason/Himes 1973). In Bezug auf das Bildungsniveau berichten Studien meist von einem positiven Einfluss auf die Beschwerdewahrscheinlichkeit (Keng/Richmond/Han 1995; Warland/Herrmann/Willits 1975). Zum Teil ermitteln Studien aber auch einen negativen Einfluss (Kolodinsky 1993) oder keinen Einfluss (Bolfing 1989; Mason/Himes 1973). Hinsichtlich der Auswirkung der Art des ausgeübten Berufs auf die Beschwerdeneigung besteht kein klares Bild (Shuptrine/Wenglorz 1981; Smart/Martin 1993). Hingegen kann der Großteil der Arbeiten, die den Einfluss der Einkommenshöhe auf die Beschwerdeneigung untersuchen, einen positiven Zusammenhang nachweisen (Bearden/Oliver 1985; Warland/Herrmann/Willits 1975). Alles in allem scheinen lediglich die Faktoren Alter, Bildungsniveau und Einkommenshöhe die Beschwerdewahrscheinlichkeit von Kunden bis zu einem gewissen Grad zu beeinflussen. So verwundert es nicht, dass sozio-demographische Charakteristika in der Regel nur einen einstelligen Prozentanteil der Varianz der Kundenreaktion auf ein wahrgenommenes Problem erklären (z.B. 4% bei Singh 1990a und 8% bei Warland/Herrmann/Willits 1975).

Verglichen mit den sozio-demographischen Charakteristika leisten die *psychographischen Charakteristika* (d.h. die Persönlichkeitsmerkmale von Kunden) einen höheren Erklärungsbeitrag zum Beschwerdeverhalten (Bolfing 1989; Singh 1990a). Als weitgehend gesichert gilt, dass Beschwerdeführer durchschnittlich über eine größere (und positivere) Beschwerdeerfahrung (Meffert/Bruhn 1981; Singh/Wilkes 1996), eine positivere Einstellung zum Beschweren (Bearden/Mason 1984; Richins 1982), ein stärkeres Selbstbewusstsein (Bolfing 1989; Keng/ Richmond/Han 1995) und ein größeres Durchsetzungsvermögen (Keng/Richmond/Han 1995; Richins 1983b) verfügen als unzufriedene Personen, die sich nicht beschweren. Auch das Ausmaß der sozialen Aktivität scheint die Reaktion auf ein wahrgenommenes Problem zu beeinflussen (Meffert/Bruhn 1981; Richins 1987). Einige Studien weisen zudem einen Zusammenhang zwischen persönlichen Werten (z.B. Freiheit, Individualität, Sicherheit) und dem Beschwerdeverhalten nach (Keng/Richmond/Han 1995; Rogers/Williams 1990).

Unternehmensbezogene Faktoren: Diese Gruppe von Einflussfaktoren bezieht sich auf die Charakteristika des Anbieters, den Kunden mit dem wahrgenommenen Problem in Verbindung bringen. Empirische Arbeiten zeigen, dass die von Kunden wahrgenommene Aufgeschlossenheit des Unternehmens gegenüber Beschwerden einen positiven Einfluss auf die Beschwerdewahrscheinlichkeit (Bolfing 1989; Richins 1987) bzw. einen negativen Einfluss auf die Abwanderungsabsicht (Richins 1987) und die Wahrscheinlichkeit negativer Mund-zu-Mund-Kommunikation (Blodgett/Wakefield/Barnes 1995; Richins 1983a) besitzt. Zudem zeigen empirische Studien, dass sich die mit einer Beschwerde gegenüber dem Anbieter verbundenen nicht-monetären Kosten (v.a. Zeitaufwand, Mühe) und monetären Kosten negativ auf die Beschwerdewahrscheinlichkeit auswirken (Goodman 1999; Owens/Hausknecht 1999). Hingegen haben das Wissen über die vom Anbieter zu erwartende Wiedergutmachung (Richins 1980) sowie die Kenntnis und die Zugänglichkeit der Beschwerdekanäle des Anbieters (Morris/Reeson 1978; Richins 1980) einen positiven Einfluss auf die Beschwerdewahrscheinlichkeit. Ferner beeinflusst auch die wahrgenommene Annehmlichkeit der Beschwerdeäußerung gegenüber einem bestimmten Anbieter das Beschwerdeverhalten. Je ausgeprägter dieser Faktor aus Kundensicht ist, desto höher die Beschwerdewahrscheinlichkeit (Richins 1987; Richins/Verhage 1985) bzw. desto geringer die Abwanderungsabsicht (Richins 1987) und die Wahrscheinlichkeit negativer Mund-zu-Mund-Kommunikation (Richins 1983a).

Geschäftsbeziehungsbezogene Faktoren: Die Charakteristika der Geschäftsbeziehung zwischen Kunde und Anbieter beeinflussen (insbesondere im B2B-Bereich) ebenfalls das Beschwerdeverhalten. So identifizieren Hansen/Swan/Powers (1997) im Rahmen einer empirischen Untersuchung sieben geschäftsbeziehungsbezogene Einflussfaktoren der Kundenreaktion auf Unzufriedenheit (u.a. Macht des Lieferanten, Ausmaß der Abhängigkeit, Grad der Zielinkompatibilität). Ping (1993, 1997) zeigt, dass mit zunehmender Geschäftsbeziehungszufriedenheit die Wahrscheinlichkeit steigt, sich beim Anbieter über ein Problem zu beschweren. Zudem weist er eine positive Beziehung zwischen der Höhe der Investitionen in eine Geschäftsbeziehung und der Beschwerdewahrscheinlichkeit nach. Diese Erkenntnis steht im Einklang mit empirischen Studien, die einen Einfluss der Höhe der Wechselkosten auf die Reaktion unzufriedener Kunden feststellen (Maute/Forrester 1993; Ping 1993).

Markt- bzw. branchenbezogene Faktoren: Markt- bzw. Branchencharakteristika haben ebenfalls einen Einfluss auf das Beschwerdeverhalten. So stellen Didow/Barksdale (1982) und Fornell/Didow (1980) einen negativen Zusammenhang zwischen der Verfügbarkeit von Anbieteralternativen und der Beschwerdewahrscheinlichkeit fest. Singh (1990b, 1991) weist markt- bzw. branchenspezifische Unterschiede in Bezug auf den Anteil der unzufriedenen Kunden nach, die sich beim Anbieter beschweren, abwandern oder negative Mund-zu-Mund-Kommunikation betreiben. Als Erklärung führt er diverse Markt- bzw. Branchencharakteristika (u.a. Verfügbarkeit von Anbieteralternativen, Fähigkeit der Konsumenten zur Beurteilung der Produktqualität) an. Die Ergebnisse von Singh (1990b, 1991) stehen jedoch teilweise in Widerspruch zu Ergebnissen anderer Arbeiten (Didow/Barksdale 1982; Fornell/Didow 1980).

Problembezogene Faktoren: Hierunter fallen Attributionen bezüglich der Problemursache, die Art und Bedeutung des Problems sowie die Art und Wichtigkeit des involvierten Produkts.

Unter *Attributionen* (Heider 1958; Kelley 1967) sind dabei von Kunden vorgenommene Zuschreibungen von Ursachen für wahrgenommene Probleme zu verstehen. Gemäß Folkes (1984a, b) erfolgt die Attribuierung anhand der Dimensionen Lokalität („Locus"), Dauerhaftigkeit („Stability") und Steuerbarkeit („Controllability") der Problemursachen. Je nach Ausprägung dieser Dimensionen ergeben sich unterschiedliche Formen des Beschwerdeverhaltens. Lokalität beschreibt, wem die Schuld für das aufgetretene Problem gegeben wird. Findet eine externe Schuldzuschreibung statt, d.h. machen Kunden den Anbieter gänzlich für das Problem verantwortlich, so steigt die Wahrscheinlichkeit einer Beschwerde (Meffert/Bruhn 1981; Richins 1983a, 1987), Abwanderung (Krishnan/Valle 1979; Richins 1987) und negativen Mund-zu-Mund-Kommunikation (Krishnan/Valle 1979; Richins 1983a; Valle/Wallendorf 1977). Dauerhaftigkeit bezieht sich auf die Wahrscheinlichkeit, dass mit dem Anbieter zukünftig ähnliche Probleme wieder auftreten. Nehmen Kunden die Problemursache als dauerhaft wahr, so sinkt die Wahrscheinlichkeit einer Beschwerde (Blodgett/Anderson 2000) und eines Wiederkaufs (Blodgett/Anderson 2000; Blodgett/Wakefield/Barnes 1995; Folkes/Koletsky/Graham 1987), während die Wahrscheinlichkeit negativer Mund-zu-Mund-

Kommunikation steigt (Blodgett/Wakefield/Barnes 1995). Steuerbarkeit drückt aus, ob bzw. inwieweit aus Sicht des Kunden ein Problem hätte verhindert werden können. Betrachten Kunden die Ursache für ein Problem als für den Anbieter steuerbar, dann steigert dies die Wahrscheinlichkeit einer Beschwerde (Folkes/Koletsky/Graham 1987) und die Wahrscheinlichkeit negativer Mund-zu-Mund-Kommunikation (Blodgett/Wakefield/Barnes 1995) bzw. reduziert dies die Wahrscheinlichkeit eines Wiederkaufs (Blodgett/Anderson 2000; Folkes/ Koletsky/Graham 1987).

Empirische Studien berichten zudem von einem Einfluss der *Art und Bedeutung des Problems* auf die Reaktion unzufriedener Kunden. So scheinen sich Kunden umso wahrscheinlicher beim Anbieter zu beschweren, je nachweisbarer (d.h. eindeutig, objektiv beschreibbarer) das Problem aus ihrer Sicht ist (Hansen 1979; Best 1981). Ferner zeigen Untersuchungen, dass mit zunehmender wahrgenommener Ernsthaftigkeit des Problems die Beschwerdewahrscheinlichkeit (Richins 1983a, 1987; Richins/Verhage 1985) und die Wahrscheinlichkeit negativer Mund-zu-Mund-Kommunikation (Richins 1983a) steigt. In Einklang damit stellen Arbeiten, die explizit die mit einem Problem verbundenen Kosten betrachten, einen positiven Zusammenhang fest zwischen deren Höhe und der Beschwerdewahrscheinlichkeit (Bearden 1983; Bolfing 1989) bzw. der Wahrscheinlichkeit negativer Mund-zu-Mund-Kommunikation (Bolfing 1989).

Auch die *Art und Wichtigkeit des Produkts*, das mit dem Problem in Verbindung steht, beeinflussen das Verhalten unzufriedener Kunden. Von Unterschieden bei der Kundenreaktion auf ein Problem in Abhängigkeit von der Art des Produkts berichten beispielsweise Best/ Andreasen (1977) und Meffert/Bruhn (1981). Zudem weisen verschiedene empirische Arbeiten einen positiven Zusammenhang zwischen der Höhe des Kaufpreises und der Wahrscheinlichkeit einer Beschwerde nach (Didow/Barksdale 1982; Richins 1987). Ferner scheinen die Dauer und Frequenz des Gebrauchs sowie der Grad der sozialen Sichtbarkeit des Produkts einen positiven Einfluss auf die Beschwerdewahrscheinlichkeit zu besitzen (Keng/Richmond/ Han 1995).

Kulturelle Faktoren: „Consumer dissatisfaction occurs in all nations of the world, but the ways in which consumers deal with it can be expected to vary from country to country" (Day et al. 1981, S. 99). Diese Vermutung wurde mittlerweile durch eine Vielzahl empirischer Studien bestätigt (Huang 1994; Liu/McClure 2001; Villarreal-Camacho 1983). So konnte beispielsweise nachgewiesen werden, dass sich unzufriedene Angehörige einer individualistischen Kultur (z.B. US-Amerikaner) wahrscheinlicher beim Anbieter beschweren als Angehörige einer kollektivistischen Kultur (z.B. Asiaten, Mittel-/Südamerikaner) (für eine detaillierte

Erläuterung der Merkmale einer individualistischen bzw. kollektivistischen Kultur vgl. z.B. Hofstede 1984, S. 148ff.).

Trotz der Vielzahl von Einflussfaktoren der Kundenreaktion auf Unzufriedenheit gibt es bisher nur wenige Studien, die eine *integrative Betrachtung* der Wirkungsweise dieser Faktoren vornehmen. Eine Ausnahme bildet hierbei die Arbeit von Oliver (1997, S. 361ff.) (für weitere integrative Ansätze vgl. Singh/Wilkes 1991, 1996). Dieser Autor stellt zwei konzeptionelle Modelle vor, die darauf abzielen, eine größere Anzahl an Determinanten der Beschwerdewahrscheinlichkeit zu systematisieren. Im Rahmen des ökonomischen Modells („Economic Model") wird die Beschwerdewahrscheinlichkeit durch die wahrgenommenen Kosten (z.B. Höhe des Kaufpreises, mit dem Problem verbundene Kosten, Zeitaufwand/ Mühe, sonstige Kosten der Beschwerde), den wahrgenommenen Nutzen (zu erwartende Wiedergutmachung, z.b. Geldzurückerstattung, Umtausch) und die wahrgenommene Erfolgswahrscheinlichkeit einer Beschwerde (z.b. Reputation des Anbieters, Bedrohungspotenzial des Kunden, Ausmaß der Beschwerdeerfahrung/-effektivität) beeinflusst. Das behavioristische Modell („Behavioral Model") unterstellt hingegen eine Abhängigkeit der Beschwerdewahrscheinlichkeit von der kundenbezogenen Fähigkeit zur Beschwerde (z.b. Kenntnis der Beschwerdekanäle, Zugang zu den Beschwerdekanälen) und Motivation zur Beschwerde (z.B. Konfrontationsbereitschaft, wahrgenommene Annehmlichkeit der Beschwerdeäußerung).

Tabelle 3 gibt abschließend einen Überblick über ausgewählte Untersuchungen zu Formen und Determinanten der Kundenreaktion auf Unzufriedenheit. Die im Zuge dessen dargestellten Kernergebnisse zu Determinanten der Kundenreaktion auf Unzufriedenheit beziehen sich vorwiegend auf Faktoren, für die in der jeweiligen Arbeit ein statistisch signifikanter Einfluss auf die Wahrscheinlichkeit einer Beschwerde festgestellt wurde. Wie in Abschnitt 2.2.4 erläutert wird, besitzen gerade diese Faktoren eine hohe Relevanz für das Beschwerdemanagement von Unternehmen. Falls nicht explizit als B2B-Kunden bezeichnet, handelt es sich bei den befragten Personen vorwiegend bzw. ausschließlich um B2C-Kunden.

Autor(en) (Jahr)	Relevanter Schwerpunkt der Arbeit	Datengrundlage	Analysemethode(n)	Relevante Kernergebnisse

Bearden (1983)	- Untersuchung von Einflussfaktoren der Kundenreaktion auf Unzufriedenheit	- Schriftliche Befragung von Kunden in den USA (n=375)
		- Autoreparaturen
			- Kovarianzanalyse (MANCOVA)	- Wahrscheinlichkeit von „Public Action" (Beschwerde, Kontakt zu Drittparteien, Einleitung rechtlicher Schritte) wird
				  - negativ beeinflusst durch Alter
				  - positiv beeinflusst durch Einkommen und mit Problem verbundene Kosten

Bearden/ Teel (1983)	- Untersuchung von Einflussfaktoren/Auswirkungen von Kunden(un)zufriedenheit sowie Klassifikation von Formen der Kundenreaktion auf Unzufriedenheit	- Schriftliche Befragung von Kunden in den USA (n=375) - Autoreparaturen	- Pfadanalyse	- Formen der Kundenreaktion auf Unzufriedenheit: Warnung von Familienmitgliedern/Freunden, Zurückbringen des Produkts und/oder Beschwerde bei Händler, Beschwerde bei Hersteller, Kontakt zu Drittparteien, Einleitung rechtlicher Schritte - Intensität der Kundenreaktion auf Unzufriedenheit wird positiv beeinflusst durch Ausmaß der Unzufriedenheit
Best/ Andreasen (1977)	- Untersuchung von Formen/ Einflussfaktoren der Kundenreaktion auf Unzufriedenheit	- Telefonische Befragung von Kunden in den USA (n=2.419) - Dienstleistungs-/ Sachgüterbereich	- Häufigkeitsauszählungen - Mittelwertvergleiche	- Wahrscheinlichkeit einer Beschwerde wird positiv beeinflusst durch Höhe des Kaufpreises und mit Problem verbundene Kosten

Blodgett/ Anderson (2000)	- Untersuchung von Einflussfaktoren/Auswirkungen des Beschwerdeprozesses	- Schriftliche Befragung von Kunden in den USA (n=459)
		- Einzelhandel
			- Bayesches Netz	- Wahrscheinlichkeit einer Beschwerde wird
				  - positiv beeinflusst durch Grad der positiven Einstellung zum Beschweren und wahrgenommene Erfolgswahrscheinlichkeit einer Beschwerde beim Anbieter
				  - negativ beeinflusst durch wahrgenommene Dauerhaftigkeit und Steuerbarkeit der Problemursache

Blodgett/ Wakefield/ Barnes (1995)	- Untersuchung von Einflussfaktoren/Auswirkungen des Beschwerdeprozesses	- Schriftliche Befragung von Kunden in den USA (n=200) - Einzelhandel	- Diskriminanzanalyse	- Wahrscheinlichkeit einer Beschwerde wird positiv beeinflusst durch Grad der positiven Einstellung zum Beschweren und wahrgenommene Erfolgswahrscheinlichkeit einer Beschwerde beim Anbieter
Bolfing (1989)	- Untersuchung von Einflussfaktoren der Kundenreaktion auf Unzufriedenheit	- Schriftliche Befragung von B2B-Kunden in den USA (n=1.171) - Hotelbesuch	- Varianzanalyse - Diskriminanzanalyse	- Wahrscheinlichkeit einer Beschwerde wird positiv beeinflusst durch Ausmaß der Unzufriedenheit, Selbstbewusstsein und Durchsetzungsvermögen des Kunden, mit Problem verbundene Kosten und wahrgenommene Aufgeschlossenheit des Anbieters gegenüber Beschwerden
Dart/ Freeman (1994)	- Typologisierung von B2B-Kunden anhand ihrer Reaktion auf Unzufriedenheit auf Basis der Klassifikation von Singh (1988)	- Schriftliche Befragung von B2B-Kunden in Kanada (n=224) - Wirtschaftsprüfung	- Faktorenanalyse - Clusteranalyse - Diskriminanzanalyse	- „Voicers" (34%, überdurchschnittlich „Voice Responses" und „Private Responses", unterdurchschnittlich „Third Party Responses") - „Activists" (19%, überdurchschnittlich „Voice Responses", „Private Responses" und „Third Party Responses") - „Irates" (5%, überdurchschnittlich „Private Responses", unterdurchschnittlich „Voice Responses" und „Third Party Responses") - „Passives" (42%, unterdurchschnittlich „Voice Responses", „Private Responses" und „Third Party Responses")

Autor(en) (Jahr)	Relevanter Schwerpunkt der Arbeit	Datengrundlage	Analysemethode(n)	Relevante Kernergebnisse

Day/ Landon (1977)	– (Rein konzeptionelle) Klassifikation von Formen der Kundenreaktion auf Unzufriedenheit	–	–	– Aktive und passive Kundenreaktion auf Unzufriedenheit
				– Aktive Kundenreaktion lässt sich unterteilen in
				  • „Public Action" (Beschwerde bei Anbieter, Kontakt zu Drittparteien, Einleitung rechtlicher Schritte)
				  • „Private Action" (Abwanderung, negative Mund-zu-Mund-Kommunikation)

Didow/ Barksdale (1982)	– Untersuchung von Einflussfaktoren der Wahrscheinlichkeit einer Kundenbeschwerde als Reaktion auf Unzufriedenheit	– Experiment mit Studenten in den USA (n=36)
		– Einzelhandel
			– Conjoint-Analyse	– Wahrscheinlichkeit einer Beschwerde wird
				  • negativ beeinflusst durch Verfügbarkeit von Anbieteralternativen
				  • positiv beeinflusst durch Höhe des Kaufpreises

Folkes (1984b)	– Untersuchung von Einflussfaktoren der Kundenreaktion auf ein wahrgenommenes Problem	– Schriftliche Befragung von Studenten (n=61) und Experiment mit Studenten (n=56) in den USA
		– Dienstleistungs-/ Sachgüterbereich
			– Critical Incident Technique
			– Korrelationsanalyse
			– Varianzanalyse
				– Attribuierung der Ursache für wahrgenommenes Problem durch Kunden anhand der Dimensionen
				  • Lokalität („Locus", Kunde/Anbieter)
				  • Dauerhaftigkeit („Stability", dauerhaft/nicht dauerhaft)
				  • Steuerbarkeit („Controllability", steuerbar/nicht steuerbar)
				– Kundenreaktion auf wahrgenommenes Problem wird beeinflusst durch Ausprägung der Dimensionen

Hansen/ Swan/ Powers (1997)	– Typologisierung von B2B-Kunden anhand ihrer Reaktion auf Unzufriedenheit auf Basis der Klassifikation von Singh (1988)	– Schriftliche Befragung von B2B-Kunden in den USA (n=162) – Verlagsindustrie	– Faktorenanalyse – Clusteranalyse – Varianzanalyse – Diskriminanzanalyse	– „Complainers" (überdurchschnittlich „Voice Responses", unterdurchschnittlich „Private Responses" und „Third Party Responses") – „Wait and Squawk" (überdurchschnittlich „Third Party Responses", unterdurchschnittlich „Voice Responses" und „Private Responses") – „Word-of-Mouth Complainers" (überdurchschnittlich „Voice Responses" und „Private Responses", unterdurchschnittlich „Third Party Responses") – „Squawkers" (überdurchschnittlich „Voice Responses", unterdurchschnittlich „Voice Responses" und „Private Responses")

Hirschman (1970, 1974)	– Klassifikation von Formen der Kundenreaktion auf Unzufriedenheit sowie Untersuchung von Einflussfaktoren der Kundenreaktion auf Unzufriedenheit	–	–	– Formen der Kundenreaktion auf Unzufriedenheit: Abwanderung („Exit"), Widerspruch („Voice"), d.h. z.B. Beschwerde bei Anbieter, und Inaktivität („Loyalty")
				– Wahrscheinlichkeit von „Voice" wird
				  • negativ beeinflusst durch Kosten des Widerspruchs sowie Anzahl und Attraktivität der Anbieteralternativen
				  • positiv beeinflusst durch Erfolgswahrscheinlichkeit des Widerspruchs, generelle Beschwerdeneigung des Kunden, Wechselkosten und Wichtigkeit des Produkts

Keng/ Richmond/ Han (1995)	– Untersuchung von Einflussfaktoren der Kundenreaktion auf Unzufriedenheit	– Schriftliche Befragung von Kunden in Singapur (n=188)
		– Dienstleistungs-/ Sachgüterbereich
			– Mittelwertvergleiche
			– Chi-Quadrat-Test
			– Diskriminanzanalyse
				– Wahrscheinlichkeit einer Beschwerde
				  • ist bei Frauen höher als bei Männern
				  • wird positiv beeinflusst durch Alter, Bildungsniveau, Grad der positiven Einstellung zum Beschweren, Selbstbewusstsein und Durchsetzungsvermögen des Kunden, Höhe des Kaufpreises, Dauer und Frequenz des Produktgebrauchs sowie Grad der sozialen Sichtbarkeit des Produkts
				  • wird negativ beeinflusst durch Verfügbarkeit von Anbieteralternativen
				  • wird beeinflusst durch persönliche Werte des Kunden

Grundlagen der Arbeit

Autor(en) (Jahr)	Relevanter Schwerpunkt der Arbeit	Datengrundlage	Analysemethode(n)	Relevante Kernergebnisse

Meffert/ Bruhn (1981)	- Untersuchung von Einflussfaktoren der Kundenreaktion auf Unzufriedenheit	- Persönliche Befragung von Kunden in Deutschland (n=773), Fernsehgeräte, Autoreparaturen	- Korrelations-/ Regressionsanalyse
			- Diskriminanzanalyse
				- Wahrscheinlichkeit einer Beschwerde
				  - ist bei Männern höher als bei Frauen und wird negativ beeinflusst durch Alter
				  - wird positiv beeinflusst durch Ausmaß der (positiven) Beschwerdeerfahrung, Grad der positiven Einstellung zum Beschweren und Ausmaß der sozialen Aktivität des Kunden sowie externe Schuldzuschreibung durch Kunden

Oliver (1997)	- Untersuchung von Einflussfaktoren der Kundenreaktion auf Unzufriedenheit	-	-	- „Economic Model": Wahrscheinlichkeit einer Beschwerde wird beeinflusst durch wahrgenommenen Kosten, wahrgenommenen Nutzen und Erfolgswahrscheinlichkeit - „Behavioral Model": Wahrscheinlichkeit einer Beschwerde wird beeinflusst durch Fähigkeit und Motivation unzufriedener Kunden, sich zu beschweren
Richins (1983a)	- Untersuchung von Einflussfaktoren der Kundenreaktion auf Unzufriedenheit	- Schriftliche Befragung von Kunden in den USA (n=201) - Bekleidung, Haushaltsgeräte	- Korrelationsanalyse - Diskriminanzanalyse - Varianzanalyse	- Aufwand der Kunden für Reaktion auf Unzufriedenheit steigt von Inaktivität über negative Mund-zu-Mund-Kommunikation bis hin zu Beschwerde + negative Mund-zu-Mund-Kommunikation - Wahrscheinlichkeit einer Beschwerde wird positiv beeinflusst durch externe Schuldzuschreibung durch Kunden und wahrgenommene Ernsthaftigkeit des Problems
Richins (1987)	- Untersuchung von Einflussfaktoren der Kundenreaktion auf Unzufriedenheit	- Schriftliche Befragung von Kunden in den Niederlanden (n=165) - Bekleidung, Haushaltsgeräte	- Korrelations-/ Regressionsanalyse	- Wahrscheinlichkeit einer Beschwerde wird positiv beeinflusst durch wahrgenommene Aufgeschlossenheit des Anbieters gegenüber Beschwerden, wahrgenommene Annehmlichkeit der Beschwerdeäußerung gegenüber dem Anbieter, externe Schuldzuschreibung durch Kunden, wahrgenommener Ernsthaftigkeit des Problems und Höhe des Kaufpreises
Singh (1988)	- Klassifikation von Formen der Kundenreaktion auf Unzufriedenheit	- Schriftliche Befragung von Kunden in den USA (n=155 bis 176) - Einzelhandel, Autoreparaturen, medizinische Versorgung, Finanzdienstleistungen	- Faktorenanalyse - Varianzanalyse	- Ansätze von Day/Landon (1977), Day (1980) und Bearden/Teel (1983) spiegeln Struktur, die der Reaktion auf Unzufriedenheit zu Grunde liegt, nicht angemessen wider - Formen der Kundenreaktion auf Unzufriedenheit: „Voice Responses" (Aufforderung an Anbieter zur Wiedergutmachung, Inaktivität), „Private Responses" (Abwanderung, negative Mund-zu-Mund-Kommunikation) und „Third Party Responses" (Kontakt zu Drittparteien, Einleitung rechtlicher Schritte)
Singh (1990a)	- Typologisierung von Kunden anhand ihrer Reaktion auf Unzufriedenheit auf Basis der Klassifikation von Singh (1988) sowie Untersuchung von Einflussfaktoren der Kundenreaktion auf Unzufriedenheit	- Schriftliche Befragung von Kunden in den USA (n=155 bis 176) - Einzelhandel, Autoreparaturen, medizinische Versorgung, Finanzdienstleistungen	- Faktorenanalyse - Clusteranalyse - Diskriminanzanalyse	- „Voicers" (37%, überdurchschnittlich „Voice Responses", unterdurchschnittlich „Private Responses" und „Third Party Responses") - „Activists" (28%, überdurchschnittlich „Voice Responses", „Private Responses" und „Third Party Responses") - „Irates" (21%, überdurchschnittlich „Private Responses", durchschnittlich „Voice Responses", unterdurchschnittlich „Third Party Responses") - „Passives" (14%, unterdurchschnittlich „Voice Responses", „Private Responses" und „Third Party Responses") - Wahrscheinlichkeit einer Beschwerde wird positiv beeinflusst durch Grad der positiven Einstellung zum Beschweren und Ausmaß der Beschwerdeerfahrung des Kunden

Tabelle 3: Ausgewählte Arbeiten zur Reaktion von Kunden auf Unzufriedenheit

2.2.2.2 Forschung zur Reaktion von Kunden auf die Beschwerdebehandlung

Seit Mitte der 80er Jahre hat sich der Fokus der Forschung zum Beschwerdeverhalten zunehmend verlagert. Stand bis dato die Reaktion von Kunden auf ein wahrgenommenes Problem mit einem Anbieter bzw. dessen Produkten im Mittelpunkt, so wird sich seitdem verstärkt den Reaktionen von Beschwerdeführern auf die Behandlung ihrer Beschwerde durch einen Anbieter gewidmet. Die Schwerpunkte der Arbeiten dieses Forschungsfelds lassen sich (analog zu Abschnitt 2.2.2.1) unterteilen in

- die Formen der Kundenreaktion auf die Beschwerdebehandlung sowie
- die Einflussfaktoren der Kundenreaktion auf die Beschwerdebehandlung.

Die Studien über die *Formen der Kundenreaktion auf die Beschwerdebehandlung* betrachten primär ein oder mehrere der nachstehenden Konstrukte und deren Beziehungen untereinander:

- wahrgenommene Gerechtigkeit der Beschwerdebehandlung
- Zufriedenheit mit der Beschwerdebehandlung (Beschwerdezufriedenheit)
- Gesamtzufriedenheit mit dem Anbieter bzw. dessen Produkten (Kundenzufriedenheit)
- Kundenbindung (Wiederkaufabsicht bzw. Wiederkaufverhalten)
- positive und negative Mund-zu-Mund-Kommunikation

Als zu untersuchende Formen der direkten Kundenreaktion auf die Beschwerdebehandlung ziehen die meisten Arbeiten die wahrgenommene Gerechtigkeit der Beschwerdebehandlung und/oder die Beschwerdezufriedenheit heran. Eine Vielzahl von Studien analysiert außerdem die Auswirkungen dieser Konstrukte auf verschiedene Formen der indirekten Kundenreaktion auf die Beschwerdebehandlung (Kundenzufriedenheit, Wiederkaufabsicht bzw. Wiederkaufverhalten, positive und negative Mund-zu-Mund-Kommunikation).

Die *wahrgenommene Gerechtigkeit der Beschwerdebehandlung* wird in den letzten Jahren zunehmend als Konstrukt betrachtet, das die drei Dimensionen prozedurale Gerechtigkeit (bezogen auf die Verfahrensweise des Unternehmens bei der Beschwerdebehandlung), interaktive Gerechtigkeit (bezogen auf die Behandlung des Beschwerdeführers durch die Mitarbeiter) und distributive Gerechtigkeit (bezogen auf das Ergebnis der Beschwerdebehandlung) umfasst (McColl-Kennedy/Sparks 2003; Tax/Brown/Chandrashekaran 1998). Eine Vielzahl empirischer Arbeiten zeigt, dass das Ausmaß der wahrgenommenen Gerechtigkeit der Beschwerdebehandlung eine positive Wirkung auf die *Beschwerdezufriedenheit* besitzt (Smith/Bolton/Wagner 1999; Tax/Brown/Chandrashekaran 1998). Die Beschwerdezufriedenheit beeinflusst wiederum die *Kundenzufriedenheit* positiv (McCollough/Berry/Yadav 2000; Stauss

2002), die *Wiederkaufabsicht* (Davidow/Leigh 1998; Halstead/Page 1992) bzw. das *Wiederkaufverhalten* (Gilly/Gelb 1982; Hennig-Thurau 1999) positiv, die Wahrscheinlichkeit *positiver Mund-zu-Mund-Kommunikation* positiv (Hansen/Jeschke 2000; Hoffmann 1991) sowie die Wahrscheinlichkeit *negativer Mund-zu-Mund-Kommunikation* negativ (Lewis 1982).

Darüber hinaus existiert mittlerweile auch eine größere Anzahl an Arbeiten, die sich mit den *Einflussfaktoren der Kundenreaktion auf die Beschwerdebehandlung* beschäftigen. Diese lassen sich auf die gleiche Art und Weise wie die Einflussfaktoren der Kundenreaktion auf Unzufriedenheit (Abschnitt 2.2.2.1) systematisieren. Im Folgenden werden kurz die zentralen empirischen Erkenntnisse dieser Arbeiten dargestellt. Hierbei wird sich auf die Einflussfaktoren der beiden Formen der direkten Kundenreaktion auf die Beschwerdebehandlung (d.h. wahrgenommene Gerechtigkeit der Beschwerdebehandlung, Beschwerdezufriedenheit) fokussiert, da insbesondere diese Formen eine hohe Relevanz für die Art und Weise der Gestaltung des Beschwerdemanagements besitzen (vgl. hierzu Abschnitt 2.2.4).

Ausmaß der Unzufriedenheit: Die Beschwerdezufriedenheit wird negativ vom Ausmaß der generellen Unzufriedenheit mit dem Produkt (Bruhn 1982, 1987; Meffert/Bruhn 1981) bzw. der Unzufriedenheit nach dem Auftreten des Problems (Hoffmann 1991) beeinflusst.

Kundenbezogene Faktoren: Sozio-demographische und psychographische Charakteristika der Beschwerdeführer stellen weitere mögliche Determinanten der Kundenreaktion auf die Beschwerdebehandlung dar. Empirische Arbeiten, die sich mit der Wirkung *sozio-demographischer Charakteristika* beschäftigen, kommen allerdings häufig zu widersprüchlichen Ergebnissen bzw. stellen nur einen geringen Einfluss fest. So liegen beispielsweise keine übereinstimmenden Resultate zur Wirkung des Geschlechts von Beschwerdeführern vor. Während Palmer/Beggs/Keown-McMullan (2000) und Smart/Martin (1993) feststellen, dass Frauen die Behandlung ihrer Beschwerde durchschnittlich positiver bewerten, berichtet Kolodinsky (1993) von einer geringeren Wahrscheinlichkeit für Frauen, eine (zufriedenstellende) Beschwerdelösung zu erhalten. Andere Studien (Bruhn 1982; Lewis/Spyrakopoulos 2001) wiederum finden keinen Zusammenhang zwischen dem Geschlecht und der Reaktion auf die Beschwerdebehandlung. Dem Alter wird von der Mehrheit der empirischen Studien ein negativer Effekt in Bezug auf die Vorteilhaftigkeit der Kundenreaktion auf die Beschwerdebehandlung bescheinigt (Kolodinsky 1993; Lewis/Spyrakopoulos 2001; Palmer/Beggs/Keown-McMullan 2000). Hingegen berichtet Hennig-Thurau (1999) von einem positiven Effekt, während Bruhn (1982) und Smart/Martin (1993) wiederum dem Alter keinen signifikanten Einfluss auf die Beurteilung der Beschwerdebehandlung attestieren. Der Familienstand scheint keine Wirkung (Bruhn 1982), das Bildungsniveau sowie der Beruf, wenn überhaupt, nur eine geringe Wirkung (Bruhn 1982; Shuptrine/Wenglorz 1981) zu besitzen. Hinsichtlich der Höhe des Einkommens existieren einmal mehr widersprüchliche Resultate. Hogarth/English (1997) berichten von einem positiven Einfluss, Lewis/Spyrakopoulos (2001) von einem negativen Einfluss auf die Beschwerdezufriedenheit. Indessen können andere Studien keine signifikante Wirkung auf die Beschwerdezufriedenheit (Bearden/Oliver 1985; Smart/Martin 1993) nachweisen. Somit existieren insgesamt nur hinsichtlich des Effekts des Alters relativ eindeutige Ergebnisse.

Im Vergleich zu den sozio-demographischen Charakteristika beeinflussen *psychographische Charakteristika* die Kundenreaktion auf die Beschwerdebehandlung etwas stärker. Bruhn (1982, 1987) bzw. Meffert/Bruhn (1981) stellen fest, dass die Zufriedenheit von Kunden mit der Behandlung ihrer aktuellen Beschwerde umso positiver ausfällt, je größer (und positiver) ihre bisherige Beschwerdeerfahrung ist. Einige Arbeiten weisen zudem einen positiven Zusammenhang zwischen der Einstellung zum Beschweren und der wahrgenommenen Gerechtigkeit der Beschwerdebehandlung (Blodgett/Granbois/Walters 1993) bzw. der Beschwerdezufriedenheit (Bruhn 1982, 1987; Meffert/Bruhn 1981) nach.

Unternehmensbezogene Faktoren: Diese Gruppe von Einflussfaktoren umfasst insbesondere die von Kunden empfundene Qualität der Behandlung ihrer Beschwerde durch den Anbieter. Zur Reaktion von Beschwerdeführern auf wahrgenommene Charakteristika der Beschwerdebehandlung existiert mittlerweile eine größere Anzahl an Untersuchungen (für eine umfassende Übersicht vgl. Davidow 2003). Für die relevantesten dieser Charakteristika (Wiedergutmachung, Bequemlichkeit, Rechtzeitigkeit und Interaktion) werden im Folgenden die zentralen empirischen Ergebnisse dargestellt.

Als gesichert gilt, dass die Existenz einer *Wiedergutmachung* einen positiven Einfluss auf die wahrgenommene Gerechtigkeit der Beschwerdebehandlung (Goodwin/Ross 1989, 1990, 1992) und die Beschwerdezufriedenheit (Conlon/Murray 1996; Hoffman/Kelley/Rotalsky 1995) besitzt. Zudem berichten empirische Arbeiten von einem positiven Zusammenhang zwischen dem Ausmaß der Wiedergutmachung und der wahrgenommenen Gerechtigkeit der Beschwerdebehandlung (Gilly/Hansen 1985; Smith/Bolton/Wagner 1999) bzw. der Beschwerdezufriedenheit (Estelami 2000; Gilly/Hansen 1985). Hinsichtlich des optimalen Ausmaßes der Wiedergutmachung liegen jedoch erst wenige und teilweise auch widersprüchliche Erkenntnisse vor. So kommt Garrett (1999) zu dem Ergebnis, dass eine Wiedergutmachung in Höhe des zweifachen oder dreifachen Produktpreises zu keiner signifikant höheren Beschwerdezufriedenheit führt als eine Wiedergutmachung in Höhe des einfachen Produktpreises. Hingegen berichten Gilly/Hansen (1985), dass eine besonders kulante Wiedergutmachung („Overbenefiting Strategy") zu einer höheren wahrgenommenen Gerechtigkeit der Beschwerdebehandlung und Beschwerdezufriedenheit führt als eine Wiedergutmachung in normalem Ausmaß („Equity Strategy").

Die *Bequemlichkeit* der Beschwerdeführung, d.h. der von der Beschwerdeäußerung bis hin zur Problemlösung entstehende Aufwand, spielt aus Kundensicht ebenfalls eine wichtige Rolle. So bevorzugen Kunden die Lösung des Problems durch denjenigen Mitarbeiter, der auch die Beschwerde angenommen hat (Boshoff 1999; Boshoff/Leong 1998). Je häufiger ein Kunde im Rahmen der Beschwerdeführung Kontakt zum Unternehmen aufnehmen muss, desto geringer ist seine Beschwerdezufriedenheit (Bruhn 1982; Davidow/Leigh 1998; Meffert/ Bruhn 1981). Zu einem ähnlichen Ergebnis kommen Hennig-Thurau (1999) und Hoffmann (1991). Beide weisen einen negativen Zusammenhang zwischen der wahrgenommenen Umständlichkeit der Beschwerdeführung und der Beschwerdezufriedenheit nach.

Die *Rechtzeitigkeit* der Beschwerdebehandlung, d.h. die Schnelligkeit der Annahme und Bearbeitung der Beschwerde, stellt aus Kundensicht ein weiteres zentrales Beurteilungskriterium dar. Wie eine Vielzahl empirischer Untersuchungen nachweist, besitzt die Dauer der Beschwerdeannahme und Beschwerdebearbeitung einen negativen Einfluss auf die wahrgenommene Gerechtigkeit der Beschwerdebehandlung (Smith/Bolton/Wagner 1999) und die Beschwerdezufriedenheit (Conlon/Murray 1996; Johnston/Fern 1999). Gilly (1987) betont in diesem Zusammenhang, dass weniger die tatsächliche Dauer als vielmehr die von Kunden wahrgenommene Dauer einen Einfluss auf die Beschwerdezufriedenheit besitzt.

Die *Interaktion* zwischen Mitarbeitern und Kunden ist wohl in kaum einer anderen Situation im Rahmen einer Geschäftsbeziehung so wichtig wie während der Annahme und Bearbeitung von Beschwerden. Sie repräsentiert daher das vierte (und letzte) zentrale Charakteristikum der Beschwerdebehandlung. Je kundenorientierter das Interaktionsverhalten von Mitarbeitern während der Beschwerdeannahme und Beschwerdebearbeitung ist, desto größer die wahrgenommene Gerechtigkeit der Beschwerdebehandlung (Goodwin/Ross 1989) und die Beschwerdezufriedenheit (Estelami 2000; Goodwin/Ross 1989). Mit Hilfe der Methode der kritischen Ereignisse („Critical Incident Technique") hat Johnston (1995) die aus Kundensicht wünschenswertesten Eigenschaften von Mitarbeitern während der Behandlung einer Beschwerde identifiziert. Gemäß den Ergebnissen seiner Studie sind dies insbesondere Aufmerksamkeit, Hilfsbereitschaft, Mitgefühl, Fürsorge, Ansprechbarkeit, Informationsbereitschaft und Flexibilität.

Geschäftsbeziehungsbezogene Faktoren: Gegenstand der Analyse war in diesem Zusammenhang einerseits die Länge der Geschäftsbeziehung. Einer Studie von Lewis/Spyrakopoulos

(2001) zufolge besitzt diese einen negativen Effekt auf die Beschwerdezufriedenheit. Hingegen konnten Palmer/Beggs/Keown-McMullan (2000) keinen signifikanten Einfluss auf die wahrgenommene Gerechtigkeit der Beschwerdebehandlung feststellen. Zudem berichten Maxham/Netemeyer (2002) von einem Einfluss der Historie der Geschäftsbeziehung. Sie zeigen, dass Kunden einen Anbieter nach der zweiten Beschwerdebehandlung schlechter beurteilen, wenn das zweite Problem relativ kurze Zeit nach dem ersten Problem auftaucht (im Vergleich zu einem größeren Zeitraum zwischen den beiden Problemen). Zudem berichten die Autoren, dass Kunden, die mit ein und demselben Anbieter zwei ähnliche Probleme erleben, diesen Anbieter schlechter beurteilen als Kunden mit zwei unterschiedlichen Problemen.

Markt- bzw. branchenbezogene Faktoren: Empirische Untersuchungen haben markt- bzw. branchenspezifische Unterschiede in Bezug auf die wahrgenommene Fairness der Beschwerdebehandlung (Mattila 2001) und die Beschwerdezufriedenheit (Meyer/Dornach 1999; Singh 1991) festgestellt. Als Begründung hierfür werden verschiedene Markt- bzw. Branchenmerkmale angeführt. Estelami (2000, S. 297) zeigt in diesem Zusammenhang, dass zwischen der Anzahl der Wettbewerber und der Beschwerdezufriedenheit ein (indirekter) positiver Zusammenhang zu bestehen scheint: „Businesses that experience higher levels of competition are more likely to positively respond to consumer complaints, and a lack of competition seems to foster a passive approach to complaint handling".

Problembezogene Faktoren: Hierzu zählen Attributionen bezüglich der Problemursache, die Bedeutung des Problems sowie die Art und Wichtigkeit des involvierten Produkts.

Im Zuge der Analyse des Einflusses von *Attributionen* konnte die Vermutung, dass die Beschwerdezufriedenheit bei Problemen niedriger ist, für die aus Kundensicht der Anbieter die Hauptschuld trägt, nicht empirisch bestätigt werden (Bolton/Bronkhorst 1994). Jedoch zeigen Studien, dass Kunden, die ein Problem als dauerhaft und vom Anbieter vermeidbar ansehen, die Beschwerdebehandlung als weniger gerecht beurteilen (Blodgett/Granbois/Walters 1993).

Im Hinblick auf die *Bedeutung des Problems* gilt als weitgehend gesichert, dass mit zunehmender Ernsthaftigkeit des Problems die wahrgenommene Gerechtigkeit der Beschwerdebehandlung (Mattila 2001) und die Beschwerdezufriedenheit (Hoffman/Kelley/Rotalsky 1995; Mattila 2001) abnehmen. In Einklang damit berichten Bearden/Oliver (1985) von einem negativen Zusammenhang zwischen der Höhe des finanziellen Schadens und der Beschwerdezufriedenheit. Hingegen findet dieses Ergebnis im Rahmen anderer empirischer Studien keine Bestätigung (Bolton/Bronkhorst 1994; Gilly/Gelb 1982).

Zudem beeinflussen auch die *Art und Wichtigkeit des Produkts* die Kundenreaktion auf die Beschwerdebehandlung. So berichten verschiedene empirische Arbeiten von signifikanten produktspezifischen Unterschieden bei der Beschwerdezufriedenheit (Estelami 2000; TARP 1986a). Ferner zeigen Blodgett/Granbois/Walters (1993), dass die wahrgenommene Gerechtigkeit der Beschwerdebehandlung durch die von Kunden empfundene Wichtigkeit des Produkts negativ beeinflusst wird. Darüber hinaus scheint mit zunehmender Höhe des Kaufpreises die Beschwerdezufriedenheit zu sinken (Conlon/Murray 1996; TARP 1986a).

Kulturelle Faktoren: Schließlich liegen erste Indizien dafür vor, dass die Kundenreaktion auf die Beschwerdebehandlung auch von kulturellen Faktoren abhängt (Hui/Au 2001). Allerdings mangelt es bis dato an weiteren empirischen Studien, die sich mit dieser Gruppe von Einflussfaktoren beschäftigen.

Wie im Falle der Determinanten der Kundenreaktion auf Unzufriedenheit, existieren bislang auch in diesem Forschungszweig nur wenige integrative Betrachtungen der Wirkungsweise der verschiedenen Einflussfaktoren (für Ausnahmen vgl. Hennig-Thurau 1999, Stauss 2003).

Zum Abschluss zeigt Tabelle 4 einen Überblick über ausgewählte Studien zu Formen und Determinanten der Kundenreaktion auf die Beschwerdebehandlung. Bei der Darstellung der Kernergebnisse wird sich auf statistisch signifikante Effekte konzentriert. Analog zu den vorangegangenen Ausführungen beschränken sich zudem die aufgeführten Kernergebnisse zu den Determinanten auf Formen der direkten Kundenreaktion auf die Beschwerdebehandlung (wahrgenommene Gerechtigkeit der Beschwerdebehandlung, Beschwerdezufriedenheit).

Autor(en) (Jahr)	Relevanter Schwerpunkt der Arbeit	Datengrundlage	Analysemethode(n)	Relevante Kernergebnisse

Blodgett/ Granbois/ Walters (1993)	– Untersuchung von Einflussfaktoren der Kundenreaktion auf die Beschwerdebehandlung	– Schriftliche Befragung von Kunden in den USA (n=201)
		– Einzelhandel
			– Kausalanalyse (LISREL)	– Wahrgenommene Gerechtigkeit der Beschwerdebehandlung wird
				  - positiv beeinflusst durch Grad der positiven Einstellung zum Beschweren
				  - negativ beeinflusst durch wahrgenommene Dauerhaftigkeit und Steuerbarkeit der Problemursache sowie Wichtigkeit des Produkts

Boshoff (1999)	– Untersuchung von Einflussfaktoren der Kundenreaktion auf die Beschwerdebehandlung	– Schriftliche Befragung von Kunden in Neuseeland (n=416 bzw. 352) – Dienstleistungsbereich	– Faktorenanalyse	– Beschwerdezufriedenheit wird positiv beeinflusst durch adäquate Kommunikation, Empowerment, Feedback, Entschuldigung, Erklärung und angemessenes tangibles Umfeld

Conlon/ Murray (1996)	– Untersuchung von Einflussfaktoren der Kundenreaktion auf die Beschwerdebehandlung	– Schriftliche Befragung von Studenten in den USA (n=121)
		– Sachgüterbereich
			– Varianzanalyse	– Beschwerdezufriedenheit wird
				  - positiv beeinflusst durch Existenz einer Wiedergutmachung
				  - negativ beeinflusst durch Dauer der Beschwerdebehandlung und Höhe des Kaufpreises

Davidow/ Leigh (1998)	– Untersuchung von Formen und Einflussfaktoren der Kundenreaktion auf die Beschwerdebehandlung	– Schriftliche Befragung von Kunden in Israel (n=666) – Konsumgüter	– Kausalanalyse (LISREL)	– Beschwerdezufriedenheit wird negativ beeinflusst durch Häufigkeit der notwendigen Kontaktaufnahme mit Anbieter im Rahmen der Beschwerdeführung – Beschwerdezufriedenheit beeinflusst Wiederkaufsabsicht positiv
Gilly/ Gelb (1982)	– Untersuchung von Formen und Einflussfaktoren der Kundenreaktion auf die Beschwerdebehandlung	– Schriftliche Befragung von Kunden in den USA (n=521) – Ölindustrie	– Chi-Quadrat-Test – Korrelationsanalyse	– Beschwerdezufriedenheit wird positiv beeinflusst durch Ausmaß der Wiedergutmachung und ist niedriger im Falle von nichtmonetären Problemen (im Vergleich zu monetären Problemen) – Beschwerdezufriedenheit beeinflusst Wiederkaufverhalten positiv
Gilly/ Hansen (1985)	– Untersuchung von Einflussfaktoren der Kundenreaktion auf die Beschwerdebehandlung	– Experiment mit Studenten in den USA (n=85) – Hotelbesuch	– Häufigkeitsauszählungen	– Wahrgenommene Gerechtigkeit der Beschwerdebehandlung sowie Beschwerdezufriedenheit werden positiv beeinflusst durch Ausmaß der Wiedergutmachung
Goodwin/ Ross (1989)	– Untersuchung von Einflussfaktoren der Kundenreaktion auf die Beschwerdebehandlung	– Schriftliche Befragung von Studenten in den USA (n=135) – Autoreparaturen, Flugreisen, medizinische Versorgung, Restaurantbesuch	– Varianzanalyse – Korrelationsanalyse – Mittelwertvergleiche	– Wahrgenommene Gerechtigkeit der Beschwerdebehandlung sowie Beschwerdezufriedenheit werden positiv beeinflusst durch Existenz einer Wiedergutmachung und Ausmaß der Kundenorientierung des Interaktionsverhaltens der Mitarbeiter im Rahmen der Beschwerdebehandlung

Autor(en) (Jahr)	Relevanter Schwerpunkt der Arbeit	Datengrundlage	Analysemethode(n)	Relevante Kernergebnisse
Goodwin/ Ross (1992)	– Untersuchung von Einflussfaktoren der Kundenreaktion auf die Beschwerdebehandlung	– Experiment mit Studenten in den USA (n=285) – Autoreparaturen, Flugreisen, medizinische Versorgung, Restaurantbesuch	– Varianzanalyse	– Wahrgenommene Gerechtigkeit der Beschwerdebehandlung sowie Beschwerdezufriedenheit werden positiv beeinflusst durch Existenz einer Wiedergutmachung und Möglichkeit des Kunden, im Rahmen der Beschwerdebehandlung Informationen einzubringen und Gefühle zu äußern
Hennig-Thurau (1999)	– Untersuchung von Formen und Einflussfaktoren der Kundenreaktion auf die Beschwerdebehandlung	– Schriftliche Befragung von Kunden in Deutschland (n=2.016) – Personenverkehr	– Kontingenzanalyse – Varianzanalyse – Korrelationsanalyse	– Beschwerdezufriedenheit wird · positiv beeinflusst durch Alter des Kunden und Ausmaß der Kundenorientierung des Interaktionsverhaltens des Mitarbeiter im Rahmen der Beschwerdebehandlung · negativ beeinflusst durch Dauer der Beschwerdebehandlung und wahrgenommene Umständlichkeit der Beschwerdeführung – Beschwerdezufriedenheit beeinflusst · Wiederkaufverhalten positiv · Ausmaß von Mund-zu-Mund-Kommunikation negativ
Hoffman/ Kelley/ Rotalsky (1995)	– Untersuchung von Einflussfaktoren der Kundenreaktion auf die Beschwerdebehandlung	– Persönliche Befragung von Kunden in den USA (n=373) – Restaurantbesuch	– Critical Incident Technique – Korrelationsanalyse	– Beschwerdezufriedenheit wird · positiv beeinflusst durch Existenz einer Wiedergutmachung · negativ beeinflusst durch wahrgenommene Ernsthaftigkeit des Problems
Hui/ Au (2001)	– Untersuchung von Einflussfaktoren der Kundenreaktion auf die Beschwerdebehandlung	– Experiment mit Studenten in China (n=175) und Kanada (n=160) – Hotelbesuch	– Varianzanalyse – Regressionsanalyse	– Wahrgenommene Gerechtigkeit der Beschwerdebehandlung wird positiv beeinflusst durch Ausmaß der Wiedergutmachung und Möglichkeit des Kunden, im Rahmen der Beschwerdebehandlung Informationen einzubringen und Gefühle zu äußern – Wirkungsstärke der verschiedenen unternehmensbezogenen Einflussfaktoren von wahrgenommener Gerechtigkeit der Beschwerdebehandlung hängt ab von kulturellen Faktoren
Lewis/ Spyrakopoulos (2001)	– Untersuchung von Einflussfaktoren der Kundenreaktion auf die Beschwerdebehandlung	– Schriftliche Befragung von Kunden in Griechenland (n=183) – Finanzdienstleistungen	– Varianzanalyse	– Beschwerdezufriedenheit wird · negativ beeinflusst durch Alter des Kunden und Einkommen sowie Länge der Geschäftsbeziehung
Mattila (2001)	– Untersuchung von Einflussfaktoren der Kundenreaktion auf die Beschwerdebehandlung	– Experiment mit Studenten in den USA (n=441) – Restaurantbesuch, chemische Reinigung, Friseurbesuch	– Regressionsanalyse – Kovarianzanalyse (ANCOVA)	– Wahrgenommene Gerechtigkeit der Beschwerdebehandlung sowie Beschwerdezufriedenheit werden · negativ beeinflusst durch wahrgenommene Ernsthaftigkeit des Problems · beeinflusst durch markt- bzw. branchenspezifische Faktoren

Autor(en) (Jahr)	Relevanter Schwerpunkt der Arbeit	Datengrundlage	Analysemethode(n)	Relevante Kernergebnisse
Maxham/ Netemeyer (2002)	– Untersuchung von Formen und Einflussfaktoren der Kundenreaktion auf die Beschwerdebehandlung	– Schriftliche Befragung von Kunden in den USA (n=255) – Finanzdienstleistungen	– Kovarianzanalyse (MANCOVA)	– Kundenbeurteilung nach der Beschwerdebehandlung wird - positiv beeinflusst durch Länge des Zeitraums zwischen aktuellem und vorherigem Problem im Laufe einer Geschäftsbeziehung mit einem Anbieter - negativ beeinflusst durch Grad der Ähnlichkeit von aktuellem und vorherigem Problem im Laufe einer Geschäftsbeziehung mit einem Anbieter
Meffert/ Bruhn (1981)	– Untersuchung von Einflussfaktoren der Kundenreaktion auf die Beschwerdebehandlung	– Persönliche Befragung von Kunden in Deutschland (n=773) – Fernsehgeräte, Automobilreparaturen	– Korrelations-/ Regressionsanalyse	– Beschwerdezufriedenheit wird - negativ beeinflusst durch Ausmaß der generellen Unzufriedenheit mit dem Produkt und Häufigkeit der notwendigen Kontaktaufnahme mit Anbieter im Rahmen der Beschwerdeführung - positiv beeinflusst durch Ausmaß der (positiven) Beschwerdeerfahrung und Grad der positiven Einstellung zum Beschweren
Smith/ Bolton/ Wagner (1999)	– Untersuchung von Formen und Einflussfaktoren der Kundenreaktion auf die Beschwerdebehandlung	– Experiment mit Studenten (n=375) bzw. Kunden (n=602) in den USA – Restaurantbesuch, Hotelbesuch	– Regressionsanalyse – Mittelwertvergleiche	– Beschwerdezufriedenheit wird positiv beeinflusst durch wahrgenommene Gerechtigkeit der Beschwerdebehandlung – Wahrgenommene Gerechtigkeit der Beschwerdebehandlung wird - positiv beeinflusst durch Ausmaß der Wiedergutmachung - negativ beeinflusst durch Dauer der Beschwerdebehandlung – Wirkungsstärke der verschiedenen unternehmensbezogenen Einflussfaktoren von wahrgenommener Gerechtigkeit der Beschwerdebehandlung hängt ab von Art des Problems und Ernsthaftigkeit des Problems
Tax/ Brown/ Chandrashekaran (1998)	– Untersuchung von Formen der Kundenreaktion auf die Beschwerdebehandlung	– Schriftliche Befragung von Kunden in den USA (n=239) – Dienstleistungsbereich	– Regressionsanalyse	– Beschwerdezufriedenheit wird positiv beeinflusst durch wahrgenommene Gerechtigkeit der Beschwerdebehandlung – Beschwerdezufriedenheit beeinflusst Commitment und Vertrauen des Kunden positiv – Effekt von Beschwerdeunzufriedenheit auf Commitment und Vertrauen wird abgeschwächt durch positive vorherige Erfahrungen des Kunden mit dem Anbieter

Tabelle 4: Ausgewählte Arbeiten zur Reaktion von Kunden auf die Beschwerdebehandlung

2.2.3 Forschung zum Beschwerdemanagement von Unternehmen

Wie bereits in Abschnitt 1.1 erläutert, kann das Beschwerdemanagement einen wertvollen Beitrag dazu leisten, auf Kundenunzufriedenheit angemessen zu reagieren und damit den Aufbau bzw. die Pflege langfristiger Geschäftsbeziehungen zu fördern. Vor diesem Hintergrund werden in der Literatur insbesondere die folgenden drei zentralen Ziele des Beschwerdemanagements aufgeführt (Fornell 1981; Stauss 1989):

- *Wiederherstellung von Kundenzufriedenheit*: Durch eine angemessene Wiedergutmachung des Kundenproblems wird beabsichtigt, eine positive Kundenreaktion auf die Beschwerdebehandlung zu erreichen (vgl. hierzu Abschnitt 2.2.2.2) und damit die Zufriedenheit von Kunden wiederherzustellen.

- *Minimierung negativer Folgen von Kundenunzufriedenheit*: Zudem zielt das Beschwerdemanagement darauf ab, unzufriedene Kunden zu einer Beschwerde beim eigenen Unternehmen zu motivieren und damit aus Anbietersicht unvorteilhafte Formen der Kundenreaktion auf Unzufriedenheit (vgl. hierzu Abschnitt 2.2.2.1) weitestgehend zu vermeiden.

- *Identifikation betrieblicher Schwächen und Marktchancen*: Außerdem soll das Beschwerdemanagement aus den in Beschwerden enthaltenen Informationen Anhaltspunkte für betriebliche Schwächen (z.B. Mängel bei Produkten und Prozessen) und Marktchancen (z.B. zusätzliche oder ergänzende Leistungsangebote) gewinnen und hierdurch helfen, zukünftige Unzufriedenheit von Kunden zu vermeiden.

Darüber hinaus diskutieren einige Arbeiten noch eine Reihe von Unterzielen des Beschwerdemanagements (Hansen/Jeschke/Schöber 1995; Hoffmann 1991; Wimmer 1985). Für die vorliegende Arbeit sind jedoch vor allem die vorgestellten drei zentralen Ziele des Beschwerdemanagements von Relevanz.

Die Art und Weise, wie Unternehmen diese Ziele erreichen können, steht im Mittelpunkt der Forschung zum Beschwerdemanagement. Die beiden folgenden Abschnitte fassen die zentralen Ergebnisse derjenigen Arbeiten zusammen, die sich diesem Forschungsfeld zuordnen lassen. Zunächst wird sich mit der Gestaltung der einzelnen Aufgaben des Beschwerdemanagements (Abschnitt 2.2.3.1) beschäftigt und anschließend mit der Gestaltung des internen Umfelds des Beschwerdemanagements (Abschnitt 2.2.3.2).

2.2.3.1 Forschung zur Gestaltung der Beschwerdemanagement-Aufgaben

Im Hinblick auf die optimale Gestaltung der verschiedenen Beschwerdemanagement-Aufgaben geben eine Reihe von Arbeiten die generelle Empfehlung, im Unternehmen eine angemessene *Beschwerdemanagement-Aufbauorganisation* zu verankern (Schöber 1997; Stauss/Seidel 2002). Diese zeichnet sich insbesondere durch klar festgelegte Verantwortlichkeiten für die Durchführung der einzelnen Aufgaben aus (Günter 2003; Hansen/Jeschke 2000; Schöber 1997).

Die in der Literatur zum Beschwerdemanagement hauptsächlich diskutierten Aufgaben können wie folgt kategorisiert werden:

- Beschwerdebehandlung
- Beschwerdestimulierung
- Beschwerdeanalyse
- Beschwerdemanagement-Planung
- Beschwerdemanagement-Kontrolle

Im Folgenden werden die wichtigsten Erkenntnisse zu den Erfolgsfaktoren der Gestaltung dieser Beschwerdemanagement-Aufgaben zusammengefasst.

Beschwerdebehandlung: Dieser Aufgabenbereich umfasst die Annahme der Beschwerde und deren Bearbeitung (bis hin zur abschließenden Kommunikation der Beschwerdelösung) durch das Unternehmen. Die Tatsache, dass sich Arbeiten zum Beschwerdemanagement diesem Handlungsfeld bislang mit Abstand am intensivsten widmen, spricht für die hohe Relevanz dieser Aufgabe. In Bezug auf die Gestaltung der Beschwerdebehandlung empfehlen verschiedene Studien das Aufstellen klarer, einfacher und kundenorientierter Richtlinien für die Annahme und Bearbeitung von Beschwerden (Berry 1995; Schöber 1997; Stauss/Seidel 2002). Unterstützt wird diese Empfehlung von Goodwin/Ross (1990). Sie stellen fest, dass Kunden eine höhere Fairness der Beschwerdebehandlung wahrnehmen, wenn sie der Meinung sind, dass sich der Anbieter an vorgegebene Richtlinien hält. Die in der Literatur diskutierten Richtlinien für die Beschwerdebehandlung beziehen sich auf den Soll-Ablauf des Beschwerdebehandlungs-Prozesses (Verfahrensrichtlinien), das Mitarbeiterverhalten gegenüber Kunden während der Beschwerdebehandlung (Verhaltensrichtlinien) bzw. die Maßnahmen zur Wiedergutmachung des aufgetretenen Problems (Ergebnisrichtlinien).

Die hohe generelle Relevanz von *Verfahrensrichtlinien* unterstreicht Johnston (2001) im Rahmen einer empirischen Untersuchung, in der er einen signifikanten Einfluss der Qualität des Beschwerdebehandlungs-Prozesses auf die Kundenzufriedenheit nachweist. Um eine hohe Geschwindigkeit der Beschwerdebearbeitung sicherzustellen, wird häufig eine Festlegung von Zeitstandards gefordert, die die normale bzw. maximale Dauer eines Bearbeitungsprozesses definieren (Homburg/Werner 1998; Stauss/Seidel 2002; TARP 1986a). Weiterhin wird ein Feedback des Unternehmens an die Kunden über den Stand bzw. das Ergebnis der Beschwerdebearbeitung empfohlen (Andreassen 2000; Berry 1995; Stauss/Seidel 2002) sowie zu Verfahrensrichtlinien geraten, die sich auf die Erfassung und Weiterleitung von Beschwerdeinformationen (z.b. Charakteristika des Beschwerdeführers oder Kundenproblems) beziehen (Homburg/Werner 1998; Riemer 1986; Schöber 1997).

In der Literatur werden zudem *Verhaltensrichtlinien* thematisiert, die Kundenkontaktmitarbeitern für die Beschwerdebehandlung an die Hand gegeben werden. Diese Richtlinien dienen dazu, das Interaktionsverhalten von Mitarbeitern im Rahmen der sich durch ein hohes Konfliktpotenzial auszeichnenden Beschwerdeannahme und Beschwerdebearbeitung zu steuern und damit die Eskalation von Gesprächen mit unzufriedenen Kunden zu vermeiden (Homburg/Werner 1998; Stauss/Seidel 2002). Beispiele für solche Verhaltensrichtlinien finden sich unter anderem bei Bailey (1994, S. 27f.), Homburg/Werner (1998, S. 115) und Stauss/Seidel (2002, S. 207). So sollten Mitarbeiter gegenüber Beschwerdeführern stets freundlich und hilfsbereit sein, Interesse und Verständnis für das Kundenproblem zeigen sowie die Verantwortung für die Problemlösung übernehmen.

Schließlich empfehlen verschiedene Arbeiten, über entsprechende *Ergebnisrichtlinien* die für die Beschwerdebearbeitung zuständigen Mitarbeiter mit Entscheidungs- und Weisungskompetenzen in dem Maße auszustatten, wie es für eine aus Kundensicht zufriedenstellende Lösung notwendig ist (Berry/Zeithaml/Parasuraman 1990; Hart/Heskett/Sasser 1990; Schöber 1997). Hart/Heskett/Sasser (1990) raten beispielsweise dazu, Kundenkontaktmitarbeiter zu ermächtigen, finanzielle Entschädigungen (z.B. Rückerstattung des Kaufpreises, Preisnachlässe) und nicht-finanzielle Entschädigungen (z.B. Umtausch des fehlerhaften Produkts, Gutscheine, kostenlose Reparaturen) bis zu einem bestimmten Grad ohne Rückfragen zu gewähren. Einige Arbeiten empfehlen außerdem, die Kunden nach der gewünschten Beschwerdelösung zu fragen bzw. sie zwischen verschiedenen Alternativen wählen zu lassen (Blodgett/Hill/Tax 1997; Johnston 1995; Mattila 2001). Zudem wird generell zu einer kulanten Regelung der Wiedergutmachung geraten (Fornell/Wernerfelt 1987; Stauss/Seidel 2002). So zeigen Fornell/Wernerfelt (1987) anhand mathematischer Modelle, dass „the optimal level of compensation can exceed the unit contribution significantly" (S. 343), weshalb „it may be profitable to compensate with an amount that is several times the profit margin of the product" (S. 345).

Beschwerdestimulierung: Im Mittelpunkt dieser Beschwerdemanagement-Aufgabe steht die Absicht, unzufriedene Kunden zu einer Beschwerde beim eigenen Unternehmen zu motivieren (Davidow/Dacin 1997; Stauss/Seidel 2002). In einer Vielzahl von Studien wird auf die generelle Wichtigkeit dieser Aufgabe hingewiesen (Günter 2003; Ping 1993; Singh/Pandya 1991). Die konzeptionellen Arbeiten von Stauss (1998) und Wimmer/Roleff (2001) betonen zudem, dass der Beschwerdestimulierung im Dienstleistungsbereich wohl eine besonders hohe Bedeutung zukommt. Darüber hinaus zeigen einige Studien mit Hilfe quantitativer Methoden, dass eine Maximierung des Anteils der unzufriedenen Kunden, die sich beim Anbieter beschweren, prinzipiell von Vorteil ist (Estelami 1999; Fornell/Wernerfelt 1987, 1988). So stellen beispielsweise Fornell/Wernerfelt (1988, S. 296) fest, „that firms would be well advised to encourage dissatisfied customers to complain". Trotz der häufig betonten hohen Relevanz existieren bis dato nur relativ wenige Arbeiten, die sich umfassender mit der Gestaltung der Beschwerdestimulierung beschäftigen. Vor diesem Hintergrund stellt Dellande (1995, S. 38) in einem Übersichtsartikel fest, dass „more research is needed to better understand [...] getting the non-complainer to voice". Diejenigen Arbeiten, die sich bislang detaillierter mit der Gestaltung dieser Beschwerdemanagement-Aufgabe auseinandersetzen, diskutieren zwei grundsätzliche Stoßrichtungen. Zum einen handelt es sich hierbei um die Schaffung von Beschwerdekanälen und zum anderen um die Durchführung externer (d.h. kundengerichteter) Kommunikationsmaßnahmen zur Beschwerdestimulierung.

Im Hinblick auf die *Schaffung von Beschwerdekanälen* weisen mehrere Arbeiten auf die Notwendigkeit einer Vielzahl unterschiedlicher Beschwerdewege (d.h. Kanäle für persönliche, schriftliche und telefonische Beschwerden) hin (Günter 2003; Morris 1988; Stauss/Seidel 2002). Zudem empfehlen Studien, die Beschwerdekanäle für Kunden leicht zugänglich (Halstead/Dröge/Cooper 1993; Hansen/Jeschke 2000) sowie einfach (Bolfing 1989; Hoffmann 1991) und kostengünstig (Bruhn 1986; Nyer 1999) nutzbar zu machen.

In Zusammenhang mit der *Durchführung externer Kommunikationsmaßnahmen zur Beschwerdestimulierung* diskutiert die Beschwerdeforschung sowohl Kommunikationsinhalte als auch Kommunikationsmedien. Als Inhalte der Kommunikation führen Arbeiten vor allem die Willkommenheit von Beschwerden (Andreasen/Best 1977; Bearden/Teel 1980), die Art und das Ausmaß der Wiedergutmachung (Tax/Brown 1998) sowie die Existenz und Handhabung von Beschwerdekanälen (Hansen/Niestrath/Thieme 1983; Stephens/Gwinner 1998) an. Das Spektrum an Kommunikationsmedien, über die die Inhalte transportiert werden können, reicht von Schildern am „Point of Sale" über Zeitungs-/Zeitschriftenanzeigen bis hin zu Kundenzeitschriften, Werbebriefen, Katalogen/Prospekten/Handzetteln, Produktverpackungen, Gebrauchsanleitungen/Packungsbeilagen, Rechnungen, Visitenkarten und dem persönlichen oder telefonischen Gespräch mit Kunden (Bruhn 1986; Richins/Verhage 1985).

Beschwerdeanalyse: Durch die Auswertung und Interpretation von negativem Kundenfeedback auf aggregierter Ebene bezweckt die Beschwerdeanalyse, die Gründe und Ursachen für Kundenbeschwerden bzw. -probleme zu identifizieren (Fornell/Westbrook 1979; Günter 2003; Schibrowsky/Lapidus 1994). Die hohe Relevanz dieser Aufgabe wird zwar häufig unterstrichen (Adamson 1993; TARP 1986a). Dennoch gibt es bisher nur wenige Studien, die sich mit dieser Thematik detaillierter beschäftigen. Dies betonen auch Lapidus/Schibrowsky (1994, S. 51): „While the literature on individual complaint handling and its implications are extensive, the identification of aggregate level consumer dissatisfaction has received only modest attention". Für die Auswertung von Beschwerden wird in der Literatur eine Vielzahl quantitativer und qualitativer Methoden diskutiert. Während die quantitativen Methoden (z.b. Kategorisierung von Beschwerden nach dem Beschwerdegrund, Erstellung von Häufigkeitsverteilungen) meist im Kontext der Analyse von Beschwerdegründen Erwähnung finden (Riemer 1986; Rust/Zahorik/Keiningham 1996), werden die qualitativen Methoden (z.b. Durchführung von Gruppendiskussionen, Erstellung von Ursache-Wirkungs-Diagrammen) in Zusammenhang mit der Identifikation tieferliegender Ursachen für Kundenprobleme diskutiert (Berry 1995; Stauss/Seidel 2002). Um eine Beseitigung betrieblicher Schwächen bzw. eine Nutzung von Marktchancen zu ermöglichen, wird in mehreren Arbeiten auf die Notwendigkeit hingewiesen, die Ergebnisse der Beschwerdeanalyse regelmäßig in Form von Berichten an die relevanten Entscheidungsträger bzw. Bereiche im Unternehmen (v.a. Marketing, Vertrieb, Kundendienst, Qualitätssicherung/-kontrolle, Forschung & Entwicklung, Einkauf, Produktion und Verwaltung/Buchhaltung) weiterzuleiten (Bruhn 1986; van Ossel/Stremersch 1998).

Beschwerdemanagement-Planung: Im Mittelpunkt dieser Aufgabe stehen beschwerdemanagement-bezogene Ziele und Budgets (de Ruyter/Brack 1993; TARP 1986a). Die Ziele können zum einen allgemeinerer Natur sein (z.b. Steigerung der Beschwerdezufriedenheit von 60% auf 70%). Zum anderen wird jedoch auch zur Festlegung spezifischerer Ziele geraten (z.b. Senkung der durchschnittlichen Dauer der Beschwerdebearbeitung von 10 Tage auf 7 Tage) (Stauss/Seidel 2002; TARP 1986a). Für die Erreichung der gesetzten Ziele empfehlen verschiedene Arbeiten, dem Beschwerdemanagement ein eigenes, relativ umfangreiches Budget zur Verfügung zu stellen (Gardiner Jones 1978; Spreng/Harrell/Mackoy 1995).

Beschwerdemanagement-Kontrolle: Um ein effektives und effizientes Beschwerdemanagement sicherzustellen, wird in der Literatur eine regelmäßige Kontrolle der im Rahmen der

Beschwerdemanagement-Planung aufgestellten Ziele und Budgets bzw. der angefallenen Kosten des Beschwerdemanagements gefordert (de Ruyter/Brack 1993; Hoffmann 1991). Zur Optimierung des Beschwerdemanagements weisen Estelami (2000) und Singh (1990b) zudem auf die Möglichkeit der Durchführung regelmäßiger Benchmarking-Studien hin.

2.2.3.2 Forschung zur Gestaltung des internen Beschwerdemanagement-Umfelds

Zusätzlich zu der im vorangegangenen Abschnitt dargestellten Gestaltung der verschiedenen Aufgabenbereiche des Beschwerdemanagements wird in der Literatur noch auf eine Reihe interner Rahmenbedingungen hingewiesen, die ebenfalls einen Einfluss auf die Erreichung der Beschwerdemanagement-Ziele besitzen. Insbesondere die folgenden Elemente sind Bestandteil des internen Umfelds des Beschwerdemanagements:

- Personalmanagement
- Unternehmenskultur
- Beschwerdemanagement-Informationssystem

Die folgenden Ausführungen stellen die zentralen Erkenntnisse zu den Erfolgsfaktoren der Gestaltung dieser Elemente des internen Beschwerdemanagement-Umfelds dar.

Personalmanagement: Eine Reihe von Arbeiten betont die hohe Relevanz des Personalmanagements für ein effektives Beschwerdemanagement (Maxham/Netemeyer 2003; Stauss/Seidel 2002). Insbesondere wird einem kundenorientierten Personalmanagement eine Verbesserung der Einstellung und des Verhaltens von Mitarbeitern mit Beschwerdemanagement-Aufgaben zugesprochen (Homburg/Fürst 2005b). Zu den dabei am häufigsten genannten Bereichen zählen die Personalweiterbildung und die Personalführung. Im Hinblick auf die Personalweiterbildung empfehlen Studien die Sensibilisierung der Mitarbeiter für die hohe Relevanz von Beschwerden und das Training der Mitarbeiter im Umgang mit unzufriedenen Kunden (Berry/ Parasuraman 1991; Bolfing 1989). In Zusammenhang mit der Personalführung hebt die Beschwerdeliteratur die motivierende Wirkung von Beschwerdemanagement-/Kundenzufriedenheits-/Kundenbindungs-Zielen für Mitarbeiter hervor. Zudem weisen Arbeiten auf die hohe Bedeutung des Verhaltens von Führungskräften hin. So sollten Führungskräfte Mitarbeitern mit Beschwerdemanagement-Aufgaben bei entsprechenden Leistungen Lob und Anerkennung aussprechen, Kundenorientierung im Allgemeinen und eine adäquate Beschwerdebehandlung im Speziellen vorleben, regelmäßig den Nutzen eines effektiven Beschwerdemanagements kommunizieren sowie vorrangig an der Vermeidung von Fehlern statt an der Benennung und Bestrafung für Fehler verantwortlicher Mitarbeiter interessiert sein (Bruhn 1986; Jeschke/Schulze 1999).

Unternehmenskultur: Die Bedeutung einer kundenorientierten Unternehmenskultur für ein funktionierendes Beschwerdemanagement wird von verschiedenen Arbeiten hervorgehoben (Cook/Macaulay 1997; Jeschke/Schulze 1999). In diesem Zusammenhang wird vor allem auf die Notwendigkeit einer positiven Einstellung gegenüber Beschwerden bzw. Beschwerdeführern hingewiesen (Johnston 2001; Plymire 1991; vgl. hierzu auch Homburg/Fürst 2005b). Außerdem betonen verschiedene Arbeiten die Wichtigkeit einer konstruktiven Einstellung gegenüber betrieblichen Schwachstellen und Fehlern (Bailey 1994; Tax/Brown 1998). So scheint ein angemessener Umgang mit Beschwerden vor allem dann möglich, wenn im Unternehmen offen über betriebliche Schwachstellen und Fehler gesprochen wird und Mitarbeiter versuchen, Probleme zu lösen und Fehler zukünftig zu vermeiden, statt diese als unlösbar bzw. unausweichlich hinzunehmen.

Beschwerdemanagement-Informationssystem: Schließlich wird in der Literatur auch vereinzelt auf die unterstützende Funktion einer angemessenen Hardware und Software bei der Durchführung von Beschwerdemanagement-Aufgaben hingewiesen (de Ruyter/Brack 1993; Stauss/Seidel 1996, 2002). Die zentralen Anforderungen an das Beschwerdemanagement-Informationssystem umfassen dabei zum einen die angemessene Unterstützung bei der Annahme, Bearbeitung und Analyse von Beschwerden sowie die Kompatibilität mit anderen Informationssystemen (z.B. Kundendatenbanken, Buchhaltungssysteme). Zum anderen wird gefordert, dass alle Mitarbeiter mit Beschwerdemanagement-Aufgaben schnell und unkompliziert auf das System zugreifen können (Berry/Zeithaml/Parasuraman 1990).

Tabelle 5 gibt abschließend einen Überblick über ausgewählte Arbeiten, die Empfehlungen zur Gestaltung der Beschwerdemanagement-Aufgaben und/oder zur Gestaltung des internen Beschwerdemanagement-Umfelds geben. Außerdem sind mit Stauss/Schöler (2003) und TARP (1986a) auch zwei Arbeiten aufgeführt, die eine Bestandsaufnahme der Gestaltung des Beschwerdemanagements in der Unternehmenspraxis vornehmen. Beide Studien kommen zu dem Ergebnis, dass vielerorts diesbezüglich noch erheblicher Handlungsbedarf besteht.

Autor(en) (Jahr)	Relevanter Schwerpunkt der Arbeit	Daten- grundlage	Analyse- methode(n)	Relevante Kernergebnisse
de Ruyter/ Brack (1993)	– Gestaltung und Auswirkungen des Beschwerdemanagements als Instrument des defensiven Marketing	-	-	– Aufgaben des Beschwerdemanagements: Planung, Datensammlung, Datenverarbeitung, Kommunikation von Informationen, Organisation, Personalmanagement, Ressourcenmanagement, Kontrolle
Fornell/ Wernerfelt (1987)	– Gestaltung und Auswirkungen des Beschwerdemanagements als Instrument des defensiven Marketing	-	– Formal-analytische Modelle	– Beschwerdemanagement kann Marktanteil steigern und Kosten für offensives Marketing (z.B. Werbung) senken – Maximierung des Anteils der unzufriedenen Kunden, die sich beim Anbieter beschweren, ist (abhängig von bestimmten Kostenbeschränkungen) erstrebenswert – aus Anbietersicht optimale Höhe der Wiedergutmachung kann den Deckungsbeitrag des betreffenden Produkts beträchtlich übersteigen
Günter (2003)	– Gestaltung des Beschwerdemanagements als ein zentrales Element des After-Sales-Marketing	-	-	– Bausteine des Beschwerdemanagements: u.a. Grundsätze und Richtlinien für das Beschwerdemanagement, personelle Sicherung des Beschwerdemanagements sowie Informations-, Handling- und Lernsystem
Hansen/ Jeschke/ Schöber (1995)	– Gestaltung des Beschwerdemanagements als ein Konzept einer kundenorientierten Unternehmensstrategie	-	-	– Aufgaben des Beschwerdemanagements: - Input-Funktion (Unzufriedenheit kanalisieren, Beschwerden an die zuständigen Stellen im Unternehmen weiterleiten) - Fallbearbeitungs-Funktion (Kundenzufriedenheit wiederherstellen) - Feedback-Funktion (Beschwerde-/Kundenzufriedenheit überprüfen) - Informationsgewinnungs-Funktion (Beschwerdeinformationen nutzen, um zukünftiger Unzufriedenheit vorzubeugen)
Hoffmann (1991)	– Entwicklung eines Instrumentariums zur Abschätzung der monetären Auswirkungen der Beschwerdebearbeitung auf den wirtschaftlichen Erfolg von Unternehmen	– Fallstudie mit Unternehmen (n=7) und schriftliche Befragung von Kunden in Deutschland (n=3.057) – Dienstleistungs-/ Sachgüterbereich	– Korrelations-analyse	– Nutzenkomponenten des Beschwerdemanagements: Beschwerdezufriedenheit, Einstellungen der Kunden, Kauf- und Kommunikationsverhalten der Kunden, Informationsgewinn – Kostenkomponenten des Beschwerdemanagements: Personalkosten, Bürokosten, Wiedergutmachungs-/Kulanzkosten
Homburg/ Werner (1998)	– Gestaltung des Beschwerdemanagements als ein Ansatzpunkt zur Steigerung der Kundenorientierung im Unternehmen	-	-	– Komponenten des Beschwerdemanagements: Beschwerdeannahme, individuelle Fallösung, Beschwerdeanalyse, Einstellung der Mitarbeiter, organisatorische Aspekte
Johnston (2001)	– Auswirkungen des Beschwerdemanagements auf verschiedene unternehmerische Erfolgsgrößen	– Schriftliche Befragung von Managern in Großbritannien (n=40) – Dienstleistungs-/ Sachgüterbereich	– Korrelations-analyse	– Qualität des Beschwerdemanagement-Prozesses hat positiven Einfluss auf Kundenzufriedenheit/-loyalität, betriebliche Verbesserungen, Mitarbeiterzufriedenheit/-loyalität und wirtschaftlichen Erfolg von Unternehmen

Grundlagen der Arbeit

Autor(en) (Jahr)	Relevanter Schwerpunkt der Arbeit	Datengrundlage	Analysemethode(n)	Relevante Kernergebnisse
Lapidus/ Schibrowsky (1994)	– Verfahren zur Erkennung, Analyse und Beseitigung von Mängeln im Leistungsangebot von Unternehmen	–	–	– Identifikation und Kategorisierung von betrieblichen Schwächen (insbesondere durch die Analyse von Beschwerden) – Ableitung von Verbesserungsmaßnahmen – Anwendung des „House of Quality"

Maxham/ Netemeyer (2003)	– Auswirkungen des Beschwerdemanagement-Umfelds auf Verhalten von Mitarbeitern mit Beschwerdemanagement-Aufgaben sowie Kundenreaktion auf die Beschwerdebehandlung	– Schriftliche Befragung von Mitarbeitern mit Beschwerdemanagement-Aufgaben und Kunden in den USA (n=320)
		– Einzelhandel
			– Regressionsanalyse	– (Von Kunden) wahrgenommene Einsatzbereitschaft von Mitarbeitern im Rahmen der Beschwerdebehandlung wird positiv beeinflusst durch (von Mitarbeitern) wahrgenommene gemeinsame Werte und organisationale Gerechtigkeit im Unternehmen
				– Wahrgenommene Gerechtigkeit der Beschwerdebehandlung wird positiv beeinflusst durch
				  - (von Mitarbeitern) wahrgenommene gemeinsame Werte und organisationale Gerechtigkeit im Unternehmen
				  - (von Kunden) wahrgenommene Einsatzbereitschaft von Mitarbeitern im Rahmen der Beschwerdebehandlung

Riemer (1986)	– Gestaltung des Beschwerdemanagements im Allgemeinen und Typologisierung von Unternehmen anhand der Gestaltung der Beschwerdemanagement-Aufgaben im Speziellen	– Fallstudie mit Unternehmen in Deutschland (n=35)
		– Konsumgüter
			– Typologische Methode
			– Clusteranalyse
			– Häufigkeitsauszählungen
				– Aufgaben des Beschwerdemanagements:
				  - Input-Funktion (Forcierung der direkten Kommunikation mit dem Kunden, z.B. durch Adressen, Aufforderungen zur Kontaktaufnahme)
				  - Falllösungs-Funktion (Kundenzufriedenheit wiederherstellen durch schnelle und angemessene Reaktion auf Beschwerden)
				  - Informationsgewinnungs-Funktion (strukturierte Beschwerdeerfassung sowie kontinuierliche Auswertung und gezielte Weitergabe von Beschwerdeinformationen, um zukünftiger Unzufriedenheit vorzubeugen)
				– Identifikation von sieben Beschwerdemanagement-Typen

Schöber (1997)	– Organisatorische Gestaltung des Beschwerdemanagements	– Fallstudie mit Unternehmen (n=8) und Feldexperimente in Deutschland – Dienstleistungs-/ Sachgüterbereich	– rein qualitative Analyse	– Aufbauorganisation des Beschwerdemanagements: Verteilung der Aufgaben auf Stellen, Ausstattung mit Kompetenzen, Koordination – Ablauforganisation des Beschwerdemanagements: operative Prozesse (Input-, Fallbearbeitungs-, Feedback- und Informationsfunktion), dispositive Prozesse (Planung und Kontrolle, Personalführung und Anreizgestaltung) und unterstützende Prozesse (Personalauswahl/-schulung, Informationsbereitstellung, Interne/externe Marktforschung)
Stauss/ Schöler (2003)	– Bestandsaufnahme der Beschwerdemanagement-Praxis	– Schriftliche Befragung von Managern in Deutschland (n=149) – v.a. Banken, Versicherungen, Versorger, Automobil, Nahrungsmittel	– Häufigkeitsauszählungen – Korrelationsanalyse	– Hoher Stellenwert des Beschwerdemanagements in der Unternehmenspraxis – Erheblicher Handlungsbedarf in Bezug auf alle Aufgabenbereiche des Beschwerdemanagement-Prozesses und die innerbetrieblichen Rahmenbedingungen – Große Professionalitätsunterschiede innerhalb und zwischen Branchen

Autor(en) (Jahr)	Relevanter Schwerpunkt der Arbeit	Datengrundlage	Analysemethode(n)	Relevante Kernergebnisse
Stauss/ Seidel (2002)	– Gestaltung des Beschwerdemanagements als Kern des Kundenbeziehungsmanagements	–	–	– Aufgaben des Beschwerdemanagements: · direkter Beschwerdemanagement-Prozess (mit unmittelbarer Kundenbeteiligung): Beschwerdestimulierung, Beschwerdeannahme/-bearbeitung/-reaktion · indirekter Beschwerdemanagement-Prozess (keine unmittelbare Kundenbeteiligung): Beschwerdeauswertung, Beschwerdemanagement-Controlling, Beschwerdereporting, Beschwerdeinformationsnutzung) – Innerbetriebliche Rahmenbedingungen: v.a. personalpolitische, organisatorische und technologische Aspekte des Beschwerdemanagements
TARP (1986a)	– Gestaltung des Beschwerdemanagements im Allgemeinen und Bestandsaufnahme der Beschwerdemanagement-Praxis im Speziellen	– Schriftliche Befragung von Managern in den USA (n=127) – Dienstleistungs-/ Sachgüterbereich	– Häufigkeitsauszählungen	– Unterteilung der Aufgaben des Beschwerdemanagements in „Operations Functions" (z.B. Beschwerdebehandlung) und „Support Functions" (z.B. Planung, Kontrolle) – Steigerung der Professionalität des Beschwerdemanagements in den 80er Jahren – Dennoch: Nach wie vor existierender Handlungsbedarf bei Großteil der „Operations Functions" und „Support Functions"
Tax/ Brown (1998)	– Gestaltung des Beschwerdemanagements im Dienstleistungsbereich	–	–	– Vier Phasen des Service-Recovery-Prozesses: · Identifikation der Service-Fehler · Lösung der Kundenprobleme · Kommunikation und Klassifikation der Service-Fehler · Datenintegration und Service-Verbesserung
Wegmann (2001)	– Gestaltung des internationalen Beschwerdemanagements	– Persönliche bzw. telefonische Befragung von Managern in Deutschland (n=8) – Dienstleistungs-/ Sachgüterbereich	– rein qualitative Analyse	– Über Ländergrenzen hinweg realisierte · Beschwerdestimulierung: z.B. durch entsprechende Kennzeichnung des Produkts und Nutzung des Handels zur Verteilung von Meinungskarten · Falllösungs-Funktion: z.B. durch angemessene Gestaltung des Call-Center in Bezug auf Organisation, Kapazitäts- und Personalmanagement · Informationsgewinnungs-Funktion: z.B. durch Maßnahmen zur Sicherstellung der Vergleichbarkeit von Informationen · Kontroll-Funktion: z.B. durch angemessene Auswahl von relevanten Qualitätsdimensionen und Maßnahmen zur Sicherstellung der Vergleichbarkeit von gemessenen Indikatoren · Koordinations-Funktion: z.B. durch Implementierung einer einheitlichen Unternehmenskultur und Einsatz von Zielvorgaben und Weisungen
Wimmer/ Roleff (2001)	– Gestaltung des Beschwerdemanagements im Dienstleistungsbereich	–	–	– Externe Beschwerdepolitik (Beschwerdestimulierung, Beschwerdeannahme/ -bearbeitung/-reaktion) – Interne Beschwerdepolitik (Beschwerdeanalyse, Beschwerdemanagement-Controlling)

Tabelle 5: Ausgewählte Arbeiten zur Gestaltung des Beschwerdemanagements

2.2.4 Zusammenfassung des Erkenntnisbeitrags der ausgewerteten Literatur

Im Folgenden wird der Erkenntnisbeitrag der Literaturbestandsaufnahme (Abschnitte 2.2.2.1, 2.2.2.2, 2.2.3.1 und 2.2.3.2) im Hinblick auf die Beantwortung der Forschungsfragen der vorliegenden Arbeit dargestellt.

Forschungsfrage 1: Anhand welcher zentraler Größen lässt sich der Erfolg des Beschwerdemanagements messen?

Sowohl die Forschung zum Beschwerdemanagement von Unternehmen als auch die Forschung zum Beschwerdeverhalten von Kunden liefern Hinweise auf die zentralen Erfolgsgrößen des Beschwerdemanagements. Wie in Abschnitt 2.2.3 gezeigt, nennt die Literatur zum Beschwerdemanagement als zentrale Ziele vor allem die Wiederherstellung von Kundenzufriedenheit, die Minimierung negativer Folgen von Kundenunzufriedenheit und die Identifikation betrieblicher Schwächen und Marktchancen. Der Grad der Erreichung dieser drei Ziele determiniert maßgeblich den Erfolg des Beschwerdemanagements und lässt sich mit Hilfe entsprechender Kenngrößen messen. Diese Kenngrößen repräsentieren insofern die zentralen Indikatoren für den Beschwerdemanagement-Erfolg und damit die vorrangig zu steuernden Erfolgsgrößen des Beschwerdemanagements.

Um den Erreichungsgrad des Ziels der Wiederherstellung von Kundenzufriedenheit zu messen, eignet sich natürlich vor allem die *Gesamtzufriedenheit* von Kunden. Da diese Größe jedoch durch die *wahrgenommene Gerechtigkeit der Beschwerdebehandlung* und die *Beschwerdezufriedenheit* mittelbar bzw. unmittelbar beeinflusst wird (vgl. hierzu Abschnitt 2.2.2.2), können die beiden letztgenannten Größen ebenfalls zur Beurteilung der Erreichung dieses Ziels herangezogen werden. Diese beiden Größen besitzen zudem den Vorteil, speziell die Kundenerfahrungen mit dem Beschwerdemanagement eines Anbieters widerzuspiegeln.

Wie in Abschnitt 2.2.2.1 erläutert, können unzufriedene Kunden auf unterschiedliche Art und Weise auf ein Problem mit einem Anbieter reagieren. Aus Anbietersicht wünschenswert wäre die Äußerung einer Beschwerde gegenüber der eigenen Organisation anstatt unvorteilhafter Kundenreaktionen wie z.B. Abwanderung, negative Mund-zu-Mund-Kommunikation oder die Kontaktaufnahme zu Drittparteien. In einem solchen Fall wäre das Ziel der Minimierung der negativen Folgen von Kundenunzufriedenheit erreicht. Eine Kenngröße, die eine Messung des Erreichungsgrades dieses Ziels weitestgehend ermöglicht, ist der Anteil der unzufriedenen

Kunden, die sich tatsächlich beim Anbieter beschweren (Davidow 2003, S. 248; Stauss/Seidel 2002, S. 286). Diese meist als *Beschwerderate* bezeichnete Größe (Günter 2003, S. 297; Meffert/Bruhn 1981, S. 611) stellt somit eine weitere zentrale Erfolgsgröße des Beschwerdemanagements dar.

Für die Messung des Erreichungsgrades des Ziels der Identifikation betrieblicher Schwächen und Marktchancen kann das *Ausmaß der beschwerdebasierenden Verbesserungen* herangezogen werden. Hierunter fallen alle Struktur-, Prozess- und Leistungsangebotsverbesserungen, die Unternehmen auf Basis von Beschwerdeinformationen vornehmen. Die hohe Bedeutung dieser Erfolgsgröße wird von einer Reihe von Arbeiten zum Beschwerdemanagement betont (Cook/Macaulay 1997; Johnston 2001). Auch Studien zum Beschwerdeverhalten stützen die hohe Relevanz von beschwerdebasierenden Verbesserungen. Beispielsweise berichten verschiedene Autoren (Richins/Verhage 1985; Stauss 1995), dass sich Kunden oft auch mit der Absicht beschweren, den Anbieter auf bestehende Probleme hinzuweisen und zu erreichen, dass diese Probleme in Zukunft nicht wieder auftreten (vgl. hierzu Abschnitt 2.1.1). Darüber hinaus hat die Bestandsaufnahme der Forschung zur Reaktion von Kunden auf Unzufriedenheit (Abschnitt 2.2.2.1) bzw. auf die Beschwerdebehandlung (Abschnitt 2.2.2.2) gezeigt, dass die von Kunden wahrgenommene Dauerhaftigkeit und Steuerbarkeit einer Problemursache sowie innerhalb eines kurzen Zeitraums mehrmals auftretende bzw. ähnliche Probleme mit ein und demselben Anbieter zu für den betreffenden Anbieter unvorteilhaften Kundenreaktionen führen. Auf Basis von Beschwerdeinformationen vorgenommene Verbesserungen können dazu beitragen, diese unvorteilhaften Kundenreaktionen zu vermeiden. Vor diesem Hintergrund ist das Ausmaß der beschwerdebasierenden Verbesserungen als eine weitere zentrale Erfolgsgröße des Beschwerdemanagements zu erachten.

Zusammenfassend lässt sich somit festhalten, dass sich aus der Bestandsaufnahme der Beschwerdeforschung und eigenen konzeptionellen Überlegungen die folgenden zentralen zu steuernden Erfolgsgrößen des Beschwerdemanagements ergeben:

- wahrgenommene Gerechtigkeit der Beschwerdebehandlung, Beschwerdezufriedenheit, Gesamtzufriedenheit
- Beschwerderate
- Ausmaß der beschwerdebasierenden Verbesserungen

Hiermit ist an dieser Stelle die Forschungsfrage 1 der vorliegenden Arbeit beantwortet.

Forschungsfrage 2: Welches sind die zentralen Aufgaben des Beschwerdemanagements und wie sollten diese gestaltet sein, um den Erfolg des Beschwerdemanagements sicherzustellen?

Als Grundlage für die Beantwortung des ersten Teils dieser Forschungsfrage dient die Bestandsaufnahme der Forschung zum Beschwerdemanagement (Abschnitt 2.2.3). Im Zuge dessen wurden fünf Beschwerdemanagement-Aufgaben identifiziert, die in der Literatur häufig Erwähnung finden (Beschwerdebehandlung, Beschwerdestimulierung, Beschwerdeanalyse, Beschwerdemanagement-Planung, Beschwerdemanagement-Kontrolle). Um hieraus die wichtigsten Beschwerdemanagement-Aufgaben auszuwählen, soll im Folgenden auf Basis der Bestandsaufnahme der Beschwerdeliteratur bzw. eigener konzeptioneller Überlegungen der unmittelbare Einfluss der Gestaltung dieser fünf Aufgaben auf die in Forschungsfrage 1 ermittelten zentralen Erfolgsgrößen des Beschwerdemanagements untersucht werden.

Wie die Bestandsaufnahme der Forschung zur Kundenreaktion auf die Beschwerdebehandlung (Abschnitt 2.2.2.2) gezeigt hat, besitzen verschiedene unternehmensbezogene Faktoren einen direkten Einfluss auf die wahrgenommene Gerechtigkeit der Beschwerdebehandlung und die Beschwerdezufriedenheit und damit auch einen indirekten Einfluss auf die Gesamtzufriedenheit von Kunden. Zwar existieren bis dato noch keine empirischen Studien, die den Zusammenhang zwischen der Gestaltung der Beschwerdebehandlung und den Kundenwahrnehmungen der Beschwerdebehandlung systematisch und umfassend untersuchen. Dennoch darf ein entsprechender Zusammenhang vermutet werden, so dass die *Beschwerdebehandlung* als eine zentrale Aufgabe des Beschwerdemanagements angesehen werden kann.

Die Bestandsaufnahme der Forschung zur Kundenreaktion auf Unzufriedenheit (Abschnitt 2.2.2.1) hat einen Einfluss verschiedener unternehmensbezogener Faktoren auf die Wahrscheinlichkeit festgestellt, sich beim betreffenden Anbieter zu beschweren. Diese von Kunden wahrgenommenen Anbietermerkmale stellen gleichzeitig die zentralen Ansatzpunkte der Beschwerdestimulierung dar (vgl. hierzu Abschnitt 2.2.3.1). Ungeachtet der Tatsache, dass bislang noch kein empirischer Beleg hierfür existiert, liegt somit die Vermutung nahe, dass die Gestaltung der Beschwerdestimulierung einen unmittelbaren Einfluss auf die Beschwerdewahrscheinlichkeit von Kunden besitzt und damit auch auf die auf Unternehmensebene gemessene Beschwerderate. Insofern stellt die *Beschwerdestimulierung* ebenfalls eine zentrale Beschwerdemanagement-Aufgabe dar.

Wie in Abschnitt 2.2.3.1 erläutert wurde, streben Unternehmen im Rahmen der Beschwerdeanalyse an, auf aggregierter Ebene die Gründe und Ursachen für Kundenbeschwerden bzw. -probleme zu identifizieren. Das Ergebnis der Beschwerdeanalyse stellt somit für Unternehmen die zentrale Grundlage dar, um Verbesserungsmaßnahmen aus in Beschwerden vorhandenen Informationen abzuleiten. Somit ist zu vermuten (wenngleich ebenfalls noch nicht empirisch untersucht), dass die Gestaltung der Beschwerdeanalyse recht unmittelbar das Ausmaß der beschwerdebasierenden Verbesserungen beeinflusst. Demzufolge kann auch die *Beschwerdeanalyse* als zentrale Aufgabe des Beschwerdemanagements bezeichnet werden.

Die Beschwerdemanagement-Planung und -Kontrolle haben insbesondere die für das Beschwerdemanagement veranschlagten Ziele und Budgets zum Gegenstand (vgl. hierzu Abschnitt 2.2.3.1). Im Mittelpunkt dieser beiden Aufgaben steht dabei die Sicherstellung der Effektivität und Effizienz aller Maßnahmen, die in Zusammenhang mit Beschwerden durchgeführt werden (de Ruyter/Brack 1993, S. 157). Somit kommt der Beschwerdemanagement-Planung und -Kontrolle vor allem eine koordinierende, motivierende und steuernde Funktion in Bezug auf die Gestaltung und Durchführung der anderen Aufgaben des Beschwerdemanagements zu (de Ruyter/Brack 1993, S. 155; Schöber 1997, S. 94). TARP (1986a, S. 70) spricht deshalb in Zusammenhang mit diesen Aufgaben auch von „Support Functions". Infolgedessen lässt sich konstatieren, dass der Gestaltung der Beschwerdemanagement-Planung und -Kontrolle nur ein mittelbarer Einfluss auf die zentralen Erfolgsgrößen des Beschwerdemanagements zukommt. Aus diesem Grund werden diese beiden Aufgaben im Folgenden nicht zu den zentralen Aufgaben des Beschwerdemanagements gezählt.

Insgesamt ergeben sich somit die folgenden zentralen Beschwerdemanagement-Aufgaben:

- Beschwerdebehandlung
- Beschwerdestimulierung
- Beschwerdeanalyse

Damit kann der erste Teil der Forschungsfrage 2 als beantwortet betrachtet werden.

Die vorangegangenen Ausführungen legen die Vermutung nahe, dass die im Rahmen der Forschungsfrage 1 identifizierten wesentlichen Erfolgsgrößen durch die Gestaltung dieser drei zentralen Aufgabenbereiche des Beschwerdemanagements in hohem Maße gesteuert werden können. Im Rahmen des zweiten Teils der Forschungsfrage 2 geht es nun um die optimale Gestaltung dieser Aufgaben, d.h. um die Frage, wie die Beschwerdebehandlung, Beschwerdestimulierung und Beschwerdeanalyse inhaltlich ausgestaltet sein sollten, um eine angemessene Ausprägung der wesentlichen Erfolgsgrößen des Beschwerdemanagements sicherzustellen.

Zwar weisen die verhältnismäßig wenigen existierenden Arbeiten zur Gestaltung der zentralen Beschwerdemanagement-Aufgaben verschiedene konzeptionelle, empirische und methodische Schwächen auf. Dennoch können aus der in Abschnitt 2.2.3.1 dargestellten Literatur zur Gestaltung der Beschwerdemanagement-Aufgaben einige wichtige Erkenntnisse für die Beantwortung der vorliegenden Forschungsfrage gewonnen werden. Zudem lassen sich aus den Arbeiten zur Kundenreaktion auf Unzufriedenheit (Abschnitt 2.2.2.1) und zur Kundenreaktion auf die Beschwerdebehandlung (Abschnitt 2.2.2.2) einige wichtige Implikationen für die Gestaltung dieser Beschwerdemanagement-Aufgaben ableiten.

Im Hinblick auf die *Gestaltung der Beschwerdebehandlung* lassen sich aus der Bestandsaufnahme der Forschung zur Gestaltung der Beschwerdemanagement-Aufgaben die folgenden drei Arten von Richtlinien ableiten:

- Verfahrensrichtlinien (für den Soll-Ablauf des Beschwerdebehandlungs-Prozesses)
- Verhaltensrichtlinien (für das Verhalten von Mitarbeitern gegenüber Beschwerdeführern)
- Ergebnisrichtlinien (für die Maßnahmen zur Wiedergutmachung des Kundenproblems)

Die vorgenommene Auswertung der Literatur zur Kundenreaktion auf die Beschwerdebehandlung stützt die Notwendigkeit dieser drei Arten von Richtlinien. So wurde dabei festgestellt, dass Beschwerdeführer die Behandlung ihrer Beschwerde auf Basis der wahrgenommenen Gerechtigkeit des Beschwerdebehandlungs-Prozesses, des Interaktionsverhaltens von Mitarbeitern und des Beschwerdeergebnisses beurteilen.

In der Forschung zur Gestaltung der Beschwerdemanagement-Aufgaben wird generell die Wichtigkeit einer klaren, einfachen und kundenorientierten Ausgestaltung der Richtlinien für die Beschwerdebehandlung betont (vgl. hierzu Abschnitt 2.2.3.1). Anregungen zur Ausgestaltung dieser Richtlinien können auch aus der Literatur zur Kundenreaktion auf die Beschwerdebehandlung gewonnen werden. Im Zuge der Bestandsaufnahme dieses Forschungszweiges hat sich herauskristallisiert, dass (neben einigen anderen Faktoren) insbesondere auch verschiedene unternehmensbezogene Faktoren (v.a. Wiedergutmachung, Bequemlichkeit, Rechtzeitigkeit, Interaktion) die wahrgenommene Gerechtigkeit der Beschwerdebehandlung und die Beschwerdezufriedenheit beeinflussen (vgl. hierzu Abschnitt 2.2.2.2). Die Erkenntnisse zu dieser Gruppe von Einflussfaktoren können als Kundenanforderungen an die Beschwerdebehandlung interpretiert werden und liefern somit wichtige Ansatzpunkte für die konkrete Gestaltung der Verfahrens-, Verhaltens- und Ergebnisrichtlinien. Die Tatsache, dass neben den unternehmensbezogenen Faktoren vor allem auch verschiedene psychographische und problembezogene Faktoren einen Einfluss auf die Kundenreaktion zu besitzen scheinen, spricht gegen eine zu strenge und detaillierte Regelung der Beschwerdebehandlung. Stattdessen sollten die Richtlinien noch genügend Freiraum lassen, um die Art und Weise der Beschwerdebehandlung an den jeweiligen Beschwerdeführer bzw. Problemfall anzupassen.

Die Bestandsaufnahme der Forschung zur Gestaltung des internen Umfelds des Beschwerdemanagements (Abschnitt 2.2.3.2) legt zudem die Vermutung nahe, dass die Gestaltung der Beschwerdebehandlung auch über die Schaffung

- eines Personalmanagements und
- einer Unternehmenskultur

erfolgen kann, die eine kundenorientierte Behandlung von Beschwerden fördern (vgl. hierzu Abschnitt 2.2.3.2).

Für die *Gestaltung der Beschwerdestimulierung* können auf Basis der Bestandsaufnahme der Forschung zur Gestaltung der Beschwerdemanagement-Aufgaben zwei prinzipielle Ansätze identifiziert werden. Hierbei handelt es sich um die Gestaltung der

- Beschwerdekanäle und
- externen Kommunikationsmaßnahmen zur Beschwerdestimulierung.

Im Hinblick auf das Design der Beschwerdekanäle hat sich herauskristallisiert, dass vor allem eine hohe Anzahl unterschiedlicher Beschwerdewege sowie deren leichte Zugänglichkeit und einfache und kostengünstige Nutzung wichtig sind. In Bezug auf die Gestaltung der externen Kommunikationsmaßnahmen zur Beschwerdestimulierung erbrachte die Auswertung der Beschwerdemanagement-Literatur verschiedene Hinweise zu empfehlenswerten Kommunikationsinhalten und Kommunikationsmedien (vgl. hierzu Abschnitt 2.2.3.1).

Implikationen für die Gestaltung der Beschwerdestimulierung lassen sich außerdem aus den Erkenntnissen der Forschung zur Kundenreaktion auf Unzufriedenheit gewinnen. Zunächst einmal unterstreicht die Erkenntnis, dass unzufriedene Kunden sich nicht automatisch beim Anbieter beschweren, sondern (abhängig von verschiedenen Faktoren) auch andere, für den Anbieter unvorteilhafte Reaktionsformen wählen können, nachhaltig die hohe Relevanz dieser Beschwerdemanagement-Aufgabe. Darüber hinaus hat die Bestandsaufnahme dieses Forschungszweiges gezeigt, dass unter der Vielzahl von Determinanten der Kundenreaktion auf Unzufriedenheit auch diverse unternehmensbezogene Faktoren existieren (v.a. Aufgeschlossenheit des Anbieters gegenüber Beschwerden, Annehmlichkeit der Beschwerdeäußerung, Zeitaufwand/Mühe, sonstige Kosten der Beschwerdeäußerung, zu erwartende Wiedergutmachung, Zugänglichkeit und Kundenkenntnis der Beschwerdewege), die die Wahrscheinlichkeit einer Beschwerde beim Anbieter erhöhen. Diese von Unternehmen beeinflussbaren Determinanten der Beschwerdewahrscheinlichkeit lassen sich auf Basis der beiden in Abschnitt 2.2.2.1 dargestellten integrativen Modelle der Beschwerdeentscheidung von Kunden – des ökonomischen Modells und des behavioristischen Modells von Oliver (1997, S. 361ff.) –

systematisieren und bilden die vorrangigen Ansatzpunkte im Rahmen der Beschwerdestimulierung. So beeinflusst die Gestaltung der Beschwerdekanäle hauptsächlich Determinanten, die über die wahrgenommenen Kosten einer Beschwerde (Zeitaufwand/Mühe und finanzieller Aufwand für die Beschwerdeäußerung) oder die Fähigkeit der Kunden zur Beschwerde (Zugänglichkeit der Beschwerdewege) auf die Beschwerdewahrscheinlichkeit wirken. Hingegen setzt die Gestaltung der externen Kommunikationsmaßnahmen zur Beschwerdestimulierung primär an Determinanten an, die über den wahrgenommenen Nutzen einer Beschwerde (zu erwartende Wiedergutmachung), die wahrgenommene Erfolgswahrscheinlichkeit einer Beschwerde (Aufgeschlossenheit des Anbieters gegenüber Beschwerden), die Fähigkeit (Kenntnis der Beschwerdewege) und die Motivation der Kunden zur Beschwerde (Annehmlichkeit der Beschwerdeäußerung) einen Einfluss auf die Beschwerdewahrscheinlichkeit besitzen.

Schließlich lassen sich aus der ausgewerteten Literatur auch für die *Gestaltung der Beschwerdeanalyse* wichtige Anregungen ableiten. So hat die Bestandsaufnahme der Forschung zur Gestaltung der Beschwerdemanagement-Aufgaben ergeben, dass die Beschwerdeanalyse vor allem die Auswertung der Beschwerdegründe und die Identifikation der tieferliegenden Ursachen für Kundenprobleme zu umfassen hat. Zudem sollten die wichtigsten Ergebnisse dieser Analysen regelmäßig in Form von Berichten an relevante Entscheidungsträger bzw. Bereiche im Unternehmen kommuniziert werden (vgl. hierzu Abschnitt 2.2.3.1).

Forschungsfrage 3: Gibt es in Abhängigkeit vom jeweiligen Kontext (B2B vs. B2C bzw. Dienstleistungsbranche vs. Sachgüterbranche) signifikante Unterschiede hinsichtlich der Erfolgsauswirkungen der Gestaltung der zentralen Aufgaben des Beschwerdemanagements?

Während die Bestandsaufnahme der Beschwerdeforschung einen wichtigen Beitrag zur Beantwortung der Forschungsfragen 1 und 2 leisten konnte, existieren in der Literatur bisher kaum Aussagen zur Wichtigkeit der Gestaltung der Beschwerdebehandlung, Beschwerdestimulierung und Beschwerdeanalyse in Abhängigkeit von der Art der Geschäftsbeziehung (B2B vs. B2C) und der Art der Branche (Dienstleistungsbranche vs. Sachgüterbranche). Stattdessen betonen sowohl Arbeiten mit Fokus auf B2B-Geschäftsbeziehungen (Hansen/ Swan/Powers 1996; Ping 1993) als auch Arbeiten mit Fokus auf B2C-Geschäftsbeziehungen (Clark/Kaminski/Rink 1992; Davidow/Dacin 1997) die hohe Relevanz einer angemessenen Gestaltung der zentralen Beschwerdemanagement-Aufgaben. Ein ähnliches Bild zeigt sich bei Betrachtung von Arbeiten, die sich der Gestaltung dieser Aufgaben speziell in einem Dienstleistungskontext (Tax/Brown 1998; Hansen/Jeschke 2000) bzw. Sachgüterkontext (Kendall/ Russ 1975; Riemer 1986) widmen. Einzig Stauss (1998) und Wimmer/Roleff (2001) äußern im Rahmen konzeptioneller Arbeiten die Vermutung, dass die Gestaltung der Beschwerdestimulierung im Dienstleistungsbereich von besonders hoher Relevanz sein könnte.

Vor diesem Hintergrund wird sich die Beantwortung dieser Forschungsfrage vorwiegend auf Literatur stützen müssen, die auf die generellen Unterschiede zwischen B2B- und B2C-Geschäftsbeziehungen bzw. Dienstleistungen und Sachgütern eingeht.

Forschungsfrage 4: Wie stellt sich der Status quo der Gestaltung des Beschwerdemanagements derzeit in der Unternehmenspraxis dar?

Ähnlich wie bei der vorangegangenen Forschungsfrage können existierende Arbeiten auch bei dieser Forschungsfrage nur recht eingeschränkt zu einer konkreten, verlässlichen und umfassenden Beantwortung beitragen. Bislang existiert mit der Arbeit von Stauss/Schöler (2003) nur eine einzige umfangreichere empirische Bestandsaufnahme der Beschwerdemanagement-Praxis neueren Datums. Diese Studie beschränkt sich allerdings auf den B2C-Bereich und weist in den meisten betrachteten Branchen nur relativ geringe Fallzahlen auf. Zudem machen die Autoren keine Aussagen auf aggregierter Ebene zur Professionalität der einzelnen Gestaltungselemente des Beschwerdemanagements. Die Ergebnisse von Stauss/Schöler (2003) lassen jedoch vermuten, dass in Unternehmen in Bezug auf die Gestaltung des Beschwerdemanagements noch erheblicher Handlungsbedarf besteht. Zudem deuten die Ergebnisse auf teilweise große Professionalitätsunterschiede sowohl innerhalb von Branchen als auch zwischen Branchen hin. Die anderen existierenden empirischen Bestandsaufnahmen der Beschwerdemanagement-Praxis (TARP 1979, 1986a) sind für die vorliegende Forschungsfrage von noch begrenzterer Aussagekraft. Dies liegt insbesondere an deren mittlerweile nicht mehr aktuellen Datenbasis. Insgesamt betonen jedoch auch diese Untersuchungen den anscheinend hohen Optimierungsbedarf bei der Gestaltung des Beschwerdemanagements.

Insgesamt ist somit festzuhalten, dass mit Hilfe der Literaturbestandsaufnahme die Forschungsfrage 1 und der erste Teil der Forschungsfrage 2 vollständig beantwortet werden konnten. Durch die Identifikation einer Vielzahl konkreter Anhaltspunkte für die optimale Gestaltung der zentralen Beschwerdemanagement-Aufgaben hat die Auswertung der Beschwerdeliteratur zudem einen wichtigen Beitrag zur Beantwortung des zweiten Teils der Forschungsfrage 2 geleistet. Hingegen können bestehende Arbeiten nur recht begrenzt zur Beantwortung der Forschungsfragen 3 und 4 beitragen.

2.3 Theoretisch-konzeptionelle Bezugspunkte

Die vorliegende Arbeit orientiert sich an der Leitidee des komplementären theoretischen Pluralismus, wie ihn beispielsweise Homburg (2000a, S. 69; 2000b, S. 161) und Fritz (1995, S. 27) für die Marketingforschung sowie Burrell/Morgan (1979) und Kieser (2002, S. 317) für die Organisationsforschung fordern. Demzufolge werden zur Fundierung dieser Untersuchung verschiedene theoretisch-konzeptionelle Bezugspunkte herangezogen. Im Einzelnen handelt es sich hierbei um die Verhaltenswissenschaftliche Entscheidungstheorie (Abschnitt 2.3.1), die Rollentheorie (Abschnitt 2.3.2) und die Exit-Voice-Theorie (Abschnitt 2.3.3). Abschließend wird der Erkenntnisbeitrag der theoretisch-konzeptionellen Bezugspunkte hinsichtlich der Beantwortung der Forschungsfragen zusammengefasst (Abschnitt 2.3.4).

2.3.1 Die Verhaltenswissenschaftliche Entscheidungstheorie

Die Verhaltenswissenschaftliche Entscheidungstheorie (Barnard 1938; Cyert/March 1992; March/Simon 1993) gehört zu den neueren Ansätzen der Organisationstheorie und baut insofern auf den klassischen Ansätzen der Organisationstheorie (Managementlehre und Taylorismus, Human-Relations-Ansatz, Bürokratieansatz von Weber) auf (Homburg/Krohmer 2003, S. 144). Im Gegensatz zu den normativen Entscheidungstheorien, die sich mit der Frage beschäftigen, welche Handlungsalternative in einer konkreten Entscheidungssituation ausgewählt werden sollte, beschreibt und erklärt die Verhaltenswissenschaftliche Entscheidungstheorie „how decisions actually happen in organizations" (March 1997, S. 9), und kann daher auch als *deskriptive Entscheidungstheorie* bezeichnet werden (vgl. hierzu auch Bamberg/ Coenenberg 2004; Bitz 1981; Homburg/Krohmer 2003). Die Theorie begreift somit die Entscheidungsprozesse in einem Unternehmen nicht als Entscheidungslogik, sondern als menschliches Entscheidungsverhalten, dessen empirische Merkmale und Bestimmungsgründe es zu erforschen gilt (Berger/Bernhard-Mehlich 2002, S. 133). Unternehmen werden dabei als Systeme verstanden, in denen die Entscheidungen der einzelnen Mitarbeiter koordiniert und gesteuert werden müssen, um die Unternehmensziele erreichen zu können (Barnard 1938; Cyert/ March 1992; March/Simon 1993).

Die Verhaltenswissenschaftliche Entscheidungstheorie basiert auf zwei Grundannahmen. Mitarbeiter verfügen erstens nur über begrenzte Kapazitäten der Informationsaufnahme/ -verarbeitung und einen unvollständigen Informationsstand sowie zweitens lediglich über eine begrenzte Bereitschaft, sich im Unternehmen zu engagieren. Für die vorliegende Arbeit ist insbesondere die erste Annahme von Relevanz. Im Gegensatz zu der neoklassischen Nationalökonomie und den normativen Entscheidungstheorien, denen das Konzept der objektiven Rationalität (mit dem Bild des Menschen als „homo oeconomicus") zugrunde liegt, geht die Verhaltenswissenschaftliche Entscheidungstheorie von der (realitätsnäheren) Annahme aus, dass menschliche Entscheider nur über eine *begrenzte Rationalität* („bounded rationality"; March/Simon 1993; Simon 1997) verfügen. Demnach beabsichtigen Mitarbeiter zwar, rational zu handeln, jedoch verhindern in komplexen und unbestimmten Entscheidungssituationen kognitive Grenzen der Informationsaufnahme/-verarbeitung und ein unvollständiger Informationsstand, dass objektiv rationale Entscheidungen getroffen werden können (vgl. hierzu auch Miller 1956). Die Grenzen der Rationalität beziehen sich vor allem auf die folgenden Aspekte (Simon 1997):

- Begrenzte Auswahl an Entscheidungsalternativen: Mitarbeiter können nicht alle denkbaren Entscheidungsalternativen gegeneinander abwägen.

- Unvollständigkeit des Wissens: Mitarbeiter besitzen nur fragmentarische Informationen über die Konsequenzen der Entscheidungsalternativen.

- Schwierigkeit der Bewertung zukünftiger Ereignisse: Selbst wenn die Konsequenzen der Entscheidungsalternativen exakt vorhersehbar wären, könnten Mitarbeiter die verschiedenen Alternativen keiner objektiven Bewertung unterziehen, da für sie nicht genau prognostizierbar ist, wie sie den Eintritt zukünftiger Ereignisse beurteilen werden.

Darüber hinaus werden in der Literatur zur Verhaltenswissenschaftlichen Entscheidungstheorie eine Reihe organisatorischer Mechanismen vorgestellt, durch deren Anwendung die Komplexität und Unsicherheit von Entscheidungssituationen reduziert und damit das Verhalten von Mitarbeitern im Sinne des Unternehmens beeinflusst werden kann. Simon (1997, S. 9) unterscheidet in diesem Zusammenhang zwischen *zwei grundlegenden Ansätzen*: „[T]he ways in which the behavior of the operative employee can be influenced [...] fall roughly into two categories:

(1) establishing in the operative employee himself attitudes, habits, and a state of mind which lead him to reach that decision which is advantageous to the organization, and

(2) imposing on the operative employee decisions reached elsewhere in the organization".

Der erste Ansatz, mit dem ein Unternehmen das Verhalten von Organisationsmitgliedern beeinflussen kann, umfasst insbesondere das Training und die Motivation von Mitarbeitern sowie die Schaffung gemeinsamer Werte und Normen. Im Mittelpunkt stehen somit das Personalmanagement und das Design einer angemessenen Unternehmenskultur, die zusammen sicherstellen sollen, dass Mitarbeiter weitestgehend rational (d.h. im Interesse des Unternehmens) entscheiden. Dieser *organische Ansatz* zur Beeinflussung von Mitarbeiterverhalten hat seine Wurzeln im „die Organisation als Organismus"-Paradigma der Organisationstheorie (Burns/Stalker 1994; Scott 1998). Dies spiegelt sich besonders deutlich in der folgenden Beschreibung wider: „The organization trains and indoctrinates its members. This might be called the 'internalization' of influence, because it injects into the very nervous systems of the organization members the criteria of decision that the organization wishes to employ" (Simon 1997, S. 112).

Eine zentrale Facette des zweiten Ansatzes zur Steuerung des Mitarbeiterverhaltens ist die Implementierung von Richtlinien („standard operating procedures"; vgl. z.B. March/Simon 1993, S. 166) für spezifische Aufgaben. Die Anwendung dieses Ansatzes zielt nicht darauf ab, das einzelne Organisationsmitglied davon zu überzeugen, im Sinne des Unternehmens zu handeln, „but only to obtain his acquiescence" (Simon 1997, S. 201). „By deciding once for all (or at least for a period of time) that a particular task shall be done in a particular way, it [i.e. the company] relieves the individual who actually performs the task of the necessity of determining each time how it shall be done" (Simon 1997, S. 112) und gewährleistet dadurch eine höhere Rationalität und Zuverlässigkeit von Mitarbeiteraktivitäten (Cyert/March 1992; Simon 1997). Wie March (1994) betont, sollten dabei die Inhalte der Richtlinien mit den Bedürfnissen der externen Umwelt des Unternehmens (z.B. der Kunden) übereinstimmen: „[I]nstitutions [...] prosper as their standard practices come to match [...] the demands [...] of the external world" (S. 77f.). In Anlehnung an die Terminologie aus dem Bereich der Organisationstheorie (Burns/Stalker 1994; Mintzberg 1979) wird die Implementierung angemessener Richtlinien für spezifische Aufgaben als der *Mechanistische Ansatz* zur Beeinflussung von Mitarbeiterverhalten bezeichnet. Dieser Ansatz ist eng verknüpft mit dem „die Organisation als Maschine"-Paradigma der Organisationstheorie (March/Simon 1993; Scott 1998).

Verschiedene Arbeiten zur Verhaltenswissenschaftlichen Entscheidungstheorie betonen, dass Unternehmen diese beiden grundlegenden Ansätze zur Steuerung des Verhaltens von Organisationsmitgliedern *parallel* einsetzen können (March/Simon 1993; Simon 1997). Beispielsweise weist Simon (1997, S. 9) darauf hin: „It is not insisted that these categories [for influencing employee behavior] are [...] mutually exclusive".

Die Bedeutung der Verhaltenswissenschaftlichen Entscheidungstheorie für die vorliegende Arbeit lässt sich im Wesentlichen wie folgt beschreiben:

- Generell betont diese Theorie die Notwendigkeit, das Verhalten von Organisationsmitgliedern zu steuern. Nur durch Anwendung geeigneter organisatorischer Mechanismen kann ein Unternehmen gewährleisten, dass Mitarbeiter auch in komplexen und unbestimmten Situationen objektiv rationale Entscheidungen treffen und damit zur Erreichung der Unternehmensziele beitragen. Dies unterstreicht noch einmal die hohe Relevanz des zweiten Teils von Forschungsfrage 2, der sich damit beschäftigt, wie die zentralen Aufgaben des Beschwerdemanagements gestaltet sein sollten, um den Erfolg des Beschwerdemanagements sicherzustellen.

- Darüber hinaus leistet die Verhaltenswissenschaftliche Entscheidungstheorie auch einen Beitrag zur Beantwortung des zweiten Teils von Forschungsfrage 2. Gemäß dieser Theorie existieren zwei grundlegende Ansätze zur Steuerung des Mitarbeiterverhaltens: der Mechanistische Ansatz (d.h. die Implementierung angemessener Richtlinien für spezifische Aufgaben) und der Organische Ansatz (d.h. die Durchführung adäquater Maßnahmen zur Personalweiterbildung und -führung sowie die Schaffung einer angemessenen Unternehmenskultur). In der vorliegenden Arbeit können diese beiden Ansätze zur Gestaltung der Beschwerdebehandlung herangezogen werden. Demnach kann die Gestaltung der Beschwerdebehandlung einerseits über die Implementierung geeigneter Richtlinien für die Annahme und Bearbeitung von Beschwerden erfolgen und andererseits über Maßnahmen zur Personalweiterbildung und -führung sowie Schaffung einer Unternehmenskultur, die eine angemessene Annahme und Bearbeitung von Beschwerden fördern. Die Anwendung dieser Ansätze gewährleistet bei der Annahme und Bearbeitung von Beschwerden ein Mitarbeiterverhalten im Sinne des Unternehmens und trägt damit letztlich zur Erreichung der Beschwerdemanagement-Ziele des Unternehmens bei.

- Zudem weisen die Ausführungen zur Verhaltenswissenschaftlichen Entscheidungstheorie darauf hin, dass sich der Mechanistische Ansatz und der Organische Ansatz nicht gegenseitig ausschließen. Stattdessen können beide Ansätze auch in Kombination zum Einsatz kommen. Diese Erkenntnis ist ebenfalls von Relevanz für die Beantwortung des zweiten Teils von Forschungsfrage 2.

2.3.2 Die Rollentheorie

Die Entwicklung der Rollentheorie wurde von unterschiedlichen Bereichen der Sozialwissenschaften (v.a. Psychologie, Soziologie, Anthropologie und Politologie) vorangetrieben (Kirsch 1977, S. 99; Shaw/Costanzo 1982, S. 296). Dieser Umstand hat dazu beigetragen, dass bis heute keine einheitliche Rollentheorie existiert, sondern stattdessen eine Reihe von Subtheorien (Wiswede 2000, S. 101). Die folgenden Ausführungen beziehen sich primär auf die *strukturalistische Rollentheorie* (Kieser/Kubicek 1992; Parsons 1991), die „sich umstandslos, vielleicht sogar besonders gut, auf Organisationen anwenden" lässt (Kieser/ Kubicek 1992, S. 455). Gemäß der wegweisenden Arbeit von Katz/Kahn (1966, 1978) können Organisationen als zusammenhängende Netzwerke von Rollenbeziehungen (sogenannte Rollensysteme) aufgefasst werden. Der Begriff der Rolle wird dabei als zentrales Bindeglied zwischen organisationalen Phänomenen und individuellem Verhalten betrachtet (Katz/Kahn 1966, 1978; Kirsch 1977). In der einschlägigen Literatur hat sich für diesen Begriff bis dato keine einheitliche Definition durchgesetzt. In Anlehnung an Wiswede (2000, S. 101) und Nerdinger (2003, S. 155) wird in der vorliegenden Arbeit unter einer *Rolle* die Summe aller Erwartungen verstanden, die auf den Inhaber einer bestimmten Position in einem Unternehmen gerichtet sind.

Diese Erwartungen werden von Mitgliedern des *Rollen-Set* entwickelt, d.h. von Personen, die mit der Position in Verbindung stehen (z.B. Vorgesetzte, Kollegen, Untergebene, Kunden, Lieferanten). Sie beziehen sich vorrangig auf Verhaltensweisen des Positionsinhabers, die für die Mitglieder des Rollen-Set von Interesse sind (Katz/Kahn 1966, 1978; Nerdinger 2003; Shaw/Costanzo 1982). In diesem Zusammenhang betonen Katz/Kahn (1978, S. 190): „The expectations do not remain in the minds of members of the role-set, however. They tend to be communicated or 'sent' to the focal person". Demnach betätigen sich die Mitglieder des Rollen-Set als *Rollensender* (Kirsch 1977; Nerdinger 2003). Sie tun dies nicht nur, um den Positionsinhaber über ihre Erwartungen zu informieren, sondern beabsichtigen damit auch, sein Verhalten entsprechend zu beeinflussen (Katz/Kahn 1966, 1978; Nerdinger 2003). Die Wahrnehmung der gesendeten Rollenerwartungen durch den Positionsinhaber – dem *Rollenempfänger* – erfolgt mehr oder weniger stark verzerrt: „How closely the received role corresponds to the sent role [...] will depend on properties of the senders, the focal person, the substantive content of the sent expectations, the clarity of the communication, and the like" (Katz/Kahn 1978, S. 192). Die wahrgenommenen Rollenerwartungen beeinflussen schließlich unmittelbar das tatsächliche Verhalten des Positionsinhabers (Katz/Kahn 1966, 1978; Wiswede 2000). Bezogen auf Organisationen geht die Rollentheorie somit von der Annahme aus, dass „each individual in an organization acts in relation to and in response to the expectations of the members of a role-set" (Katz/Kahn 1978, S. 192).

Zu den in der Literatur zur Rollentheorie am häufigsten diskutierten Konstrukten gehören

- die wahrgenommene Rollenklarheit („perceived role clarity") und
- der wahrgenommene Rollenkonflikt („perceived role conflict").

In einem organisationalen Kontext bezieht sich die *wahrgenommene Rollenklarheit* auf das Ausmaß, zu dem sich der Inhaber einer bestimmten Position in einem Unternehmen ausreichend über die an ihn gestellten Erwartungen informiert fühlt (Bush/Busch 1981; Shoemaker 1999; Teas/Wacker/Hughes 1979). Häufig untersuchen Arbeiten zur Rollentheorie auch das Antonym dieses Konstrukts, d.h. die wahrgenommene Rollenunklarheit („perceived role ambiguity"; vgl. z.B. Singh/Rhoads 1991; Walker/Churchill/Ford 1975). Aus Gründen der Einheitlichkeit wird jedoch im Folgenden durchgängig der Begriff der wahrgenommenen Rollenklarheit verwendet. Gemäß der Rollentheorie haben Individuen im Allgemeinen und Organisationsmitglieder im Speziellen das grundlegende Bedürfnis, die von der relevanten Umwelt an die eigene Person gerichteten Erwartungen zu kennen. Falls dieses Bedürfnis nicht erfüllt wird, d.h. bei einer geringen wahrgenommenen Rollenklarheit, kommt es zu negativen Konsequenzen für Mitarbeiter, Organisation und Kunden (Greenberg 2005; Katz/Kahn 1966, 1978). Bezogen auf Organisationsmitglieder umfassen diese negativen Konsequenzen beispielsweise eine Steigerung der Fluktuationsrate sowie ein Absinken der Arbeitszufriedenheit, des Commitments und der generellen beruflichen Leistung (Churchill et al. 1985; Fisher/ Gitelson 1983; Jackson/Schuler 1985). Bei Mitarbeitern im Kundenkontakt führt ein geringes Maß an wahrgenommener Rollenklarheit außerdem zu einer reduzierten Fähigkeit, Kunden angemessen zu behandeln (Bettencourt/Brown 2003; Chebat/Kollias 2000; Hartline/Ferrell 1996). Bush/Busch (1981, S. 17) betonen: „A lack of role clarity [...] refers to either the non-existence of information needed to do a job effectively, or the lack of adequate information". Somit kann ein Unternehmen durch die Kommunikation klarer und einfach zu verstehender Informationen, wie Mitarbeiter ihre Arbeitsaufgaben zu erfüllen haben, für ein hohes Maß an wahrgenommener Rollenklarheit sorgen. Diese Informationen können Mitarbeitern auf unterschiedliche Art und Weise übermittelt werden. Hierzu zählen insbesondere formale Richtlinien (Cummings/Jackson/Olstrom 1989; Jackson/Schuler 1985; Michaels/Day/Joachimsthaler 1987) sowie Maßnahmen zur Personalweiterbildung und -führung (Jackson/Schuler 1985; Kohli 1985; Shoemaker 1999). Darüber hinaus registrieren Mitarbeiter auch durch die Wahrnehmung der in einem Unternehmen vorherrschenden Kultur (d.h. der geteilten Werte, Normen und Verhaltensweisen), welche Erwartungen an sie als Organisationsmitglied gestellt werden (Grönroos 2000; Heide/John 1992). Wie Jones/Busch/Dacin (2003) zeigen, erhöht dies ebenfalls das Maß an wahrgenommener Rollenklarheit.

Das zweite Konstrukt, das Arbeiten zur Rollentheorie häufig thematisieren, ist der *wahrgenommene Rollenkonflikt*. In der Literatur wird teilweise zwischen verschiedenen Arten von Rollenkonflikten differenziert (Kirsch 1977; Shaw/Costanzo 1982). Für die vorliegende Arbeit ist insbesondere der wahrgenommene Intra-Rollenkonflikt von Relevanz, so dass sich die weiteren Ausführungen auf diese Art von Rollenkonflikt beschränken. Der Einfachheit halber wird jedoch im Folgenden stets nur der generellere Begriff des wahrgenommenen Rollenkonflikts verwendet. Bezogen auf einen organisationalen Kontext wird darunter das Ausmaß verstanden, zu dem der Inhaber einer bestimmten Position in einem Unternehmen die (von verschiedenen Seiten) an ihn gestellten Erwartungen als miteinander unvereinbar empfindet (Bettencourt/Brown 2003; Fischer 1992; Katz/Kahn 1966, 1978). Ein hohes Maß an wahrgenommenem Rollenkonflikt führt zu ähnlichen unvorteilhaften Konsequenzen wie ein Mangel an wahrgenommener Rollenklarheit. So ist ein zunehmendes Maß an wahrgenommenem Rollenkonflikt mit einem Anstieg der Mitarbeiterfluktuation verbunden sowie mit einer Abnahme der Arbeitszufriedenheit, des Commitments und der generellen beruflichen Leistung der Mitarbeiter (Fisher/Gitelson 1983; Jackson/Schuler 1985; Kahn et al. 1964). Bei Kundenkontaktmitarbeitern kommt es zusätzlich noch zu einer Einschränkung der Fähigkeit, mit Kunden angemessen zu interagieren (Bettencourt/Brown 2003; Chebat/Kollias 2000; Hartline/Ferrell 1996). Gerade diese Gruppe von Mitarbeitern sieht sich allerdings besonders häufig einem Rollenkonflikt gegenüber (Chebat/Kollias 2000; Grandori 2001; Zeithaml/Berry/Parasuraman 1988). Chebat/Kollias (2000, S. 72) begründen dies folgendermaßen: „Contact employees act as boundary spanners between the firm and its customers, which places them in a unique position of acquiescing to the demands of the firm (i.e., managers, policy, rules) and its customers". Oftmals decken sich die Vorstellungen des Unternehmens nicht mit denjenigen der Kunden, so dass Kundenkontaktmitarbeiter in einen Rollenkonflikt geraten (Zeithaml/Berry/Parasuraman 1988). Um diesen weitestgehend zu minimieren, sollten deshalb die kundenbezogenen Aktivitäten des Unternehmens konsequent an den Bedürfnissen der Kunden ausgerichtet werden (vgl. hierzu auch die empirische Studie von Singh/Verbeke/Rhoads 1996).

Zusammenfassend kann der Beitrag der Rollentheorie für diese Arbeit wie folgt charakterisiert werden:

- Die Theorie unterstreicht die generelle Notwendigkeit, Organisationsmitgliedern von Unternehmensseite aus angemessen zu kommunizieren, wie sie ihre Arbeitsaufgaben erfüllen sollten. Hierdurch werden bei Mitarbeitern im Allgemeinen und Kundenkontaktmitarbeitern im Speziellen ein hohes Maß an wahrgenommener Rollenklarheit und ein geringes Maß an wahrgenommenem Rollenkonflikt sichergestellt und dadurch eine Reihe negativer Konsequenzen vermieden. Bezogen auf das Beschwerdemanagement von Unternehmen verdeutlicht somit die Rollentheorie, dass eine bewusste Gestaltung der zentralen Aufgaben durchaus Sinn macht, und unterstreicht insofern noch einmal die Bedeutung des zweiten Teils von Forschungsfrage 2.

- Außerdem trägt die Rollentheorie dazu bei, den zweiten Teil von Forschungsfrage 2 zu beantworten. Im Rahmen der Betrachtung der Verhaltenswissenschaftlichen Entscheidungstheorie (Abschnitt 2.3.1) konnten mit dem Mechanistischen Ansatz (d.h. die Implementierung angemessener Richtlinien für die Beschwerdebehandlung) und dem Organischen Ansatz (d.h. die Durchführung adäquater Maßnahmen zur Personalweiterbildung und -führung sowie die Schaffung einer angemessenen Unternehmenskultur) zwei Ansätze zur Gestaltung der Beschwerdebehandlung identifiziert werden. Die Rollentheorie konkretisiert nun in formaler und inhaltlicher Hinsicht die optimale Beschaffenheit dieser beiden Ansätze. So sollten die Richtlinien für die Beschwerdebehandlung klar und einfach formuliert sein sowie sich an den Bedürfnissen der Beschwerdeführer orientieren. Ähnliches gilt für die Maßnahmen zur Personalweiterbildung und -führung sowie Schaffung einer angemessenen Unternehmenskultur. Diese sollten ein internes Umfeld generieren, das eine kundenorientierte Annahme und Bearbeitung von Beschwerden eindeutig fördert.

2.3.3 Die Exit-Voice-Theorie

Die auf Albert Hirschman (1970, 1974) zurückgehende Exit-Voice-Theorie lässt sich den mikroökonomischen Theorien zuordnen, besitzt jedoch auch deutliche verhaltenswissenschaftliche und politologische Züge. Ausgangspunkt der Theorie ist die Kritik von Hirschman, dass Mikroökonomen gewöhnlich die Abwanderung von Kunden als einzigen effizienten Korrekturmechanismus zur Regulierung des Marktangebots betrachten. In seiner Theorie modifiziert Hirschman die klassische Nachfragefunktion, indem er statt den Parameter „Preis" den Parameter „Qualität" als variabel annimmt. Er schafft darauf aufbauend ein Szenario, in dem sich die Qualität der Leistungen eines Unternehmens (oder einer anderen Organisation) – bei konstanten Preisen und Kosten – verschlechtert. Dies geschieht „aus nicht näher bezeichneten, zufallsbedingten Ursachen [...], welche weder so zwingend noch so dauerhaft sind, daß sie eine Rückkehr zu früheren Leistungsstufen ausschließen, vorausgesetzt, die Unternehmensleitung wendet dieser Aufgabe ihre Aufmerksamkeit und Energie zu" (Hirschman 1974, S. 3) und führt schließlich zur Entstehung von Unzufriedenheit auf Kundenseite. Gemäß der Exit-Voice-Theorie kann die Unternehmensleitung auf den folgenden zwei Wegen von der Leistungsverschlechterung und der daraus resultierenden Unzufriedenheit ihrer Kunden erfahren:

Grundlagen der Arbeit

- Abwanderung („Exit")
- Widerspruch („Voice")

Im Falle einer *Abwanderung* hören Kunden auf, die Produkte des Anbieters zu kaufen (Hirschman 1974, S. 3f.). Unter der bereits erwähnten Annahme konstanter Preise und Kosten führt dies – ceteris paribus – zu einem Einkommensverlust auf Anbieterseite. Sobald dieser Einkommensverlust ein bestimmtes Maß überschreitet, beginnt laut Hirschman die Unternehmensleitung, „nach Mitteln und Wegen zur Korrektur der Fehler zu suchen, die zur Abwanderung geführt haben" (S. 4) und ergreift daraufhin entsprechende „Maßnahmen, um die begangenen Fehler zu korrigieren" (S. 19).

Bei einem *Widerspruch* äußern Kunden ihre Unzufriedenheit entweder auf direktem Wege in Form einer Beschwerde beim Unternehmen oder „auf dem Wege eines allgemeinen Protestes, der an jeden gerichtet ist, der gewillt ist zuzuhören" (Hirschman 1974, S. 4). Gemäß Hirschman beabsichtigen Kunden damit insbesondere, das Unternehmen auf bestehende Probleme aufmerksam zu machen und die Praktiken, Grundsätze und Produkte des Unternehmens zu verändern (S. 25ff.). Auch auf diese Form der Kundenreaktion reagiert die Unternehmensleitung mit dem Versuch, die Fehlerursachen zu finden und Abhilfe für die Unzufriedenheit der Kunden zu schaffen (S. 4). Der Exit-Voice-Theorie zufolge besitzt aus Unternehmenssicht die Reaktionsform Widerspruch im Vergleich zur Abwanderung zwei zentrale Vorteile und ist nicht zuletzt deshalb äußerst wichtig für das Überleben des Unternehmens. Zum einen können Anbieter im Falle des Widerspruchs die Ursachen für Kundenunzufriedenheit zeitnaher identifizieren und beseitigen als im Falle der Abwanderung und damit einem größeren Einkommensverlust rechtzeitig vorbeugen. Zum anderen erfahren Unternehmen durch einen an sie geäußerten Widerspruch in jedem Fall von ihren Fehlern, während hingegen laut Hirschman die Gefahr besteht, dass eine Kundenabwanderung durch eine etwa gleich hohe Kundenzuwanderung kompensiert wird und dadurch „nicht den Effekt [hat], die Unternehmer auf ihre Fehler aufmerksam zu machen" (S. 21). Vor diesem Hintergrund kommt Hirschman zu der Erkenntnis, dass es der Widerspruch von Kunden „verdient, durch geeignete Institutionen gefördert zu werden" (S. 102).

Gemäß der Exit-Voice-Theorie können jedoch Kunden auf eine Verschlechterung der Unternehmensleistung und die daraus resultierende Unzufriedenheit nicht nur mit Abwanderung oder Widerspruch reagieren, sondern auch mit

- Inaktivität („Loyalty").

Inaktivität bedeutet in diesem Zusammenhang, dass Kunden trotz bestehender Unzufriedenheit nicht unmittelbar abwandern, sondern (vorläufig) weiter die Produkte des Anbieters kaufen. Dies ist jedoch nicht unbedingt als Indiz für ein tiefes Commitment der Kunden zu verstehen (vgl. hierzu auch Oliver 1997, S. 376), so dass eine wörtliche Übersetzung des Begriffs „Loyalty" aus der englischen Originalversion (Hirschman 1970) mit dem Begriff „Loyalität" eher irreführend wäre. Vielmehr ist diese Reaktionsform mit Verbesserungserwartungen von Seiten der Kunden verbunden. Zudem stellt sie sicher, dass die Reaktionsform Abwanderung tatsächlich – wie in der klassischen Mikroökonomie angenommen – als effizienter Korrekturmechanismus zur Regulierung des Marktangebots fungieren kann: Wie bereits dargelegt wurde, reagiert die Unternehmensleitung auf einen Rückgang der Kundenzahl und den damit verbundenen Einkommensverlust mit der Einleitung entsprechender Korrekturmaßnahmen. Falls allerdings die Kundenabwanderung so hoch ist, dass dadurch der Einkommensverlust ein kritisches Maß übersteigt, dann erholt sich der Anbieter nicht mehr und geht bankrott, noch bevor die Korrekturmaßnahmen greifen. Folglich ist es „für ein Unternehmen das beste, eine Mischung aus regen und trägen Kunden zu haben. Die regen Kunden geben der Firma einen Feedback-Mechanismus, durch den die Bemühungen zur Gesundung des Unternehmens in Gang kommen, während die trägen Kunden ihr die Zeit und die Geldreserven geben, die sie braucht, wenn diese Bemühungen Erfolg haben sollen" (Hirschman 1974, S. 20). Demnach fördert die Abwanderung einiger Kunden, dass von Unternehmensseite entsprechende Korrekturmaßnahmen überhaupt angestoßen werden. Jedoch ist es ebenfalls wichtig, „daß andere Kunden den Qualitätsrückgang nicht bemerken oder sich durch ihn nicht stören lassen" (Hirschman 1974, S. 20), d.h. mit Inaktivität auf eine Leistungsverschlechterung reagieren.

Im Rahmen der Exit-Voice-Theorie werden nicht nur verschiedene Formen, sondern auch eine Vielzahl von Einflussfaktoren der Kundenreaktion auf Unzufriedenheit herausgearbeitet. In Zusammenhang mit der Reaktionsform Widerspruch sind dies unter anderem die folgenden Determinanten (für einen Überblick über alle Determinanten vgl. z.B. Schütze 1992, S. 94):

- Kosten des Widerspruchs
- Erfolgswahrscheinlichkeit des Widerspruchs

Die *Kosten des Widerspruchs* umfassen insbesondere den zeitlichen und finanziellen Aufwand von Kunden (Hirschman 1974, S. 33), um ihre Unzufriedenheit in Form einer Beschwerde beim Unternehmen zu äußern. Je geringer diese Kosten aus Kundensicht sind, desto höher ist die Wahrscheinlichkeit des Widerspruchs. Die *Erfolgswahrscheinlichkeit des Widerspruchs* bezieht sich vor allem auf das Ausmaß, zu dem Kunden vermuten, durch ihre Beschwerde auf das Unternehmen einwirken zu können (Hirschman 1974, S. 30ff.). Je höher sich diese Erfolgswahrscheinlichkeit in den Augen der Kunden darstellt, desto höher ist die Wahrscheinlichkeit des Widerspruchs. Die Erkenntnisse zu diesen beiden Determinanten lassen Hirschman (1974, S. 35f.) schlussfolgern, dass die Neigung von Kunden, „sich der Reaktionsweise Widerspruch zu bedienen, [...] abhängig [ist] [...] von der Erfindung von Institutionen und Mechanismen, mit deren Hilfe Beschwerden auf billige und wirksame Weise weitergegeben werden können". Darüber hinaus werden die Erwartungen der Kunden bezüglich der Kosten und Erfolgswahrscheinlichkeit des Widerspruchs auch von entsprechenden Erfahrungen in der Vergangenheit beeinflusst (Hirschman 1974, S. 36).

Die dargestellten Kerngedanken der Exit-Voice-Theorie sind Gegenstand einer Reihe von Arbeiten, die mit Hilfe mathematischer Modelle (Fornell/Wernerfelt 1987) bzw. empirischer Untersuchungen (Maute/Forrester 1993; Ping 1993) die Reaktion von Kunden auf Unzufriedenheit analysieren. Die von der Theorie prognostizierten Wirkungszusammenhänge finden in diesen Arbeiten überwiegend Bestätigung. Insgesamt kommt der Exit-Voice-Theorie ein maßgeblicher Anteil an der Begründung und Entwicklung der Beschwerdeforschung zu. Darüber hinaus fand diese Theorie auch Einzug in andere Bereiche der Sozialwissenschaften. Beispielsweise wird mit ihrer Hilfe – und unter Zuhilfenahme der zusätzlichen Reaktionsform Vernachlässigung („Neglect") – auch erklärt, wie Individuen in Beziehungen auf Unzufriedenheit mit dem Partner (Rusbult/Johnson/Morrow 1986; Rusbult/Zembrodt 1983; Rusbult/Zembrodt/Gunn 1982) oder Berufstätige auf Unzufriedenheit mit den Arbeitsbedingungen (Farrell 1983; Rusbult et al. 1988; Withey/Cooper 1989) reagieren.

Insgesamt lässt sich die Bedeutung der Exit-Voice-Theorie für die vorliegende Arbeit folgendermaßen zusammenfassen:

- Generell wird von der Theorie die Vorteilhaftigkeit der Reaktionsform Beschwerde (insbesondere im Vergleich zur Reaktionsform Abwanderung) für Unternehmen hervorgehoben. Vor diesem Hintergrund empfiehlt die Theorie, die Äußerung von Beschwerden gegenüber der eigenen Organisation zu stimulieren. Darüber hinaus betont sie die Wichtigkeit der Analyse eingegangener Beschwerden. Hierdurch können Unternehmen die Ursachen für Leistungsverschlechterungen finden und damit die Basis für die Durchführung von Verbesserungsmaßnahmen schaffen. Mit dem Hinweis auf die hohe Relevanz von Beschwerden und beschwerdebasierenden Verbesserungen bzw. der Stimulierung und Analyse von Beschwerden stützt die Theorie die in Abschnitt 2.2.4 auf Basis der Bestandsaufnahme der Beschwerdeliteratur und eigener konzeptioneller Überlegungen erfolgte Identifikation der Beschwerderate und des Ausmaßes der beschwerdebasierenden Verbesserungen als zwei zentrale Beschwerdemanagement-Erfolgsgrößen bzw. der

Beschwerdestimulierung und der Beschwerdeanalyse als zwei zentrale Beschwerdemanagement-Aufgaben. Sie leistet somit einen ergänzenden Beitrag zur Beantwortung der Forschungsfrage 1 und des ersten Teils von Forschungsfrage 2.

- Zudem liefert die Exit-Voice-Theorie konkrete Ansatzpunkte für die optimale Gestaltung der Beschwerdestimulierung und Beschwerdeanalyse und trägt auf diese Weise zur Beantwortung des zweiten Teils von Forschungsfrage 2 bei. In Zusammenhang mit der Beschwerdestimulierung rät sie zur Schaffung von Institutionen und Mechanismen, die Kunden eine kostengünstige und erfolgreiche Beschwerdeführung beim Unternehmen vermuten lassen. Im Hinblick auf die Beschwerdeanalyse kann aus den Ausführungen zur Exit-Voice-Theorie die Erkenntnis gezogen werden, dass das letztendliche Ziel der Auswertung und Interpretation von Beschwerden darin besteht, die Ursachen für Leistungsverschlechterungen zu identifizieren und diese anschließend an relevante Entscheidungsträger bzw. Bereiche im Unternehmen zu kommunizieren.

2.3.4 Zusammenfassung des Erkenntnisbeitrags der theoretisch-konzeptionellen Bezugspunkte

In den vorangegangenen Abschnitten wurde die Beschäftigung mit der Gestaltung und den Erfolgsauswirkungen des Beschwerdemanagements auf ein breites theoretisch-konzeptionelles Fundament gestellt. Hierzu wurden die Verhaltenswissenschaftliche Entscheidungstheorie (Abschnitt 2.3.1), die Rollentheorie (Abschnitt 2.3.2) und die Exit-Voice-Theorie (Abschnitt 2.3.3) vorgestellt und ihre jeweilige Bedeutung für die vorliegende Arbeit herausgearbeitet. In diesem Abschnitt erfolgt nun eine Zusammenfassung des Erkenntnisbeitrags der theoretisch-konzeptionellen Bezugspunkte im Hinblick auf die Beantwortung der Forschungsfragen.

Gestützt auf die Bestandsaufnahme der Beschwerdeforschung und eigene konzeptionelle Überlegungen wurden die Forschungsfrage 1 („Anhand welcher zentraler Größen lässt sich der Erfolg des Beschwerdemanagements messen?") und der erste Teil von Forschungsfrage 2 („Welches sind die zentralen Aufgaben des Beschwerdemanagements?") bereits in Abschnitt 2.2.4 beantwortet. Die Exit-Voice-Theorie trägt nun dazu bei, diese Antworten auf eine theoretisch-konzeptionelle Basis zu stellen. Aus ihr lassen sich zum einen zwei zentrale Erfolgsgrößen des Beschwerdemanagements (Beschwerderate, Ausmaß der beschwerdebasierenden Verbesserungen) und zum anderen zwei zentrale Aufgaben des Beschwerdemanagements (Beschwerdestimulierung, Beschwerdeanalyse) ableiten.

Die hohe Relevanz des zweiten Teils von Forschungsfrage 2 („Wie sollten die zentralen Aufgaben des Beschwerdemanagements gestaltet sein, um den Erfolg des Beschwerdemanagements sicherzustellen?") lässt sich sowohl über die Verhaltenswissenschaftliche Entscheidungstheorie als auch über die Rollentheorie begründen. So unterstreicht die Verhaltenswissenschaftliche Entscheidungstheorie die Notwendigkeit, durch Anwendung angemessener organisatorischer Mechanismen das Verhalten von Mitarbeitern zu steuern. Im Einklang hiermit weist die Rollentheorie auf die Erfordernis hin, Mitarbeiter von Unternehmensseite aus adäquat darüber zu informieren, wie sie ihre Arbeitsaufgaben erledigen sollten.

Nicht nur zur Betonung der hohen Relevanz des zweiten Teils von Forschungsfrage 2, sondern auch zu dessen Beantwortung lassen sich die theoretisch-konzeptionellen Bezugspunkte der vorliegenden Arbeit heranziehen. Aus der Verhaltenswissenschaftlichen Entscheidungstheorie können zwei grundlegende Ansätze zur Gestaltung der Beschwerdebehandlung (Mechanistischer Ansatz, Organischer Ansatz) abgeleitet werden. Der Mechanistische Ansatz umfasst dabei die Implementierung geeigneter Richtlinien für die Annahme und Bearbeitung von Beschwerden, während sich der Organische Ansatz auf die Schaffung eines internen Umfelds (d.h. Personalmanagement, Unternehmenskultur) bezieht, das eine kundenorientierte Annahme und Bearbeitung von Beschwerden fördert. Die Ausführungen zur Verhaltenswissenschaftlichen Entscheidungstheorie lassen zudem darauf schließen, dass diese beiden Ansätze nicht nur separat, sondern auch kombiniert eingesetzt werden können. Mit Hilfe der Rollentheorie können konkretere Aussagen darüber getroffen werden, wie die beiden Ansätze in formaler und inhaltlicher Hinsicht beschaffen sein sollten. Die Richtlinien für die Beschwerdebehandlung sind demnach möglichst klar, einfach und kundenorientiert zu gestalten sowie das Personalmanagement und die Unternehmenskultur derart, dass hierdurch ein internes Umfeld entsteht, das eine kundenorientierte Beschwerdebehandlung eindeutig unterstützt. Während in der vorliegenden Arbeit die Verhaltenswissenschaftliche Entscheidungstheorie und die Rollentheorie speziell zur Ableitung von Aussagen über die optimale Gestaltung der Beschwerdebehandlung herangezogen werden, dient die Exit-Voice-Theorie zur Gewinnung von Erkenntnissen über die optimale Gestaltung der beiden anderen zentralen Aufgaben des Beschwerdemanagements (Beschwerdestimulierung, Beschwerdeanalyse). Im Hinblick auf die Beschwerdestimulierung lassen sich auf Basis der Exit-Voice-Theorie zwei grundlegende Gestaltungsansätze identifizieren. Zum einen handelt es sich hierbei um die Schaffung von Wegen, über die sich unzufriedene Kunden ohne größeren zeitlichen und finanziellen Aufwand beschweren können. Zum anderen kann aus der Exit-Voice-Theorie auch abgeleitet werden, dass Unternehmen unzufriedene Kunden zu einer Beschwerde ermuntern können, indem sie diesen durch entsprechende Kommunikationsmaßnahmen den Eindruck vermitteln, dass ihre Beschwerde erfolgreich sein wird. Bezüglich der Beschwerdeanalyse lassen sich aus dieser Theorie ebenfalls Anhaltspunkte für eine optimale Gestaltung gewinnen. So sollte es bei dieser Beschwerdemanagement-Aufgabe im Kern darum gehen, die Ursachen für Leistungsverschlechterungen zu finden und diese Informationen intern an die relevanten Entscheidungsträger bzw. Bereiche weiterzuleiten.

2.4 Empirische Grundlagen

Im Folgenden werden die empirischen Grundlagen der vorliegenden Arbeit dargestellt. Im Rahmen dessen erfolgt zunächst eine Beschreibung der Grundlagen zur Datengewinnung (Abschnitt 2.4.1) und anschließend eine Erläuterung der Grundlagen zur Datenanalyse (Abschnitt 2.4.2).

2.4.1 Grundlagen zur Datengewinnung

Die Beantwortung des zweiten Teils von Forschungsfrage 2 sowie der Forschungsfragen 3 und 4 erfolgt auf Basis empirischer Untersuchungen (vgl. hierzu Abschnitt 1.2). Zur Schaffung einer dafür geeigneten Datenbasis wurden insgesamt *drei Datenerhebungen* durchgeführt. Die folgenden Ausführungen beschreiben den Prozess und das Ergebnis der zwei Datenerhebungen auf Unternehmensseite (Abschnitt 2.4.1.1) und der Datenerhebung auf Kundenseite (Abschnitt 2.4.1.2).

2.4.1.1 Datengewinnung auf Unternehmensseite

Die *erste Datenerhebung auf Unternehmensseite* wurde im Herbst und Winter 2002 durchgeführt und dient der Beantwortung von Forschungsfrage 4 („Wie stellt sich der Status quo der Gestaltung des Beschwerdemanagements derzeit in der Unternehmenspraxis dar?"). Im Folgenden wird das Design dieser Erhebung im Hinblick auf die Grundgesamtheit, die Befragungsform, die Analyseeinheit, die Ansprechpartner, den Fragebogen und die Stichprobenbildung (vgl. hierzu allgemein Homburg/Krohmer 2003, S. 188ff.) erläutert.

Im Vorfeld der empirischen Untersuchung erfolgte zunächst die Festlegung der *Grundgesamtheit*. Um die Aussagekraft der Ergebnisse zu erhöhen und branchenspezifische Vergleiche zu ermöglichen, wurde hierbei besonderes Augenmerk auf einen branchenübergreifenden Untersuchungsansatz gelegt, der sowohl den Dienstleistungsbereich als auch den Sachgüterbereich umfasst. Insgesamt fanden die folgenden Branchen Berücksichtigung: Finanz-/Versicherungsdienstleistungen, Einzel-/Versandhandel, Tourismus-/Gastgewerbe-/Transportbranche, Maschinen-/Anlagenbau, Chemische/Pharmazeutische Industrie, Metallerzeugung/-verarbeitung und Elektro-/Elektronikindustrie. Innerhalb dieser Branchen sollten jeweils nur Unternehmen befragt werden, die über wenigstens 200 Mitarbeiter und einen jährlichen Umsatz von mindestens 50 Mio. Euro verfügen.

Als *Befragungsform* wurde eine schriftliche Datenerhebung mittels eines standardisierten Fragebogens gewählt. Dies geschah vor allem angesichts der Tatsache, dass für verlässliche branchenübergreifende als auch branchenspezifische empirische Erkenntnisse eine relativ große Stichprobe benötigt wurde, die mit verhältnismäßig geringem zeitlichen und finanziellen Aufwand nur durch diese Form der Befragung erzielbar ist (Homburg/Fürst 2005c, S. 568; Berekoven/Eckert/Ellenrieder 2004, S. 118).

Die *Analyseeinheit* ergab sich aus dem vorliegenden Untersuchungsgegenstand, d.h. der Gesamtheit aller Maßnahmen, die ein Unternehmen in Zusammenhang mit Beschwerden ergreift (Abschnitte 1.2 und 2.1.2). Da nicht ausgeschlossen werden konnte, dass diese Maßnahmen in der Unternehmenspraxis teilweise auch außerhalb der Bereiche Marketing und Vertrieb angesiedelt sind, wurde die Analyseeinheit entsprechend breit als das gesamte Unternehmen definiert.

Im Hinblick auf die Wahl der *Ansprechpartner* war es von hoher Bedeutung, dass diese einen guten Überblick über die im Unternehmen durchgeführten beschwerdebezogenen Maßnahmen besaßen. In aller Regel ist dies jedoch nur ein sehr begrenzter Personenkreis. Im Rahmen der Erhebung wurde daher pro Unternehmen lediglich ein sogenannter Schlüsselinformant („Key Informant"; John/Reve 1982; Wilson/Lilien 1992) befragt (vgl. hierzu auch Homburg 2000a, S. 81f.; Kumar/Scheer/Steenkamp 1995, S. 57f.). Hierbei handelte es sich um die Person, die in leitender Funktion für das Beschwerdemanagement des jeweiligen Unternehmens verantwortlich war. Die Beschränkung auf einen Informanten pro Unternehmen ist in der Literatur nicht unumstritten. Beispielsweise kritisiert Phillips (1981), dass diese Vorgehensweise keine sonderlich validen Rückschlüsse auf die gesamte Organisation erlauben würde und empfiehlt daher, mehrere Informanten pro Unternehmen zu befragen. Dieser Ansatz wirft allerdings wiederum neue Probleme auf (z.B. erhöhte Komplexität der Datenerhebung, Art und Weise der Datenaggregation pro Analyseeinheit; vgl. z.B. Kumar/Stern/Anderson 1993). Angesichts dieser Probleme erscheint die Beschränkung auf einen Schlüsselinformanten pro Unternehmen gerechtfertigt.

In die Konzeption des *Fragebogens* sind sowohl die Erkenntnisse aus der Literaturbestandsaufnahme (Abschnitt 2.2) als auch die Erkenntnisse aus den theoretisch-konzeptionellen Vorüberlegungen (Abschnitt 2.3) eingegangen. Darüber hinaus wurde eine ausführliche qualitative Voruntersuchung durchgeführt (Kepper 1996; Rossiter 2002), die aus semistrukturierten persönlichen Interviews mit insgesamt zwölf Managern aus den untersuchten Branchen bestand. Dies diente im Wesentlichen der Gewinnung bzw. Verifikation von Indikatoren zur Messung von Konstrukten für die spätere Datenerhebung. Der im Anschluss entwickelte

Fragebogen wurde vor Beginn der eigentlichen Erhebung einem umfangreichen Pretest mit Managern aus den relevanten Branchen und Personen aus dem akademischen Bereich unterzogen (Hunt/Sparkman/Wilcox 1982). Die Resultate führten lediglich zu marginalen Umformulierungen einzelner Fragen und Erläuterungen.

Eine hohe Wichtigkeit kommt bei empirischen Untersuchungen der *Stichprobenbildung* zu. Sie basiert auf der Definition der Grundgesamtheit. Mittels einer geschichteten Zufallsauswahl wurden im Vorfeld der Datenerhebung aus der Datenbank eines kommerziellen Adressanbieters die Adressen von 1.248 Unternehmen ermittelt. Hierzu erfolgte eine zufällige Auswahl von Unternehmen aus den vorher festgelegten Branchen, wobei eine Schichtung nach Mitarbeitergrößenklassen vorgenommen wurde (200 - 499 Mitarbeiter, 500 - 999 Mitarbeiter, 1.000 - 2.499 Mitarbeiter, 2.500 - 5.000 Mitarbeiter, mehr als 5.000 Mitarbeiter). Aufgrund der oft unzureichenden Datenqualität beim Erwerb von Adressdaten über kommerzielle Anbieter wurden im nächsten Schritt alle ausgewählten Unternehmen telefonisch kontaktiert, um den Firmennamen und die Anschrift zu verifizieren. Im Rahmen dieser Kontaktaufnahme wurde zudem versucht, den für die Befragung relevanten Ansprechpartner im Unternehmen zu identifizieren. Falls dieser nicht ermittelbar war, wurde das jeweilige Unternehmen aus der Datengrundlage herausgenommen. Dies führte schließlich zu einer Stichprobe von 1.120 Fällen.

Die Kontaktaufnahme mit den Ansprechpartnern orientierte sich an der von Mitchell/Brown (1997) und Diamantopoulos/Schlegelmilch (1996) empfohlenen Vorgehensweise. So erhielt jeder Ansprechpartner auf postalischem Wege einen Fragebogen mit der Bitte, diesen entweder selbst auszufüllen oder an eine geeignete Person weiterzuleiten. Als Teilnahmeanreiz für die Ansprechpartner dienten zwei Gratisexemplare der Schriftenreihe „Management Knowhow" des Instituts für Marktorientierte Unternehmensführung (IMU) der Universität Mannheim im Gegenwert von ca. 50 Euro. Darüber hinaus wurde Teilnehmern ein Bericht über die zentralen Ergebnisse der Untersuchung in Aussicht gestellt. Drei Wochen nach dem Versand der Fragebögen erfolgte eine telefonische Nachfassaktion bei denjenigen Ansprechpartnern, die bis zu diesem Zeitpunkt noch nicht geantwortet hatten. Insgesamt gingen 287 auswertbare Fragebögen ein. Dies entspricht einer äußerst zufriedenstellenden Rücklaufquote von 25,6%.

In diesem Zusammenhang stellt sich die Frage, ob die antwortenden Unternehmen bezüglich zentraler Variablen als repräsentativ für die Grundgesamtheit angesehen werden können. Zur Beantwortung dieser Frage fand ein entsprechender Test auf Non-Response-Bias statt (Colombo 2000). In Anlehnung an Armstrong/Overton (1977) wurde angenommen, dass relativ spät antwortende Unternehmen in ihrem Antwortverhalten stärker den nicht antwortenden Unternehmen ähneln als den relativ früh antwortenden Unternehmen. Daher erfolgte ein Vergleich der späten Antworter mit den frühen Antwortern im Hinblick auf zentrale Variablen. Hierzu wurde die Stichprobe anhand des Rücklaufdatums in drei gleich große Teile gesplittet. Mit Hilfe von t-Tests wurde anschließend das erste Drittel mit dem letzten Drittel verglichen. Dabei zeigten sich keine signifikanten Unterschiede zwischen den beiden Gruppen. Dies lässt darauf schließen, dass es bei der Erhebung zu keinem Non-Response-Bias gekommen ist, und somit die Stichprobe als repräsentativ für die Grundgesamtheit betrachtet werden kann.

In Tabelle 6 wird die Zusammensetzung der effektiven Stichprobe anhand der Branchenzugehörigkeit, Position der antwortenden Personen, Größenklasse nach Umsatz und Größenklasse nach Anzahl der Mitarbeiter beschrieben. Diese Stichprobe stellt die Datengrundlage für die empirische Bestandsaufnahme der Beschwerdemanagement-Praxis dar (Kapitel 5).

Zusammensetzung der Stichprobe nach Branchenzugehörigkeit							
Dienstleistungssektor				Produzierender Sektor			
Finanz-dienstleistungen	Versicherungs-dienstleistungen	Einzel-/ Versandhandel	Tourismus/ Gastgewerbe/ Transport	Maschinen-/ Anlagenbau	Chemische/ Pharmazeutische Industrie	Metall-erzeugung/ -verarbeitung	Elektro-/ Elektronik-industrie
11,5%	10,5%	13,6%	13,6%	11,8%	12,2%	14,6%	12,2%

Zusammensetzung der Stichprobe nach Position der antwortenden Personen						
Leiter Qualitäts-management	Leiter Beschwerde-management	Leiter Marketing/ Vertrieb	Leiter Kundendienst	Geschäftsführer/ Vorstand/ Bereichsleiter	Sonstige	
25,2%	16,7%	15,2%	19,9%	17,7%	5,3%	

Zusammensetzung der Stichprobe nach Größenklassen (Umsatz in Mio. Euro)							
unter 50	50 - 99	100 - 199	200 - 499	500 - 999	1.000 - 2.000	über 2.000	
9,7%	12,9%	25,0%	24,2%	9,0%	9,0%	10,2%	

Zusammensetzung der Stichprobe nach Größenklassen (Anzahl der Mitarbeiter)						
unter 200	200 - 499	500 - 999	1.000 - 2.499	2.500 - 5.000	über 5.000	
8,8%	22,6%	24,7%	23,7%	8,5%	11,7%	

Tabelle 6: Beschreibung der Stichprobe (erste Datenerhebung auf Unternehmensseite)

Im Hinblick auf die Branchenzugehörigkeit zeigt sich in etwa eine Gleichverteilung auf den Dienstleistungssektor und den produzierenden Sektor. In Bezug auf die antwortenden Personen ist die hohe Heterogenität der Positionen auffallend. Wie sich zudem zeigt, wurde die angestrebte Fokussierung auf größere Unternehmen mit wenigstens 200 Mitarbeitern und einem jährlichen Umsatz von mindestens 50 Mio. Euro weitgehend erreicht.

Die *zweite Datenerhebung auf Unternehmensseite* fand im Frühjahr und Sommer 2003 statt. Sie diente der Beantwortung des zweiten Teils von Forschungsfrage 2 („Wie sollten die zentralen Aufgaben des Beschwerdemanagements gestaltet sein, um den Erfolg des Beschwerdemanagements sicherzustellen?") und der Forschungsfrage 3 („Gibt es in Abhängigkeit vom jeweiligen Kontext – d.h. B2B vs. B2C bzw. Dienstleistungsbranche vs. Sachgüterbranche – signifikante Unterschiede hinsichtlich der Erfolgsauswirkungen der Gestaltung der zentralen Aufgaben des Beschwerdemanagements?"). Der Prozess der Datenerhebung umfasste zwei Phasen.

Die *erste Phase* weist starke Ähnlichkeiten zum Prozess der ersten Datenerhebung auf Unternehmensseite auf. Die Beschreibung dieser Phase erfolgt daher analog zur Darstellung des Designs der ersten Datenerhebung auf Unternehmensseite, d.h. anhand der folgenden Charakteristika: Grundgesamtheit, Befragungsform, Analyseeinheit, Ansprechpartner, Fragebogen und Stichprobenbildung. Dabei wird insbesondere auf Unterschiede zur ersten Datenerhebung auf Unternehmensseite eingegangen.

Die *Grundgesamtheit* entsprach weitgehend derjenigen der ersten Erhebung auf Unternehmensseite. Um eine noch breitere Branchenabdeckung zu erreichen, wurde allerdings zusätzlich noch die Automobilhersteller/-zulieferindustrie in die Grundgesamtheit aufgenommen. Als Mindestgrößen fungierten abermals eine Mitarbeiterzahl von 200 und ein jährlicher Umsatz von 50 Mio. Euro. Bezüglich der *Befragungsform* fiel die Wahl wieder auf eine schriftliche Datenerhebung über einen standardisierten Fragebogen. Als *Analyseeinheit* wurde erneut das gesamte Unternehmen definiert. Im Hinblick auf die *Ansprechpartner* erfolgte abermals eine Beschränkung auf einen Schlüsselinformanten pro Unternehmen, d.h. die Person, die in leitender Funktion für das Beschwerdemanagement der jeweiligen Firma verantwortlich war. In die Konzeption des *Fragebogens* flossen auch in diesem Fall wieder die Erkenntnisse aus der Literaturbestandsaufnahme (Abschnitt 2.2), den theoretisch-konzeptionellen Vorüberlegungen (Abschnitt 2.3) und der qualitativen Voruntersuchung ein. Im Vergleich zur ersten Datenerhebung wurden bei dieser Untersuchung deutlich mehr Fragen in den Fragebogen aufgenommen. Die Ergebnisse eines anschließend durchgeführten Pretests führten nur zu geringfügigen Modifikationen einzelner Fragen. Im Rahmen der *Stichprobenbildung* wurde abermals auf die Datenbank eines kommerziellen Adressanbieters zurückgegriffen. Über eine nach Mitarbeitergrößenklassen geschichtete Zufallsauswahl erfolgte die Ermittlung der Adressen von 1.786 Unternehmen. Diejenigen Unternehmen, bei denen eine Verifikation bzw. Identifikation von Firmenname, Anschrift und leitendem Beschwerdemanagement-Verantwortlichen nicht bereits im Vorfeld der ersten Datenerhebung stattfand, wurden anschließend zu diesem Zweck telefonisch kontaktiert. Falls kein relevanter Ansprechpartner zu ermitteln war, erfolgte die Streichung der jeweiligen Firma von der Liste der zu befragenden Unternehmen. Diese Vorgehensweise führte schließlich zu einer Stichprobe von 1.707 Fällen.

Im nächsten Schritt wurde jedem Ansprechpartner ein Fragebogenexemplar per Post zugeschickt. Die Anreize für eine Teilnahme entsprachen denjenigen der ersten Datenerhebung auf Unternehmensseite (zwei Gratisexemplare der Schriftenreihe „Management Know-how" des Instituts für Marktorientierte Unternehmensführung (IMU) der Universität Mannheim im Gegenwert von ca. 50 Euro sowie ein Ergebnisbericht). Drei Wochen nach dem Versand der Fragebögen wurden die Ansprechpartner, die bis dato noch nicht geantwortet hatten, telefonisch kontaktiert und um eine Teilnahme an der Befragung gebeten. Auf diese Weise konnten insgesamt 379 auswertbare Fragebögen und damit eine zufriedenstellende Rücklaufquote von 22,2% generiert werden.

Auch im Rahmen dieser Datenerhebung fand ein Test auf Non-Response-Bias nach Armstrong/Overton (1977) statt. Die Ergebnisse dieses Tests ließen keine Zweifel an der Repräsentativität der Stichprobe aufkommen.

Differenziert nach den Merkmalen Branchenzugehörigkeit, Position der antwortenden Personen, Größenklasse nach Umsatz und Größenklasse nach Anzahl der Mitarbeiter gibt Tabelle 7 Aufschluss über die Zusammensetzung der effektiven Stichprobe nach Abschluss der ersten Phase der zweiten Datenerhebung auf Unternehmensseite. Diese Stichprobe bildet die Grundlage für die empirischen Analysen in Zusammenhang mit dem Integrativen Erfolgsfaktoren-Modell (Kapitel 3).

Zusammensetzung der Stichproben nach Branchenzugehörigkeit									
Dienstleistungssektor				Produzierender Sektor					
Finanz- dienstleistungen	Versicherungs- dienstleistungen	Einzel-/ Versandhandel	Tourismus/ Gastgewerbe/ Transport	Maschinen-/ Anlagenbau	Chemische/ Pharmazeutische Industrie	Metall- erzeugung/ -verarbeitung	Elektro-/ Elektronik- industrie	Automobil- hersteller/ -zulieferer	Sonstige
16,1%	7,4%	9,0%	5,8%	15,0%	10,3%	9,8%	8,7%	10,5%	7,4%

Zusammensetzung der Stichproben nach Position der antwortenden Personen						
Leiter Qualitäts- management	Leiter Beschwerde- management	Leiter Marketing/ Vertrieb	Leiter Kundendienst	Geschäftsführer/ Vorstand/ Bereichsleiter	Sonstige	keine Angaben
28,8%	20,6%	15,8%	14,8%	13,7%	5,0%	1,3%

Zusammensetzung der Stichproben nach Größenklassen (Umsatz in Mio. Euro)							
unter 50	50 - 99	100 - 199	200 - 499	500 - 999	1.000 - 2.000	über 2.000	keine Angaben
5,5%	15,0%	21,4%	22,2%	8,7%	6,3%	9,5%	11,4%

Zusammensetzung der Stichproben nach Größenklassen (Anzahl der Mitarbeiter)						
unter 200	200 - 499	500 - 999	1.000 - 2.499	2.500 - 5.000	über 5.000	keine Angaben
6,9%	20,3%	27,5%	21,6%	11,6%	11,3%	0,8%

Tabelle 7: Beschreibung der Stichprobe (nach Abschluss der ersten Phase der zweiten Datenerhebung auf Unternehmensseite)

Die Branchenverteilung zeigt im Vergleich zur ersten Datenerhebung ein stärkeres Übergewicht zu Gunsten des produzierenden Sektors. Dies ist insbesondere auf die zusätzliche

Berücksichtigung der Automobilhersteller/-zulieferindustrie zurückzuführen. Im Hinblick auf die Positionen der antwortenden Personen liegt wieder eine hohe Heterogenität vor. Ebenso wie bei der ersten Datenerhebung spiegelt sich auch in diesem Fall die beabsichtigte Fokussierung auf größere Unternehmen mit mindestens 200 Mitarbeitern und einem jährlichen Umsatz von wenigstens 50 Mio. Euro in der Zusammensetzung der Stichprobe wider.

In der *zweiten Phase* der Datenerhebung wurden die 379 Manager, die an der ersten Phase der Datenerhebung teilgenommen hatten, erneut kontaktiert, um von ihnen eine Liste mit zehn Kunden zu erhalten, die sich in den letzten drei Monaten bei dem betreffenden Unternehmen beschwert hatten. Die Beschwerdeführer sollten dabei für das jeweilige Unternehmen typisch in Bezug auf den Beschwerdegrund und den Kundentyp sein. Als Teilnahmeanreiz wurde den Ansprechpartnern ein Bericht über die Ergebnisse der Kundenbefragung (jeweils aggregiert über alle Kunden pro Unternehmen) und die kostenlose Teilnahme an einer Tagung zum Thema Beschwerdemanagement in Aussicht gestellt. Insgesamt 110 Manager stellten schließlich die gewünschte Liste zur Verfügung. Angesichts der hohen Vertraulichkeit von Kundeninformationen ist die Teilnahmequote von 29,0% als sehr zufriedenstellend zu bezeichnen.

Wie Tabelle 8 zeigt, unterscheidet sich die effektive Stichprobe nach Abschluss der zweiten Phase der zweiten Datenerhebung hinsichtlich ihrer Beschaffenheit nicht nennenswert von der effektiven Stichprobe nach Abschluss der ersten Phase. Sie dient als eine der beiden Datengrundlagen für die empirischen Analysen in Zusammenhang mit dem Beschwerdebehandlungs-Modell (Kapitel 4).

Zusammensetzung der Stichproben nach Branchenzugehörigkeit									
Dienstleistungssektor				Produzierender Sektor					
Finanz-dienstleistungen	Versicherungs-dienstleistungen	Einzel-/Versandhandel	Tourismus/Gastgewerbe/Transport	Maschinen-/Anlagenbau	Chemische/Pharmazeutische Industrie	Metall-erzeugung/-verarbeitung	Elektro-/Elektronik-industrie	Automobil-hersteller/-zulieferer	Sonstige
9,1%	7,3%	13,6%	5,5%	13,6%	11,8%	10,9%	10,9%	11,8%	5,5%

Zusammensetzung der Stichproben nach Position der antwortenden Personen						
Leiter Qualitätsmanagement	Leiter Beschwerdemanagement	Leiter Marketing/Vertrieb	Leiter Kundendienst	Geschäftsführer/Vorstand/Bereichsleiter	Sonstige	keine Angaben
22,7%	22,7%	15,4%	16,4%	12,7%	9,1%	1,0%

Zusammensetzung der Stichproben nach Größenklassen (Umsatz in Mio. Euro)							
unter 50	50 - 99	100 - 199	200 - 499	500 - 999	1.000 - 2.000	über 2.000	keine Angaben
3,6%	16,4%	25,4%	18,2%	15,4%	6,4%	6,4%	8,2%

Zusammensetzung der Stichproben nach Größenklassen (Anzahl der Mitarbeiter)						
unter 200	200 - 499	500 - 999	1.000 - 2.499	2.500 - 5.000	über 5.000	keine Angaben
5,4%	17,3%	26,3%	21,8%	16,4%	11,8%	1,0%

Tabelle 8: Beschreibung der Stichprobe (nach Abschluss der zweiten Phase der zweiten Datenerhebung auf Unternehmensseite)

Die zweite Datengrundlage für die Überprüfung des Beschwerdebehandlungs-Modell bildet die Stichprobe, die mit Hilfe der im folgenden Abschnitt vorgestellten Datenerhebung auf Kundenseite gewonnen wurde.

2.4.1.2 Datengewinnung auf Kundenseite

Werden im Rahmen einer Befragung die unabhängigen und abhängigen Variablen bei dem gleichen Informanten gemessen (z.b. dem leitenden Verantwortlichen für das Beschwerdemanagement in einem Unternehmen), so besteht die Gefahr, dass ein Zusammenhang zwischen zwei Konstrukten (z.b. Qualität der Verfahrensrichtlinien für die Beschwerdebehandlung und wahrgenommene prozedurale Gerechtigkeit der Beschwerdebehandlung) allein schon aufgrund der Verwendung der gleichen Messmethode auftritt. In diesem Zusammenhang spricht man auch von einem „Common Method Bias" (Fiske 1982; Orwin 1981). Dieser wird insbesondere durch Wahrnehmungsverzerrungen und Konsistenzbestrebungen auf Seiten der Auskunftspersonen verursacht (Groves 1991; Podsakoff/Organ 1986).

Um das Auftreten eines „Common Method Bias" bei der Überprüfung von Hypothesen zu Zusammenhängen zwischen unternehmensbezogenen und kundenbezogenen Konstrukten des Beschwerdebehandlungs-Modells (Kapitel 4) auszuschließen, wurde sich – ergänzend zur zweiten Datenerhebung auf Unternehmensseite – für eine Messung der kundenbezogenen Konstrukte auf Kundenseite entschieden.

Diese Datenerhebung fand im Herbst 2003 statt und erfolgte auf Basis der Beschwerdeführer-Listen, die im Rahmen der zweiten Phase der Datenerhebung auf Unternehmensseite von insgesamt 110 Managern zur Verfügung gestellt worden waren (vgl. hierzu Abschnitt 2.4.1.1). Die mittels eines standardisierten Fragebogens durchgeführte Befragung erfolgte telefonisch, da man sich hierdurch eine relativ hohe Antwortrate versprach (Homburg/Fürst 2005c, S. 568; Hüttner/Schwarting 2002, S. 77). Als Anreiz für eine Teilnahme wurde den Beschwerdeführern versichert, ihr Feedback in anonymisierter Form an das betreffende Unternehmen weiterzuleiten, so dass sie über eine Mitwirkung an der Befragung zur zukünftigen Vermeidung des aufgetretenen Problems beitragen könnten. Das Ziel, Antworten von fünf Beschwerdeführern pro Unternehmen zu erhalten, wurde in allen 110 Fällen erreicht. Auf Kundenseite fanden somit alles in allem 550 Interviews statt.

In einem nächsten Schritt wurde für jede Frage das arithmetische Mittel über die fünf Kundenantworten pro Unternehmen gebildet, so dass die Datengrundlage für die empirischen Analysen in Zusammenhang mit dem Beschwerdebehandlungs-Modell insgesamt 110 Dyaden umfasst. Jede dieser Dyaden besteht aus einer vom leitenden Beschwerdemanagement-Verantwortlichen des jeweiligen Unternehmens vorgenommenen Beschreibung der Gestaltung der Beschwerdebehandlung und fünf Kundenurteilen im Hinblick auf verschiedene Erfolgsgrößen der Beschwerdebehandlung (wahrgenommene Gerechtigkeit der Beschwerdebehandlung, Beschwerdezufriedenheit, Gesamtzufriedenheit und Kundenbindung).

An dieser Stelle ist darauf hinzuweisen, dass – im Gegensatz zu den Erfolgsgrößen des Beschwerdebehandlungs-Modells – die kundenbezogenen Erfolgsgrößen des Integrativen Erfolgsfaktoren-Modells im Rahmen dieser Datenerhebung nicht gemessen werden konnten. Grund hierfür ist die Tatsache, dass sich die kundenbezogenen Erfolgsgrößen des Integrativen Erfolgsfaktoren-Modells auf den kompletten Kundenstamm des jeweiligen Unternehmens beziehen (z.B. Gesamtzufriedenheit aller Kunden). Wie bereits erwähnt, hatte hingegen die vorliegende Datenerhebung lediglich die Befragung eines ganz speziellen Teils des Kundenstamms zum Gegenstand, nämlich derjenigen Kunden, die sich in den letzten drei Monaten bei dem jeweiligen Unternehmen beschwert hatten.

2.4.2 Grundlagen zur Datenanalyse

Gegenstand der folgenden Ausführungen ist das methodische Vorgehen zur empirisch gestützten Beantwortung des zweiten Teils von Forschungsfrage 2 und der Forschungsfrage 3. Zunächst wird sich den verwendeten Methoden der Konstruktmessung gewidmet (Abschnitt 2.4.2.1). Im Anschluss erfolgt eine Erläuterung der eingesetzten Verfahren der Dependenzanalyse (Abschnitt 2.4.2.2).

2.4.2.1 Grundlagen zur Konstruktmessung

Zur Beantwortung des zweiten Teils von Forschungsfrage 2 und der Forschungsfrage 3 werden die Beziehungen zwischen theoretischen Konstrukten untersucht. Bagozzi/Fornell (1982, S. 24) definieren ein *theoretisches Konstrukt* als „abstract entity which represents the 'true' nonobservable state of nature of a phenomenon". Derartige Konstrukte bzw. latente Variablen entziehen sich einer direkten Messung (Bagozzi/Phillips 1982, S. 465; Long 1983, S. 11). Hieraus ergibt sich die Notwendigkeit einer indirekten Messung der Konstrukte. Diese erfolgt über sogenannte *Indikatorvariablen* (auch Indikatoren oder Items genannt), die empirisch erfassbar und damit auch messbar sind (Homburg/Giering 1996, S. 6).

Voraussetzung für die Messung eines Konstrukts ist dessen Konzeptualisierung und Operationalisierung. Während die *Konzeptualisierung* die Erarbeitung der relevanten Konstruktdimensionen beinhaltet, bezeichnet die *Operationalisierung* die auf der Konzeptualisierung aufbauende Messbarmachung eines Konstrukts, d.h. die Entwicklung eines geeigneten Messinstrumentes bzw. einer geeigneten Messskala (Homburg 2000a, S. 13). Ein Messinstrument bzw. eine Messskala wird dabei aus der Gesamtheit der Indikatoren gebildet, die ein Konstrukt wiedergeben. Wie in der einschlägigen Literatur (Churchill 1979, S. 66; Jacoby 1978, S. 93) empfohlen, bestehen in der vorliegenden Arbeit die meisten eingesetzten Messinstrumente bzw. Messskalen nicht nur aus einem einzigen Indikator (Single Item-Messansatz), sondern aus mehreren Indikatoren (Multi Item-Messansatz).

Im Hinblick auf die zur Messung eines Konstrukts herangezogenen Indikatoren kann zwischen reflektiven und formativen Indikatoren unterschieden werden (Bagozzi 1979, S. 15ff.; Blalock 1964, S. 163). Im Falle von *reflektiven Indikatoren* verursacht ein Konstrukt die ihm zugeordneten beobachtbaren Variablen, d.h. die Indikatoren werden als (meist fehlerbehaftete) Messungen des Konstrukts aufgefasst (Homburg/Giering 1996, S. 6; Hunt 1991, S. 386). Von *formativen Indikatoren* spricht man, wenn das Konstrukt als Funktion seiner Indikatoren gilt, d.h. die Indikatoren einen Einfluss auf das Konstrukt ausüben (Bollen/Lennox 1991, S. 305f.; Homburg/Giering 1996, S. 6). Aufgrund der Berücksichtigung von Messfehlern werden reflektive Indikatoren den Bedürfnissen der Marketingforschung besser gerecht als formative Indikatoren. In der vorliegenden Arbeit wird daher ausschließlich auf reflektive Indikatoren zurückgegriffen, so dass sich dementsprechend die folgenden Ausführungen auf diese Art von Indikatoren beschränken.

Wie gut ein Konstrukt durch eine Messung erfasst wird, kann anhand der Reliabilität (Zuverlässigkeit der Messung) und der Validität (Gültigkeit der Messung) beurteilt werden (Homburg/Giering 1996, S. 6; Homburg/Krohmer 2003, S. 223ff.).

Reliabilität bezieht sich auf die formale Genauigkeit der Erfassung der Merkmalsausprägungen (Herrmann/Homburg 2000, S. 23; Homburg/Krohmer 2003, S. 223). Peter/Churchill (1986, S. 4) definieren Reliabilität als das Ausmaß, zu dem das Messverfahren frei von Zufallsfehlern ist. Somit ist eine Messung dann reliabel, wenn eine Wiederholung der Messung (unter gleichen Rahmenbedingungen) wieder zu dem gleichen Ergebnis führt. Im Rahmen der vorliegenden Arbeit wird vor allem die *Interne-Konsistenz-Reliabilität* untersucht. Diese Form der Reliabilität stellt auf die Korrelationen zwischen den Indikatoren eines Konstrukts ab (Steenkamp/Baumgartner 1998, S. 78ff.). Im Vergleich zu anderen Formen der Reliabilität (Wiederholungsreliabilität, Parallel-Test-Reliabilität; Homburg/Pflesser 2000a, S. 421; Peter 1979, S. 8f.) kann diese Form der Reliabilität relativ einfach überprüft werden, so dass ihr in der Marketingforschung die größte Bedeutung zukommt (Hildebrandt 1998, S. 88).

Validität betrifft die konzeptionelle Richtigkeit eines Messverfahrens (Herrmann/Homburg 2000, S. 24; Homburg/Giering 1996, S. 7), d.h. beschäftigt sich mit der Frage, ob ein Messinstrument genau das misst, was es messen soll (Churchill 1979, S. 65; Heeler/Ray 1972, S. 361). Dies ist der Fall, wenn die Messung nicht nur frei von zufälligen Fehlern ist, sondern auch frei von systematischen Fehlern (Churchill 1991). Eine reliable Messung stellt somit eine notwendige (aber noch nicht hinreichende) Voraussetzung für die Validität einer Messung dar (Carmines/Zeller 1979, S. 13; Hildebrandt 1984, S. 42). In der vorliegenden Arbeit werden insbesondere die folgenden vier Validitätsarten betrachtet:

- *Inhaltsvalidität* bezieht sich auf das Ausmaß der inhaltlich-semantischen Übereinstimmung eines Konstrukts mit seinem Messinstrument (Bohrnstedt 1970, S. 92; Homburg/ Giering 1996, S. 7). Ein Messmodell weist eine hohe Inhaltsvalidität auf, wenn die verwendeten Indikatoren die wesentlichen inhaltlichen Facetten des Konstrukts umfassend abdecken (Churchill 1979, S. 490). Zur Evaluierung der Inhaltsvalidität werden in der Literatur hauptsächlich qualitative Verfahren (Parasuraman/Zeithaml/Berry 1988, S. 28) vorgeschlagen, teilweise jedoch auch quantitative Verfahren (Homburg 2000a, S. 82ff.). Im Rahmen dieser Untersuchung wird die Inhaltsvalidität qualitativ sichergestellt, indem eine inhaltlich präzise Abgrenzung des jeweiligen Konstrukts gegenüber anderen Konstrukten erfolgt.

- *Konvergenzvalidität* bezeichnet das Ausmaß, zu dem zwei oder mehrere Messungen des gleichen Konstrukts übereinstimmen (Bagozzi/Phillips 1982, S. 468). Dies ist der Fall, wenn die Indikatoren eines Konstrukts ausreichend stark miteinander in Beziehung stehen (Peter 1981, S. 136). Somit hängt die Konvergenzvalidität eng mit der Reliabilität zusammen (Peter/Churchill 1986, S. 9). In der vorliegenden Arbeit wird die Konvergenzvalidität mit Hilfe der konfirmatorischen Faktorenanalyse (Jöreskog 1966, 1967, 1969) überprüft.

- *Diskriminanzvalidität* beschreibt das Ausmaß, zu dem sich die Messungen verschiedener Konstrukte voneinander unterscheiden (Bagozzi/Phillips 1982, S. 469). Diskriminanzvalidität ist dann gegeben, wenn die Indikatoren eines Konstrukts untereinander eine stärkere Assoziation aufweisen als mit Indikatoren anderer Konstrukte (Bagozzi/Yi/Phillips 1991, S. 425). Die Beurteilung der Diskriminanzvalidität erfolgt in dieser Untersuchung ebenfalls anhand der konfirmatorischen Faktorenanalyse (Jöreskog 1966, 1967, 1969).

- *Nomologische Validität* bezieht sich auf das Ausmaß der Übereinstimmung von theoretisch abgeleiteten Zusammenhängen zwischen Konstrukten mit empirisch gewonnenen Erkenntnissen (Bagozzi 1979, S. 24). Voraussetzung für die Überprüfung der nomologischen Validität ist jedoch die Existenz einer einheitlichen übergeordneten Theorie. Bezüglich der in dieser Arbeit untersuchten Konstrukte wird allerdings auf mehrere theoretisch-konzeptionelle Erklärungsansätze zurückgegriffen (vgl. hierzu Abschnitt 2.3). Demzufolge ist in der vorliegenden Untersuchung die Beurteilung der nomologischen Validität nicht möglich (Homburg 2000a, S. 75).

Die Reliabilität und Validität der Messung eines Konstrukts können mit Hilfe verschiedener Kriterien überprüft werden. Die dabei verwendeten Methoden lassen sich in Methoden der ersten Generation und Methoden der zweiten Generation unterteilen (Fornell 1986; Homburg 2000a, S. 75). In der einschlägigen Literatur (Anderson/Gerbing 1988, S. 411ff.; Homburg/ Giering 1996, S. 8) wird den auf der konfirmatorischen Faktorenanalyse (Jöreskog 1966, 1967, 1969) basierenden Methoden der zweiten Generation eine höhere Leistungsfähigkeit zugesprochen als den Methoden der ersten Generation. In der vorliegenden Arbeit erfolgt im Rahmen der Konstruktmessung (Abschnitte 3.4 und 4.4) ein kombinierter Einsatz von Verfahren aus beiden genannten Kategorien. Im Folgenden werden die Methoden beider Generationen kurz vorgestellt (für eine ausführlichere Darstellung vgl. z.B. Homburg/Giering 1996).

Von den *Methoden der ersten Generation* finden in dieser Untersuchung die folgenden Ansätze Verwendung:

- exploratorische Faktorenanalyse
- Cronbachsches Alpha
- Item-to-Total-Korrelation

Die *exploratorische Faktorenanalyse* wird eingesetzt, um eine Gruppe von Indikatoren im Hinblick auf die ihr zugrundeliegende Faktorenstruktur zu untersuchen (Backhaus et al. 2003, S. 260ff.; Hüttner/Schwarting 2000, S. 383ff.). Hierbei erfolgt vorab keine Festlegung einer bestimmten Faktorenstruktur (Gerbing/Anderson 1988, S. 189). Ziel ist es, die Gesamtheit der Indikatoren durch eine möglichst geringe Anzahl an Faktoren hinreichend gut abzubilden (Hartung/Elpelt/Klösener 2002, S. 505). Im Zuge dessen kann eine Eliminierung derjenigen Indikatoren stattfinden, die nicht ausreichend hoch auf einen Faktor laden (Malhotra 1993, S. 619). Die Faktorladung bezeichnet dabei die Korrelation zwischen einem Indikator und einem Faktor und erlaubt erste Aussagen bezüglich Konvergenz- und Diskriminanzvalidität (Homburg/Giering 1996, S. 8).

Um die exakte Anzahl der zu extrahierenden Faktoren zu ermitteln, wird in der vorliegenden Arbeit auf das Kriterium von Kaiser (1974) zurückgegriffen. Diesem Kriterium zufolge entspricht die Anzahl der zu extrahierenden Faktoren der Anzahl der Faktoren mit einem Eigenwert größer als 1. Der Eigenwert eines Faktors entspricht dabei der Summe der quadrierten Faktorladungen über alle Indikatoren dieses Faktors. Darüber hinaus kann zur Beurteilung der Messung eines Faktors der Anteil der erklärten Varianz der Indikatoren herangezogen werden. Entsprechend der Empfehlung von Homburg/Giering (1996, S. 12) sollte dabei ein Faktor mindestens 50% der Varianz der zugehörigen Indikatoren erklären.

Das *Cronbachsche Alpha* geht auf Lee Cronbach (1947, 1951) zurück und ist eines der am häufigsten verwendeten Reliabilitätsmaße der ersten Generation (Peterson 1994; Finn/Kayandé 1997; Voss/Stem/Fotopoulos 2000). Es stellt den Mittelwert aller Korrelationen dar, die daraus resultieren, dass die Indikatoren des Faktors auf alle möglichen Arten in zwei Hälften geteilt und die Summen der sich jeweils ergebenden Variablenhälften anschließend miteinander korreliert werden (Carmines/Zeller 1979, S. 45). Anhand dieses Maßes lässt sich die Interne-Konsistenz-Reliabilität beurteilen. Der Wertebereich bewegt sich zwischen 0 und 1, wobei hohe Werte auf eine hohe Reliabilität hindeuten (Cortina 1994, S. 99f.). In der einschlägigen Literatur wird meist ab einem Wert von 0,7 von einer befriedigenden Reliabilität ausgegangen (Nunnally 1978, S. 245). Dieser Mindestwert soll auch in der vorliegenden Arbeit gelten. Allerdings ist darauf hinzuweisen, dass neuartige, bis dato wenig erforschte Untersuchungsgegenstände auch Werte zwischen 0,6 und 0,7 rechtfertigen können (Nunnally 1967, S. 226; Malhotra 1993, S. 308).

Als drittes Gütekriterium der ersten Generation wird die *Item-to-Total-Korrelation* herangezogen. Die einfache Item-to-Total-Korrelation stellt die Korrelation eines Indikators („Item") mit der Summe aller Indikatoren eines Faktors („Total") dar. Hingegen misst die korrigierte Item-to-Total-Korrelation den Zusammenhang zwischen einem Indikator und der Summe aller übrigen Indikatoren eines Faktors. In dieser Untersuchung kommt das letztgenannte Maß zum Einsatz, wobei im Folgenden auf den Zusatz „korrigiert" verzichtet wird. Die Item-to-Total-Korrelation dient der Beurteilung der Konvergenzvalidität und kann Werte zwischen 0 und 1 annehmen. Besonders hohe Werte lassen dabei auf ein hohes Maß an Konvergenzvalidität schließen (Nunnally 1978, S. 274). Ein expliziter Mindestwert existiert jedoch nicht. Im Falle eines zu geringen Cronbachschen Alpha kann durch Eliminierung des Indikators mit der niedrigsten Item-to-Total-Korrelation eine Steigerung dieses Reliabilitätsmaßes erreicht werden (Churchill 1979, S. 68).

Trotz der weit verbreiteten Anwendung der Methoden der ersten Generation werden in der Literatur eine Reihe von *Schwächen* diskutiert (Bagozzi/Yi/Phillips 1991; Baumgartner/ Homburg 1996; Gerbing/Anderson 1988). Kritik erfahren beispielsweise die teils sehr restriktiven Annahmen, die diesen Methoden zugrunde liegen. Ein weiterer Kritikpunkt bezieht sich auf die Beurteilung von Validitätsaspekten. Diese basiert hauptsächlich auf wenig transparenten Faustregeln statt auf inferenzstatistischen Prüfungen. Ferner erlauben die Methoden der ersten Generation auch keine explizite Schätzung von Messfehlern.

Aufgrund dieser Schwächen und dem Anspruch, die Reliabilitäts- und Validitätsprüfung weiter zu verfeinern, wird in jüngster Zeit verstärkt auf *Methoden der zweiten Generation* zurückgegriffen (Homburg/Pflesser 2000a, S. 415). Diese Kriterien basieren alle auf der konfirmatorischen Faktorenanalyse (Jöreskog 1966, 1967, 1969).

Im Gegensatz zur exploratorischen Faktorenanalyse findet bei der konfirmatorischen Faktorenanalyse eine vorherige Zuordnung der Indikatoren zu den einzelnen Faktoren statt, d.h. es erfolgt die Spezifikation eines sogenannten *Messmodells* (vgl. hierzu auch Abschnitt 2.4.2.2 sowie Homburg/Baumgartner 1995b, S. 163). Bei der anschließenden Parameterschätzung werden die Modellparameter so geschätzt, dass das spezifizierte Modell die empirisch ermittelten Daten möglichst gut reproduziert. Die Güte, mit der das spezifizierte Modell die erhobenen Daten widerspiegelt, wird dann im Rahmen der Modellbeurteilung geprüft.

Für die Beurteilung der Reliabilität und Validität des Messmodells lassen sich eine Vielzahl von Gütemaßen und inferenzstatistischer Tests heranziehen (Homburg/Giering 1996, S. 9). Da diese eine Aussage darüber treffen, wie gut die vom Modell reproduzierten Varianzen und Kovarianzen an die empirischen Varianzen und Kovarianzen angepasst werden können, spricht man auch von Anpassungs- bzw. Fitmaßen. In diesem Zusammenhang wird in der Literatur zwischen globalen Anpassungsmaßen und lokalen Anpassungsmaßen unterschieden (Sharma 1996, S. 157ff.; Diamantopoulos/Siguaw 2000, S. 82ff.). Während globale Anpassungsmaße beurteilen, inwieweit das gesamte Modell mit den empirischen Daten konsistent ist, bewerten lokale Anpassungsmaße die Qualität einzelner Teilstrukturen im Messmodell (Indikatoren, Faktoren).

In der vorliegenden Arbeit werden die folgenden *globalen Anpassungsmaße* herangezogen:

- Chi-Quadrat-Test (χ^2-Test)
- Root Mean Squared Error of Approximation (RMSEA)
- Goodness of Fit-Index (GFI)
- Adjusted Goodness of Fit-Index (AGFI)

Der *Chi-Quadrat-Test (χ^2-Test)* bietet grundsätzlich die Möglichkeit einer inferenzstatistischen Beurteilung der „Richtigkeit" des spezifizierten Modells. Der χ^2-Teststatistik liegt die Nullhypothese zugrunde, dass die vom Modell reproduzierte Kovarianzmatrix und die empirische Kovarianzmatrix übereinstimmen (Homburg 1989, S. 188). Die Beurteilung des χ^2-Wertes erfolgt anhand des p-Wertes. Dieser gibt die Wahrscheinlichkeit an, einen größeren als den tatsächlich beobachteten χ^2-Wert zu erhalten, obwohl das spezifizierte Modell richtig ist (Homburg 2000a, S. 92). Meist wird ein p-Wert von mindestens 0,05 gefordert, d.h. das Modell kann auf dem 5%-Niveau nicht abgelehnt werden (Homburg/Giering 1996, S. 10). Angesichts der vielfach diskutierten Restriktionen des χ^2-Tests (Bentler/Bonett 1980; Homburg 1989, S. 46ff.; Homburg/Dobratz 1991, S. 220) wird jedoch empfohlen, den χ^2-Wert als deskriptives Anpassungsmaß zu verwenden, indem der Quotient aus dem χ^2-Wert und der Anzahl der Freiheitsgrade gebildet wird (Bagozzi/Baumgartner 1994, S. 398; Jöreskog/Sörbom 1989, S. 43). Als Grenzwert für diesen Quotienten fordert Homburg (2000a, S. 93) einen Wert von weniger als 3, damit noch von einer guten Modellanpassung gesprochen werden kann. Andere Autoren betrachten einen weniger strengen Grenzwert von 5 als noch akzeptabel (Balderjahn 1986, S. 109; Fritz 1995, S. 140).

Der *Root Mean Squared Error of Approximation (RMSEA)* zählt ebenfalls zu den globalen Anpassungsmaßen. Gegenüber dem χ^2-Test besitzt er unter anderem den Vorteil, nicht die „Richtigkeit" des spezifizierten Modells zu beurteilen, sondern die Güte der Approximation des Modells an die empirischen Daten (Cudeck/Browne 1983). In der einschlägigen Literatur wird meist ein Grenzwert von 0,08 empfohlen (Browne/Cudeck 1993). Da hierbei allerdings nicht berücksichtigt wird, dass der RMSEA-Wert mit abnehmender Größe der Stichprobe zunimmt (Rigdon 1996), ist bei kleineren Stichproben auch ein etwas höherer RMSEA-Wert als noch akzeptabel anzusehen. Dies steht im Einklang mit Arbeiten, die einen Grenzwert von 0,10 vorschlagen (MacCallum/Browne/Sugawara 1996; Steiger 1989).

Mit dem *Goodness of Fit-Index (GFI)* und dem *Adjusted Goodness of Fit-Index (AGFI)* wird in der vorliegenden Arbeit auch auf zwei globale, deskriptive Gütemaße zurückgegriffen. Im Gegensatz zu inferenzstatistischen Anpassungsmaßen (z.B. χ^2-Test, RMSEA) beruhen deskriptive Anpassungsmaße nicht auf statistischen Tests, sondern hauptsächlich auf Faustregeln (Homburg/Baumgartner 1995b, S. 166). Gemeinhin wird dem AGFI eine höhere Aussagekraft zugesprochen als dem GFI, da er die Anzahl der Freiheitsgrade des Modells berücksichtigt. Beide Gütemaße können Werte zwischen 0 und 1 annehmen, wobei der Wert 1 auf eine perfekte Anpassung des spezifizierten Modells an die erhobenen Daten schließen lässt. In

Anlehnung an Homburg/Baumgartner (1995b, S. 167f.) werden in der vorliegenden Untersuchung für beide Gütemaße Werte von mindestens 0,9 als ausreichend betrachtet.

In Ergänzung zu den globalen Anpassungsmaßen kommen in dieser Arbeit im Rahmen der Konstruktmessung die folgenden *lokalen Anpassungsmaße* zum Einsatz:

- Indikatorreliabilität
- t-Wert der Faktorladung eines Indikators
- Faktorreliabilität
- durchschnittlich erfasste Varianz

Die ersten beiden Kriterien beziehen sich auf einzelne Indikatoren. Hingegen kann mit Hilfe der letzten beiden Kriterien die Güte der Messung eines Faktors insgesamt beurteilt werden, d.h. sie machen Aussagen darüber, wie gut ein Faktor durch die Gesamtheit der ihm zugeordneten Indikatoren gemessen wird.

Die *Indikatorreliabilität* gibt an, wie viel Varianz eines Indikators durch den zugrundeliegenden Faktor erklärt wird. Sie berechnet sich als quadrierte Korrelation zwischen Indikator und Faktor und kann Werte zwischen 0 und 1 annehmen. In der Literatur wird meist ein Mindestwert von 0,4 gefordert (Homburg 2000a, S. 91; Homburg/Baumgartner 1995b, S. 170). Little/Lindenberger/Nesselroade (1999) weisen allerdings darauf hin, dass im Falle neu entwickelter Messskalen eine zu starke Orientierung an der Indikatorreliabilität zu einer Gefährdung der Inhaltsvalidität des Messmodells führen kann. In der vorliegenden Arbeit werden daher bei der Beurteilung neu entwickelter Messskalen teilweise auch Items mit geringeren Werten für die Indikatorreliabilität beibehalten, sofern dies aus inhaltlichen Gründen sinnvoll erscheint. Darüber hinaus soll im Rahmen der Konstruktmessung auch die Signifikanz der Faktorladung eines Indikators getestet werden. Diese ist (bei einem einseitigen Test) auf dem 5 %-Signifikanzniveau von 0 verschieden, falls der *t-Wert der Faktorladung eines Indikators* mindestens 1,645 beträgt (Homburg/Giering 1996, S. 11).

Durch die *Faktorreliabilität* und die *durchschnittlich erfasste Varianz* lässt sich beurteilen, wie gut der Faktor durch die Gesamtheit der ihm zugeordneten Indikatoren gemessen wird. Der Wertebereich beider Gütemaße liegt zwischen 0 und 1, wobei hohe Werte für eine gute Modellanpassung sprechen. In Anlehnung an Bagozzi/Yi (1988) und Homburg/Baumgartner (1995b, S. 170) werden in der vorliegenden Arbeit im Hinblick auf die Faktorreliabilität Werte von mindestens 0,6 und bezüglich der durchschnittlich erfassten Varianz Mindestwerte von 0,5 als ausreichend angesehen.

Mit Hilfe der bis dato diskutierten Gütemaße können vor allem die Reliabilität und die Konvergenzvalidität der Konstruktmessung bewertet werden. Zur Beurteilung der Diskriminanzvalidität werden in der Literatur insbesondere zwei Verfahren diskutiert. Hierbei handelt es sich um den χ^2-Differenztest (Jöreskog 1977, S. 273; Homburg/Dobratz 1992, S. 123f.) und das Fornell-Larcker-Kriterium (Fornell/Larcker 1981). Im Vergleich zum χ^2-Differenztest stellt das Fornell-Larcker-Kriterium das wesentlich strengere Kriterium dar (Homburg/ Giering 1996, S. 11). In dieser Untersuchung wird sich daher auf die Anwendung dieses Kriteriums beschränkt. Das *Fornell-Larcker-Kriterium* ist erfüllt, wenn die durchschnittlich erfasste Varianz des zu prüfenden Faktors größer ist als jede quadrierte Korrelation dieses Faktors mit einem anderen Faktor (Fornell/Larcker 1981, S. 46). Dies bedeutet, dass der zu prüfende Faktor bezüglich seiner Indikatoren einen größeren Varianzanteil erklären muss als bezüglich der Indikatoren anderer Faktoren.

Abschließend sei darauf hingewiesen, dass bei der Beurteilung der Konstruktmessung nicht alle Kriterien gleichzeitig erfüllt sein müssen. Eine geringfügige Verletzung einzelner Kriterien ist daher nicht gleichbedeutend mit der unmittelbaren Ablehnung des betreffenden Messmodells (McQuitty 1999). Stattdessen sollte vielmehr das Gesamtbild der Messung über alle betrachteten Kriterien hinweg ausschlaggebend sein (Homburg 2000a, S. 93).

2.4.2.2 Grundlagen zur Dependenzanalyse

Nachdem sich im vorangegangenen Abschnitt mit der Validierung der Messinstrumente und der damit verbundenen Klärung der Beziehungen zwischen den Indikatoren und ihren Faktoren befasst wurde, soll es im Folgenden um die Beziehungen zwischen den Faktoren gehen. Bei der Analyse von Beziehungen dieser Art kann generell zwischen Methoden der Interdependenzanalyse und Methoden der Dependenzanalyse unterschieden werden (Homburg/ Krohmer 2003, S. 272ff.). Die Anwendung von Methoden der *Interdependenzanalyse* hat zum Ziel, ungerichtete Zusammenhänge zwischen Variablen zu untersuchen. Sollen hingegen – wie im Rahmen der vorliegenden Arbeit – gerichtete Zusammenhänge zwischen Variablen analysiert werden, dann erfolgt der Einsatz von Methoden der *Dependenzanalyse*. Zur empirisch gestützten Beantwortung des zweiten Teils von Forschungsfrage 2 und der Forschungsfrage 3 finden daher in dieser Untersuchung die beiden folgenden Methoden der Dependenzanalyse Verwendung:

- Kausalanalyse
- Regressionsanalyse

Die *Kausalanalyse* (in exakterer Formulierung als Kovarianzstrukturanalyse bezeichnet; Homburg 1989, S. 2; Diamantopoulos 1994, S. 105f.) gehört zu den leistungsfähigsten und in der Marketingforschung am häufigsten genutzten multivariaten Analyseverfahren (Homburg 1992, S. 499; Homburg/Baumgartner 1995a, S. 1091). Die Grundidee dieses Verfahrens besteht darin, basierend auf empirischen Varianzen und Kovarianzen von Indikatorvariablen mittels Parameterschätzung Rückschlüsse auf Abhängigkeitsbeziehungen zwischen den zugrundeliegenden latenten Variablen zu ziehen (Homburg 1989). Da diese Abhängigkeitsbeziehungen vor der Durchführung der Kausalanalyse festgelegt werden müssen, besitzt dieses Verfahren einen konfirmatorischen Charakter. Eine Stärke der Kausalanalyse liegt darin, dass sie die simultane Schätzung eines Messmodells (zur Erfassung der latenten Variablen über Indikatoren) und eines Strukturmodells (zur Abbildung der Zusammenhänge zwischen den latenten Variablen) ermöglicht und hierbei Messfehler explizit berücksichtigt (Hildebrandt 1995, S. 1126ff.; Homburg 1989, S. 20f.). Für die vorliegende Arbeit ist zudem von Bedeutung, dass sich mit Hilfe dieses Verfahrens kausale Ketten und damit verbunden auch indirekte Effekte untersuchen lassen (Homburg 1992, S. 500).

Der wohl am weitesten verbreitete kausalanalytische Ansatz ist der sogenannte LISREL-Ansatz (Homburg/Sütterlin 1990; Jöreskog 1978; Jöreskog/Sörbom 1982). Die folgenden Ausführungen orientieren sich daher an der LISREL-Notation. Für die kausalanalytischen Auswertungen im Rahmen dieser Untersuchung wurde die Software LISREL 8.54 verwendet (Jöreskog/Sörbom 1993).

Ein vollständiges kausalanalytisches Modell lässt sich als System linearer Gleichungen wie folgt darstellen:

$\eta = B \cdot \eta + \Gamma \cdot \xi + \zeta$ (Strukturmodell)

$y = \Lambda_y \cdot \eta + \varepsilon$ und $x = \Lambda_x \cdot \xi + \delta$ (Messmodelle)

Im Rahmen des *Strukturmodells* werden die Beziehungen zwischen den latenten Variablen spezifiziert. Dabei bezeichnet η die latenten endogenen Variablen und ξ die latenten exogenen Variablen. Die Effekte zwischen den latenten endogenen Variablen werden durch die Koeffizientenmatrix B modelliert, wohingegen die Koeffizientenmatrix Γ die Effekte der latenten exogenen Variablen auf die latenten endogenen Variablen abbildet. ζ repräsentiert die Fehlergrößen im Strukturmodell, d.h. deckt die Effekte von nicht im Modell enthaltenen Variablen ab.

Durch die *Messmodelle* wird die Zuordnung zwischen den latenten Variablen und den Indikatorvariablen hergestellt. Dabei umfasst der Vektor y die Indikatoren der latenten endogenen

Variablen und der Vektor x die Indikatoren der latenten exogenen Variablen. Die beiden Koeffizientenmatrizen Λ_y und Λ_x stellen die Faktorladungsmatrizen dar. Die Vektoren ε und δ enthalten die Messfehlervariablen. Es wird somit davon ausgegangen, dass jeder Indikator eine fehlerbehaftete Messung einer latenten Variable darstellt.

Die Kovarianzmatrix Σ der beobachteten Indikatoren y und x kann unter geeigneten Voraussetzungen als Funktion von acht Parametermatrizen ausgedrückt werden. Dabei bezeichnen Φ, ψ, θ_ε und θ_δ die Kovarianzmatrizen der Vektoren ξ, ζ, ε bzw. δ (Homburg 1989, S. 151ff.):

$$\Sigma = \Sigma(B, \Gamma, \Lambda_y, \Lambda_x, \Phi, \psi, \theta_\varepsilon, \theta_\delta)$$

Bezeichnet man die Gesamtheit der innerhalb der acht Matrizen zu schätzenden Parameter mit α, so vereinfacht sich die obige Gleichung zu $\Sigma = \Sigma(\alpha)$. Somit wird die Kovarianzmatrix der beobachteten Indikatoren als Funktion der zu schätzenden Parameter ausgedrückt. Im Rahmen der Kausalanalyse wird nun ein Vektor $\hat{\alpha}$ von Parameterschätzern so ermittelt, dass die vom Modell erzeugte Kovarianzmatrix $\hat{\Sigma} = \Sigma(\hat{\alpha})$ möglichst stark der empirischen Kovarianzmatrix der Indikatoren (S) ähnelt. Es stellt sich damit das folgende Minimierungsproblem:

$$f_s(\alpha) = F(S, \Sigma(\alpha)) \rightarrow \min$$

Hierbei bezeichnet F eine Diskrepanzfunktion, die die Unterschiedlichkeit zweier symmetrischer Matrizen misst (Homburg 1989, S. 170; Homburg/Pflesser 2000b, S. 645).

Ein wichtiger Aspekt im Rahmen der Parameterschätzung ist die Identifikation des spezifizierten Modells. Diese ist nur dann möglich, wenn die Kovarianzmatrix der Indikatoren ausreichend Informationen für eine eindeutige Schätzung der Parameter enthält (Homburg/ Baumgartner 1995b, S. 175). Theoretisch kann die Identifikation eines Modells durch ein nichtlineares Gleichungssystem gelöst werden. Vollkommen exakt lässt sich das Identifikationsproblem jedoch nur in Ausnahmefällen lösen (Homburg/Pflesser 2000b, S. 645). Eine notwendige Bedingung für die Modellidentifikation lautet wie folgt:

$$t \leq \frac{1}{2} \cdot q \cdot (q+1)$$

Demnach darf die Anzahl der zu schätzenden Parameter t höchstens so groß sein wie die Anzahl der empirischen Varianzen und Kovarianzen für die q Indikatoren. Dieses Kriterium ist allerdings noch keine hinreichende Bedingung für die Modellidentifikation. Bis dato ist hierfür kein notwendiges und hinreichendes Kriterium bekannt. Daher kann bei der Betrachtung der Schätzergebnisse lediglich zusätzlich auf Indizien für nicht identifizierte Modelle, wie beispielsweise entartete Schätzer (z.B. negative Fehlervarianzen) geachtet werden (Bollen 1989, S. 326ff.; Hildebrandt 1983, S. 76ff.).

Zur Beurteilung der Güte des vollständigen Kausalmodells stehen eine Reihe lokaler und globaler Gütekriterien zur Verfügung. Auf viele dieser Kriterien wurde bereits ausführlich in Zusammenhang mit der Konstruktmessung (Abschnitt 2.4.2.1) eingegangen. Im Folgenden sollen daher nur noch lokale Gütemaße vorgestellt werden, die sich speziell auf das Strukturmodell beziehen.

Die *quadrierte multiple Korrelation* einer latenten endogenen Variablen η_i gibt den Anteil der Varianz von η_i an, der durch die übrigen latenten endogenen Variablen und die latenten exogenen Variablen erklärt werden kann, die im spezifizierten Modell einen Effekt auf η_i ausüben (Homburg 1992, S. 505). Der Wertebereich erstreckt sich von 0 bis 1. Kleine Werte sind ein Indiz dafür, dass andere, nicht im Modell berücksichtigte Größen die latente endogene Variable η_i wesentlich beeinflussen.

Ferner sind auch die *standardisierten Effekte des Strukturmodells* (β_{ij} und γ_{ij}) sowie deren zugehörige *t-Werte* von zentraler Bedeutung für die Überprüfung der hypothetischen Dependenzstruktur. So ermöglichen die standardisierten Effekte Aussagen über die Richtung und die Stärke des Effekts einer latenten (endogenen oder exogenen) Variable auf eine latente endogene Variable. Der dazugehörige t-Wert erlaubt dabei Rückschlüsse auf die statistische Signifikanz dieses Effekts und dient damit als Basis für die Annahme oder Ablehnung der zugrundeliegenden Hypothese (vgl. hierzu auch Homburg/Krohmer 2003, S. 262ff.).

Während in dieser Untersuchung die Kausalanalyse zur empirischen Überprüfung der Hypothesen zu den Haupteffekten (Abschnitte 3.5.1 und 4.5.1) verwendet wird, basiert die empirische Überprüfung der Hypothesen zu den moderierenden Effekten (Abschnitte 3.5.2 und 4.5.2) auf der Regressionsanalyse. In Abhängigkeit vom Skalenniveau der moderierenden Variable kommt dabei entweder die moderierte Regressionsanalyse (bei metrischem Skalenniveau der Moderatorvariable) oder der Chow-Test (bei nominalem Skalenniveau der Moderatorvariable) zum Einsatz. Im Folgenden werden zunächst die Grundlagen der Regressionsanalyse skizziert, bevor anschließend eine Erläuterung der beiden auf dieser Methode basierenden Verfahren zur Untersuchung moderierender Effekte (moderierte Regressionsanalyse, Chow-Test) erfolgt.

Die *Regressionsanalyse* unterstellt einen linearen Zusammenhang zwischen J unabhängigen Variablen x_j (j = 1, ..., J) und einer abhängigen Variable y. Das Grundmodell der Regressionsanalyse kann dabei wie folgt dargestellt werden (Homburg/Krohmer 2003, S. 275):

$$y = a + b_1 \cdot x_1 + b_2 \cdot x_2 + ... + b_J \cdot x_J + e$$

Hierbei wird die Regressionskonstante mit a bezeichnet. Die Regressionskoeffizienten b_j ($j = 1, ..., J$) zeigen die Stärke des Effekts der einzelnen unabhängigen Variablen x_j ($j = 1, ..., J$) auf die abhängige Variable y an. Als Differenz zwischen dem empirischen Wert der abhängigen Variable und dem auf Basis der Regressionsfunktion ermittelten Schätzwert der abhängigen Variable ergibt sich der Fehlerterm e (auch als Residuum, Residualgröße oder Störgröße bezeichnet; Backhaus et al. 2003, S. 56ff.; Berry/Feldman 1985, S. 10). Der Fehlerterm bildet damit nicht im Modell enthaltene Einflussgrößen der abhängigen Variable ab.

Im Mittelpunkt der Regressionsanalyse steht die Schätzung der Regressionsparameter (Regressionskonstante, Regressionskoeffizienten). Diese ermöglicht letztlich eine Aussage darüber, wie stark die einzelnen unabhängigen Variablen x_j die abhängige Variable y beeinflussen. Die Parameterschätzung stellt ein Minimierungsproblem dar, dessen Lösung mit Hilfe der Methode der kleinsten Quadrate erfolgt (Homburg/Krohmer 2003, S. 255f.; Jain 1994, S. 166). Die Regressionsparameter werden dabei so geschätzt, dass die Summe der Fehlerquadrate (d.h. der quadrierten Differenzen zwischen den empirischen Werten der abhängigen Variablen y_i und den zugehörigen, auf Basis der Regressionsfunktion ermittelten Schätzwerten der abhängigen Variablen) minimiert wird.

Die resultierenden Regressionskoeffizienten b_j drücken aus, wie sich die abhängige Variable y verändert, wenn sich die jeweilige unabhängige Variable x_j um eine Einheit erhöht (und alle übrigen unabhängigen Variablen im Regressionsmodell konstant bleiben). Um die Stärke des Einflusses der verschiedenen unabhängigen Variablen auf die abhängige Variable unmittelbar vergleichen zu können, muss eine Standardisierung der Regressionskoeffizienten erfolgen. Das Ergebnis dieser Standardisierung sind die sogenannten Beta-Koeffizienten β_j. Deren Werte hängen – im Gegensatz zu den unstandardisierten Regressionskoeffizienten b_j – nicht von der Skalierung der unabhängigen Variablen ab (Homburg/Krohmer 2003, S. 276).

Zur Beurteilung der Ergebnisse der Regressionsanalyse kann zunächst einmal das sogenannte *Bestimmtheitsmaß r^2* herangezogen werden. Diese Größe stellt den Quotienten aus erklärter Streuung und Gesamtstreuung der abhängigen Variablen dar (Berry/Feldman 1985, S. 15; Homburg/Krohmer 2003, S. 257). Sie trifft somit eine Aussage darüber, in welchem Maße die Gesamtheit der unabhängigen Variablen in der Lage ist, die Streuung der abhängigen Variable zu erklären und fungiert daher als Maßstab für die Erklärungskraft des Regressionsmodells. Um auszuschließen, dass die Höhe des Bestimmtheitsmaßes nur auf zufälligen Einflüssen beruht (d.h. zwischen der Gesamtheit der unabhängigen Variablen und der abhängigen Variable überhaupt kein signifikanter Zusammenhang besteht), kann die gesamte Regressionsfunktion auf Signifikanz geprüft werden. Dies geschieht mit Hilfe eines *F-Tests* (vgl. hierzu ausführlich Skiera/Albers 2000). Von größerer Bedeutung für die vorliegende Arbeit ist allerdings die Signifikanzprüfung der einzelnen Regressionskoeffizienten. Der dafür herangezogene *t-Test* überprüft für jeden Regressionskoeffizienten die Nullhypothese, dass dieser in der Grundgesamtheit gleich 0 ist (d.h. die entsprechende unabhängige Variable keinen signifikanten Beitrag zur Erklärung der abhängigen Variable leistet).

Nach der Darstellung der Grundlagen der Regressionsanalyse soll nun kurz auf zwei Verfahren eingegangen werden, die auf dieser Methode basieren, und mit Hilfe derer in der vorliegenden Arbeit die Untersuchung moderierender Effekte erfolgen soll. Hierbei handelt es sich zum einen um die moderierte Regressionsanalyse und zum anderen um den Chow-Test.

Die *moderierte Regressionsanalyse* (Saunders 1956; Zedeck 1971) kann als Erweiterung der „normalen" Regressionsanalyse angesehen werden (Homburg/Krohmer 2003, S. 279). Mit ihrer Hilfe kann analysiert werden, inwieweit eine Beziehung zwischen einer abhängigen Variable y und einer unabhängigen Variable x vom Wert einer dritten Variable (der Moderatorvariable m) abhängt. Das in dieser Untersuchung verwendete Grundmodell der moderierten Regressionsanalyse stellt sich dabei wie folgt dar:

$$y = a + b_1 \cdot x + b_2 \cdot m + b_3 \cdot x \cdot m + e$$

Dabei bezeichnet a die Regressionskonstante, b_1, b_2, und b_3 die Regressionskoeffizienten sowie e den Fehlerterm. Neben der unabhängigen Variable x umfasst die Regressionsgleichung mit der Moderatorvariable m und dem Interaktionsterm $x \cdot m$ zwei weitere unabhängige Variablen. Teilweise finden sich in der Literatur auch Modelle, in denen die Moderatorvariable lediglich im Interaktionsterm auftaucht, nicht jedoch als eigenständige unabhängige Variable (Giering 2000, S. 95; Homburg/Krohmer 2003, S. 275). Um einen möglichen direkten Effekt der Moderatorvariable auf die abhängige Variable zu kontrollieren, wird sich jedoch in dieser Untersuchung Arbeiten angeschlossen, die die Moderatorvariable als eigenständige unabhängige Variable im Modell berücksichtigen (Anderson 1986, S. 191ff.; Champoux/Peters 1987, S. 245ff.; vgl. hierzu auch die Diskussion bei Darrow/Kahl 1982, S. 36ff.; Sharma/Durand/Gur-Arie 1981, S. 293ff.).

Bei der Durchführung der moderierten Regressionsanalyse orientiert sich die vorliegende Arbeit an die in der einschlägigen Literatur empfohlene Vorgehensweise (vgl. hierzu z.B. Aiken/West 1993; Cohen et al. 2002). Nach Abschluss der Parameterschätzung kann festgestellt werden, ob ein moderierender Effekt vorliegt. Hierzu wird mit Hilfe eines t-Tests die Signifikanz des Regressionskoeffizienten b_3 des Interaktionsterms überprüft. Falls dieser signifikant ist, so liegt ein moderierender Effekt vor (Homburg/Krohmer 2003, S. 279; Skiera/Albers 1998, S. 5f.).

Während die moderierte Regressionsanalyse ein metrisches Skalenniveau der Moderatorvariablen voraussetzt, kann der *Chow-Test* zur Untersuchung moderierender Effekte von Variablen mit nominalem Skalenniveau herangezogen werden. Der Ausgangspunkt des von Gregory Chow entwickelten Tests ist die Frage: „... whether subsets of coefficients in two regressions are equal" (Chow 1960, S. 591). Dem Test liegt dabei die Nullhypothese zugrunde, dass hinsichtlich der Regressionskoeffizienten bestehende Unterschiede zwischen zwei Teilstichproben zufällig und nicht systematisch sind.

Im Rahmen des Chow-Tests werden insgesamt drei Regressionsanalysen durchgeführt. Zunächst erfolgt die Schätzung einer Regressionsgleichung auf Basis aller Beobachtungen (d.h. der kompletten Stichprobe). Anschließend wird je eine Regressionsgleichung für die beiden Teilstichproben ermittelt. Für jede der drei Gleichungen erhält man so die Summe der Fehlerquadrate. Die Prüfgröße des Chow-Tests berechnet sich nach der folgenden Formel (Eckey/ Kosfeld/Dreger 2001, S. 182; Gujarati 2003, S. 276):

$$F = \frac{\frac{SSR_T - (SSR_1 + SSR_2)}{k}}{\frac{(SSR_1 + SSR_2)}{(n - 2k)}}$$

SSR_T steht dabei für die Summe der Fehlerquadrate aller Beobachtungen, während SSR_1 und SSR_2 die Summen der Fehlerquadrate der beiden Teilgruppen bezeichnen. Die Anzahl der unabhängigen Variablen wird durch k und die Anzahl der Beobachtungen durch n repräsentiert.

Ist für ein entsprechendes Signifikanzniveau α der so ermittelte empirische F-Wert größer als der tabellierte F-Wert, dann ist die Nullhypothese abzulehnen und somit davon auszugehen, dass sich die Regressionskoeffizienten der beiden Teilstichproben tatsächlich voneinander unterscheiden (Eckey/Kosfeld/Dreger 2001, S. 182; Gujarati 2003, S. 276).

3. Das Integrative Erfolgsfaktoren-Modell

Dieses Kapitel dient dazu, einen wesentlichen Beitrag zur Beantwortung der Forschungsfragen 2 und 3 zu leisten. So wird in den folgenden Abschnitten einerseits untersucht, wie die zentralen Aufgaben des Beschwerdemanagements gestaltet sein sollten, um den Erfolg des Beschwerdemanagements sicherzustellen. Andererseits wird analysiert, wie wichtig die Gestaltung der zentralen Beschwerdemanagement-Aufgaben in unterschiedlichen Kontexten (B2B- vs. B2C-Geschäftsbeziehung bzw. Dienstleistungs- vs. Sachgüterbranche) ist.

Zu diesem Zweck erfolgt in Abschnitt 3.1 die Entwicklung des Bezugsrahmens, der auf relevanten Vorarbeiten (Abschnitt 2.2), theoretisch-konzeptionellen Bezugspunkten (Abschnitt 2.3) und Resultaten der qualitativen Voruntersuchung (Abschnitt 2.4.1.1) basiert. Danach werden in Abschnitt 3.2 die einzelnen Konstrukte des Integrativen Erfolgsfaktoren-Modells definiert und dargestellt. Abschnitt 3.3 beinhaltet die Herleitung der Hypothesen des Integrativen Erfolgsfaktoren-Modells. Hierauf folgt in Abschnitt 3.4 die Darstellung der Messung der einzelnen Konstrukte, bevor in Abschnitt 3.5 die Hypothesen empirisch überprüft werden.

3.1 Bezugsrahmen für die Untersuchung

Der im Folgenden vorgestellte Bezugsrahmen basiert auf der Grundannahme, dass Unternehmen durch die Gestaltung der zentralen Beschwerdemanagement-Aufgaben maßgeblich die wesentlichen Erfolgsgrößen des Beschwerdemanagements steuern können. Das auf diesem Bezugsrahmen basierende Modell kann in zweierlei Hinsicht als integrativ bezeichnet werden. Erstens betrachtet es sowohl die Gestaltung des Beschwerdemanagements (Unternehmensperspektive) als auch die Reaktionen unzufriedener Kunden (Kundenperspektive). Zweitens untersucht es gleichzeitig die Gestaltung aller zentralen Aufgaben des Beschwerdemanagements und deren Auswirkungen auf wesentliche Beschwerdemanagement-Erfolgsgrößen anstatt – wie bisherige empirische Studien – nur ausgewählte Aufgaben und Erfolgsgrößen.

Im Rahmen der Zusammenfassung des Beitrags der ausgewerteten Literatur (Abschnitt 2.2.4) wurden bereits die zentralen Beschwerdemanagement-Aufgaben (Beschwerdebehandlung, Beschwerdestimulierung, Beschwerdeanalyse) und die wichtigsten Erfolgsgrößen des Beschwerdemanagements (wahrgenommene Gerechtigkeit der Beschwerdebehandlung, Beschwerdezufriedenheit, Gesamtzufriedenheit, Beschwerderate, Ausmaß der beschwerdebasierenden Verbesserungen) identifiziert. Die Gestaltung dieser Aufgaben und die Ausprägung dieser Erfolgsgrößen sind dementsprechend Bestandteil des vorliegenden Bezugsrahmens.

Das Integrative Erfolgsfaktoren-Modell

Die einzige Ausnahme bildet hierbei die wahrgenommene Gerechtigkeit der Beschwerdebehandlung. Um die Modellkomplexität zu reduzieren, findet diese Erfolgsgröße im vorliegenden Bezugsrahmen keine Berücksichtigung. Sie ist jedoch Bestandteil des zweiten empirischen Modells in dieser Arbeit (dem Beschwerdebehandlungs-Modell; vgl. Kapitel 4). In Bezug auf die Erfolgsgrößen Beschwerdezufriedenheit, Beschwerderate und Ausmaß der beschwerdebasierenden Verbesserungen wird angenommen, dass diese direkt von der Qualität der Gestaltung der zentralen Beschwerdemanagement-Aufgaben beeinflusst werden und selbst wiederum eine direkte Auswirkung auf die Gesamtzufriedenheit von Kunden besitzen. Zudem wird vermutet, dass die Beschwerdezufriedenheit und das Ausmaß der beschwerdebasierenden Verbesserungen auch einen direkten Einfluss auf die Beschwerderate haben.

Neben diesen Haupteffekten umfasst der vorliegende Bezugsrahmen auch eine Reihe moderierender Effekte. Erstens wird unterstellt, dass die Qualität der Gestaltung der externen Kommunikation zur Beschwerdestimulierung den Zusammenhang zwischen der Qualität der Gestaltung der Beschwerdekanäle und der Beschwerderate moderiert. Zweitens besteht die Vermutung, dass sowohl die Beschwerdezufriedenheit als auch das Ausmaß der beschwerdebasierenden Verbesserungen eine moderierende Wirkung bezüglich des Einflusses der Beschwerderate auf die Gesamtzufriedenheit von Kunden besitzen. Drittens werden moderierende Effekte von Kontextvariablen (Art der Geschäftsbeziehung, Art der Branche) auf den Zusammenhang zwischen der Qualität der Gestaltung der zentralen Beschwerdemanagement-Aufgaben und den wesentlichen Erfolgsgrößen des Beschwerdemanagements angenommen.

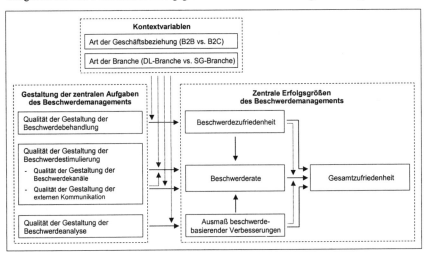

Abbildung 2: Bezugsrahmen des Integrativen Erfolgsfaktoren-Modells

In Abbildung 2 ist der Bezugsrahmen des Integrativen Erfolgsfaktoren-Modells noch einmal dargestellt. Während durchgezogene Pfeile unterstellte Haupteffekte kennzeichnen, stehen gepunktete Pfeile für vermutete moderierende Effekte. Die einzelnen Konstrukte werden im folgenden Abschnitt detaillierter erläutert.

3.2 Definition und Darstellung der Konstrukte

Zunächst erfolgt in Abschnitt 3.2.1 eine genauere Beschreibung der Konstrukte, die sich auf die Gestaltung der zentralen Aufgaben des Beschwerdemanagements beziehen. Im Anschluss werden in Abschnitt 3.2.2 die im Modell berücksichtigten zentralen Erfolgsgrößen des Beschwerdemanagements näher betrachtet.

3.2.1 Charakteristika der Gestaltung der Beschwerdemanagement-Aufgaben

Im Hinblick auf die Gestaltung der zentralen Beschwerdemanagement-Aufgaben umfasst der Bezugsrahmen des Integrativen Erfolgsfaktoren-Modells die folgenden vier Konstrukte:

- Qualität der Gestaltung der Beschwerdebehandlung
- Qualität der Gestaltung der Beschwerdekanäle
- Qualität der Gestaltung der externen Kommunikation zur Beschwerdestimulierung
- Qualität der Gestaltung der Beschwerdeanalyse

Die Gestaltung der Beschwerdebehandlung kann zweifelsohne als das Herzstück des Beschwerdemanagements bezeichnet werden. Folgerichtig geht der Großteil der Arbeiten zum Beschwerdemanagement schwerpunktmäßig auf die Gestaltung dieser Beschwerdemanagement-Aufgabe ein (vgl. hierzu Abschnitt 2.2.3.1). Die Zusammenfassung des Beitrags der ausgewerteten Literatur (Abschnitt 2.2.4) und der theoretisch-konzeptionellen Bezugspunkte (Abschnitt 2.3.4) sprechen dafür, die Gestaltung der Beschwerdebehandlung mit Hilfe klarer, einfacher und kundenorientierter Richtlinien vorzunehmen. Demzufolge beschreibt die *Qualität der Gestaltung der Beschwerdebehandlung* das Ausmaß, zu dem im Unternehmen klare, einfache und kundenorientierte Richtlinien für die Annahme und Bearbeitung von Beschwerden existieren. Wie in Abschnitt 2.2.4 erläutert, können sich die Richtlinien für die Beschwerdebehandlung auf den Soll-Ablauf des Beschwerdebehandlungs-Prozesses (Verfahrensrichtlinien), das Verhalten von Mitarbeitern gegenüber Beschwerdeführern

(Verhaltensrichtlinien) und die Maßnahmen zur Wiedergutmachung des Kundenproblems (Ergebnisrichtlinien) beziehen. Demzufolge erfolgt die Konzeptualisierung des vorliegenden Konstrukts anhand dieser drei Dimensionen.

Die Verfahrensrichtlinien für die Beschwerdebehandlung umfassen angemessene Zeitstandards für die normale bzw. maximale Dauer der Beschwerdebearbeitung (Homburg/Werner 1998; Stauss/Seidel 2002; TARP 1986a) sowie Anweisungen für Mitarbeiter, Beschwerdeführern eine Rückmeldung über den Stand bzw. das Ergebnis der Beschwerdebearbeitung innerhalb eines relativ kurzen Zeitraums zu geben (Andreassen 2000; Berry 1995; Stauss/Seidel 2002). Darüber hinaus sieht diese Art von Richtlinien vor, dass Beschwerdeinformationen schnell, vollständig und strukturiert erfasst und – falls notwenig – an die zuständige Stelle im Unternehmen weitergeleitet werden (Homburg/Werner 1998; Riemer 1986; Schöber 1997). Die Verhaltensrichtlinien für die Beschwerdebehandlung beinhalten Anweisungen für das korrekte Interaktionsverhalten von Mitarbeitern während der Beschwerdeannahme und Beschwerdebearbeitung. Sie umfassen insbesondere Aspekte wie Freundlichkeit, Hilfsbereitschaft, Interesse und Verständnis für das Kundenproblem sowie die Übernahme von Verantwortung für die Problemlösung (Bailey 1994; Homburg/Werner 1998; Stauss/Seidel 2002). Die Ergebnisrichtlinien für die Beschwerdebehandlung sehen vor, dass die für die Bearbeitung von Beschwerden zuständigen Mitarbeiter in dem Maße über Entscheidungs- und Weisungskompetenzen verfügen, wie es für eine aus Kundensicht zufriedenstellende Lösung notwendig ist (Berry/Zeithaml/Parasuraman 1990; Hart/Heskett/Sasser 1990; Schöber 1997). Darüber hinaus behandelt diese Dimension die Frage, inwieweit im Unternehmen Anweisungen für eine kulante, an den Wünschen von Beschwerdeführern ausgerichtete Beschwerdelösung existieren (Fornell/Wernerfelt 1987; Johnston 1995; Mattila 2001).

Trotz der vielfach betonten Notwendigkeit, unzufriedene Kunden zu einer Beschwerde beim Anbieter zu bewegen (Fornell/Wernerfelt 1988; Ping 1993; Singh/Pandya 1991), findet die Gestaltung der Beschwerdestimulierung bislang noch wenig Beachtung in der Forschung zum Beschwerdemanagement (vgl. hierzu Abschnitt 2.2.3.1). Im Rahmen der Zusammenfassung des Beitrags der ausgewerteten Literatur (Abschnitt 2.2.4) und der theoretisch-konzeptionellen Bezugspunkte (Abschnitt 2.3.4) wurde festgestellt, dass die Gestaltung der Beschwerdestimulierung anhand von zwei prinzipiellen Ansätzen erfolgen kann. Zum einen handelt es sich hierbei um die Schaffung von Beschwerdekanälen und zum anderen um die Durchführung externer Kommunikationsmaßnahmen zur Beschwerdestimulierung. Aufgrund ihrer unterschiedlichen inhaltlichen Schwerpunkte gehen die beiden Ansätze als separate Konstrukte in das Modell ein.

Die *Qualität der Gestaltung der Beschwerdekanäle* wird dabei als das Ausmaß definiert, zu dem vom Unternehmen geschaffene Wege existieren, über die sich Kunden im Falle von Unzufriedenheit ohne größeren Aufwand beschweren können. Dieses Konstrukt geht daher der Frage nach, inwieweit aus Kundensicht eine hohe Anzahl an Möglichkeiten existiert, um durch ein Problem entstandene Unzufriedenheit gegenüber dem Anbieter einfach, unkompliziert und kostengünstig bzw. kostenlos zu äußern (Bolfing 1989; Stauss/Seidel 2002).

Die *Qualität der Gestaltung der externen Kommunikation zur Beschwerdestimulierung* beschreibt das Ausmaß, zu dem Kunden vom Unternehmen ermuntert werden, sich im Falle von Unzufriedenheit zu beschweren, sowie das Ausmaß, zu dem Kunden vom Unternehmen über die Existenz und Handhabung der Beschwerdekanäle informiert werden. Dieses Konstrukt umfasst kundengerichtete Kommunikationsmaßnahmen, die mit Hilfe angemessener Inhalte (z.B. Willkommenheit von Beschwerden, Hinweise auf Beschwerdekanäle; Bearden/Teel 1980; Stephens/Gwinner 1998) und eines breiten Spektrums an Medien (Richins/Verhage 1985) beabsichtigen, unzufriedene Kunden zu einer Beschwerde beim Anbieter zu bewegen.

Im Hinblick auf die Gestaltung der Beschwerdeanalyse gilt Ähnliches wie für die Gestaltung der Beschwerdestimulierung. Auch in diesem Fall wird in der Literatur einerseits die hohe Relevanz für die Unternehmenspraxis hervorgehoben (Adamson 1993; TARP 1986a). Andererseits existieren jedoch auch hierzu noch vergleichsweise wenige Arbeiten, die sich ausführlicher mit Gestaltungsaspekten beschäftigen (vgl. hierzu Abschnitt 2.2.3.1). Die Zusammenfassung des Beitrags der gesichteten Literatur (Abschnitt 2.2.4) und der theoretisch-konzeptionellen Bezugspunkte (Abschnitt 2.3.4) legen insgesamt die Vermutung nahe, dass sich durch die Analyse von negativem Kundenfeedback die Gründe und Ursachen für Kundenbeschwerden bzw. -probleme identifizieren lassen. An relevante Personen bzw. Stellen im Unternehmen weitergeleitet, können diese Informationen dazu beitragen, Maßnahmen zur Optimierung von Strukturen und Prozessen sowie des Produktangebots abzuleiten. Vor diesem Hintergrund bezieht sich die *Qualität der Gestaltung der Beschwerdeanalyse* auf das Ausmaß, zu dem im Unternehmen Beschwerden auf aggregierter Ebene ausgewertet und interpretiert werden, sowie auf das Ausmaß, zu dem eine Weiterleitung der zentralen Ergebnisse an relevante Entscheidungsträger bzw. Bereiche im Unternehmen erfolgt. Mit Hilfe dieses Konstrukts wird unter anderem die Frage behandelt, inwieweit der Anbieter eingegangene Beschwerden regelmäßig und systematisch nach dem jeweiligen Grund kategorisiert und aufbauend darauf Häufigkeitsverteilungen erstellt (Riemer 1986; Stauss/Seidel 2002). Ein weiterer zentraler Aspekt dieses Konstrukts bezieht sich auf die Durchführung von Analysen zur Identifikation der tieferliegenden Ursachen für Kundenprobleme (Berry 1995; Stauss/Seidel

2002). Schließlich umfasst dieses Konstrukt auch noch die Kommunikation der wesentlichen Analyseresultate an relevante Entscheidungsträger bzw. Unternehmensbereiche (Bruhn 1986; Günter 2003; van Ossel/Stremersch 1998).

3.2.2 Charakteristika der Erfolgsgrößen des Beschwerdemanagements

Auf der Seite der zentralen Erfolgsgrößen des Beschwerdemanagements beinhaltet der Bezugsrahmen des vorliegenden Modells die nachfolgend aufgeführten vier Konstrukte:

- Beschwerdezufriedenheit
- Beschwerderate
- Ausmaß der beschwerdebasierenden Verbesserungen
- Gesamtzufriedenheit

Diese Erfolgsgrößen waren bereits ausführlich Gegenstand der Betrachtung im Rahmen der Zusammenfassung des Beitrags der ausgewerteten Literatur (Abschnitt 2.2.4). Im Folgenden wird deshalb nur verhältnismäßig kurz auf die einzelnen Konstrukte eingegangen.

Unter Rückgriff auf das in der Kundenzufriedenheitsforschung weit verbreitete Confirmation/ Disconfirmation-Paradigma (Cadotte/Woodruff/Jenkins 1987; Spreng/MacKenzie/Olshavsky 1996) wird im Folgenden unter der *Beschwerdezufriedenheit* das Ausmaß verstanden, zu dem die von Beschwerdeführern wahrgenommene Leistung des Unternehmens im Rahmen der Beschwerdebehandlung die Erwartungen der Beschwerdeführer übertrifft (Gilly/Gelb 1982; McCollough/Berry/Yadav 2000). Aus Kundensicht betrachtet stellt die Erfahrung mit dem Anbieter während der Annahme und Bearbeitung der Beschwerde eine spezifische Transaktion dar (Anderson/Fornell 1994). Folglich stellt die Beschwerdezufriedenheit eine Form von Transaktionszufriedenheit dar (McCollough/Berry/Yadav 2000; Smith/Bolton 1998).

Die *Beschwerderate* repräsentiert den Anteil der unzufriedenen Kunden, die sich tatsächlich beim Unternehmen beschweren (Davidow 2003, S. 248; Günter 2003, S. 297). Teilweise wird diese Größe in der Beschwerdeliteratur auch anders genannt. Beispielsweise sprechen Stauss/Seidel (2002, S. 286) in diesem Zusammenhang von der „gesamten Artikulationsquote". Eine hohe Ausprägung dieses Konstrukts kann aus Anbietersicht unvorteilhafte Kundenreaktionen auf Unzufriedenheit (z.B. Abwanderung, negative Mund-zu-Mund-Kommunikation, Kontaktaufnahme zu Drittparteien) verringern. Zudem fördert eine hohe Beschwerderate das Lernen aus Fehlern sowie die Umwandlung unzufriedener Kunden in zufriedene

Kunden. Letzteres betonen auch Bitner/Brown/Meuter (2000, S. 145): „Without complaints, a firm may be unaware that problems exist and do nothing to appease unhappy customers".

Das *Ausmaß der beschwerdebasierenden Verbesserungen* beschreibt die Regelmäßigkeit, mit der im Unternehmen – gestützt auf Informationen aus Beschwerden – Struktur-, Prozess- und Leistungsangebotsverbesserungen vorgenommen werden. Auf Basis von Beschwerdeinformationen durchgeführte Optimierungsmaßnahmen tragen dazu bei, in der Vergangenheit aufgetretene Probleme zukünftig zu vermeiden. Anbieter, die sich an die Empfehlung „Do not make the same mistake twice" von Maxham/Netemeyer (2002, S. 67) halten, können somit verhindern, dass Kunden ein aufgetretenes Problem in der Zukunft noch einmal bzw. überhaupt wahrnehmen und darauf entsprechend negativ reagieren (z.B. in Form von Abwanderung oder negativer Mund-zu-Mund-Kommunikation).

Analog zur Beschwerdezufriedenheit wird auch in Zusammenhang mit dem Konstrukt Gesamtzufriedenheit auf das Confirmation/Disconfirmation-Paradigma (Cadotte/Woodruff/ Jenkins 1987; Spreng/MacKenzie/Olshavsky 1996) zurückgegriffen. Demnach wird für die folgenden Ausführungen die *Gesamtzufriedenheit* als das Ausmaß definiert, zu dem die von Kunden wahrgenommene Leistung des Unternehmens im Rahmen der kompletten Geschäftsbeziehung die Erwartungen der Kunden übertrifft (Anderson/Sullivan 1993). Dieses Zufriedenheitskonstrukt bezieht sich somit auf alle im Laufe einer Geschäftsbeziehung gemachten Kundenerfahrungen mit dem Anbieter. Folglich ist diese Art von Zufriedenheit kumulativer (denn transaktionsspezifischer) Natur (Bolton/Drew 1991b; Smith/Bolton 1998).

3.3 Herleitung der Hypothesen

Nachdem im Rahmen der vorangegangenen Ausführungen die Konstrukte des Integrativen Erfolgsfaktoren-Modells definiert und dargestellt wurden, erfolgt nun die Ableitung der Hypothesen des Integrativen Erfolgsfaktoren-Modells. Im Zuge dessen werden zunächst in Abschnitt 3.3.1 die Hypothesen zu den Haupteffekten (H_1-H_9) und anschließend in Abschnitt 3.3.2 die Hypothesen zu den moderierenden Effekten (H_{10}-H_{14}) behandelt.

3.3.1 Herleitung der Hypothesen zu den Haupteffekten

Die erste Hypothese bezieht sich auf den Zusammenhang zwischen der Qualität der Gestaltung der Beschwerdebehandlung und der Beschwerdezufriedenheit. Wie in Abschnitt 3.2.1 beschrieben, erfolgt im vorliegenden Modell die Gestaltung der Beschwerdebehandlung über die Implementierung entsprechender Richtlinien im Unternehmen. Gemäß der Verhaltenswissenschaftlichen Entscheidungstheorie (Abschnitt 2.3.1) tragen Richtlinien dazu bei, dass sich Mitarbeiter so verhalten, wie vom Unternehmen gewünscht (March/Simon 1993; Simon 1997). Darüber hinaus haben die Ausführungen zur Rollentheorie (Abschnitt 2.3.2) gezeigt, dass klare und einfache Richtlinien die Erwartungen des Unternehmens und der Kunden gegenüber Kundenkontaktmitarbeitern verdeutlichen und somit die von Kundenkontaktmitarbeitern wahrgenommene Klarheit über ihre Rolle erhöhen (Cummings/Jackson/Olstrom 1989; Michaels/Day/Joachimsthaler 1987). Je kundenorientierter die Richtlinien ausgestaltet sind, desto geringer ist die von Kundenkontaktmitarbeitern wahrgenommene Unvereinbarkeit zwischen den Rollenerwartungen des Unternehmens und den Rollenerwartungen der Kunden, d.h. desto geringer ist der wahrgenommene Rollenkonflikt. Diese auf Basis der Rollentheorie formulierte Vermutung wird durch Singh/Verbeke/Rhoads (1996) empirisch bestätigt. Ein hohes Maß an Rollenklarheit und ein geringes Maß an Rollenkonflikt wiederum steigern die Fähigkeit von Mitarbeitern, Kunden angemessen zu behandeln und verbessern damit letztlich die Kundenbeurteilung der Transaktion mit einem Anbieter (Bettencourt/Brown 2003; Chebat/Kollias 2000; Hartline/Ferrell 1996). Im Einklang mit der Beschwerdeliteratur (Davidow 2003; Sparks/McColl-Kennedy 2001) kann vor diesem Hintergrund – auf einer generellen Ebene – argumentiert werden, dass die Qualität der mit Hilfe von Richtlinien vollzogenen Gestaltung der Beschwerdebehandlung einen positiven Einfluss auf die Beschwerdezufriedenheit besitzt.

Da die Gestaltung der Beschwerdebehandlung über drei verschiedene Arten von Richtlinien (Verfahrens-, Verhaltens- und Ergebnisrichtlinien) erfolgt, soll an dieser Stelle auch kurz der spezielle Einfluss dieser Richtlinien auf die Beschwerdezufriedenheit diskutiert werden.

Adäquate Verfahrensrichtlinien für die Beschwerdebehandlung beinhalten Vorgaben für die Dauer des Beschwerdebearbeitungsprozesses (Homburg/Werner 1998; Stauss/Seidel 2002; TARP 1986a) und tragen damit zu einer zügigen Lösung des Kundenproblems bei. Zudem enthalten sie Anweisungen, Kunden innerhalb eines definierten Zeitraums über den Stand bzw. das Ergebnis der Beschwerdebearbeitung zu informieren (Andreassen 2000; Berry 1995; Stauss/Seidel 2002). Gilly (1987) zeigt in einer empirischen Studie, dass sich hierdurch ebenfalls die von Kunden wahrgenommene Schnelligkeit der Beschwerdebehandlung erhöhen lässt. Wie empirische Arbeiten berichten, hat diese wiederum einen positiven Einfluss auf die Beschwerdezufriedenheit (Conlon/Murray 1996; Hennig-Thurau 1999; Johnston/Fern 1999; vgl. hierzu Abschnitt 2.2.2.2). Richtlinien, die eine vollständige und strukturierte Erfassung und Weiterleitung von Beschwerdeinformationen vorsehen (Homburg/Werner 1998; Riemer

1986; Schöber 1997), erhöhen zudem die Wahrscheinlichkeit, dass die für die Beschwerdebearbeitung zuständigen Mitarbeiter umfassend über das jeweilige Kundenproblem Bescheid wissen und somit Kunden auf das Problem zugeschnittene Lösungen anbieten können.

In Bezug auf Verhaltensrichtlinien für die Beschwerdebehandlung ist zu vermuten, dass bereits ihre reine Existenz Mitarbeitern demonstriert, wie wichtig eine angemessene Interaktion mit sich beschwerenden Kunden ist. Mit Hilfe kundenorientierter Inhalte können Unternehmen zudem das Interaktionsverhalten von Mitarbeitern in die von Beschwerdeführern präferierte Richtung steuern (Homburg/Werner 1998; Stauss/Seidel 2002). Wie empirische Arbeiten zum Beschwerdeverhalten von Kunden belegen, wirkt sich die Kundenorientierung des Interaktionsverhaltens von Mitarbeitern wiederum positiv auf die Beschwerdezufriedenheit aus (Estelami 2000; Hennig-Thurau 1999; vgl. hierzu Abschnitt 2.2.2.2).

Adäquate Ergebnisrichtlinien stellen über entsprechende Entscheidungs- und Weisungskompetenzen für Kundenkontaktmitarbeiter sicher, dass Kundenprobleme meist schon beim Erstkontakt mit dem Anbieter gelöst werden können (Berry/Zeithaml/Parasuraman 1990; Hart/Heskett/Sasser 1990; Schöber 1997). Verschiedene empirische Arbeiten stützen die Annahme, dass dies zu einer Steigerung der Beschwerdezufriedenheit beiträgt (Davidow/Leigh 1998; Hoffmann 1991; Meffert/Bruhn 1981; vgl. hierzu Abschnitt 2.2.2.2). Darüber hinaus umfassen adäquate Ergebnisrichtlinien auch Anweisungen für eine kulante Wiedergutmachung, die sich bestmöglich an den Wünschen der Beschwerdeführer orientiert (Fornell/ Wernerfelt 1987; Johnston 1995; Mattila 2001). Hierdurch kann nicht nur weitgehend sichergestellt werden, dass Beschwerdeführer überhaupt eine Wiedergutmachung erhalten, sondern auch, dass die Wiedergutmachung ein angemessenes Ausmaß besitzt. Wie eine Vielzahl empirischer Untersuchungen zeigt, besitzen die Existenz und das Ausmaß der Wiedergutmachung wiederum einen positiven Einfluss auf die Beschwerdezufriedenheit (Conlon/Murray 1996; Estelami 2000; Gilly/Hansen 1985; vgl. hierzu Abschnitt 2.2.2.2). Insgesamt führen diese Überlegungen zu der folgenden Hypothese:

H_1: Die Qualität der Gestaltung der Beschwerdebehandlung hat einen positiven Einfluss auf die Beschwerdezufriedenheit der Kunden eines Unternehmens.

Im Einklang mit der kürzlich in einem Übersichtsartikel gemachten Anregung von Davidow (2003, S. 248), „the effect of facilitation [...] on the percentage of dissatisfied customers who complain" zu untersuchen, behandelt die zweite Hypothese den Zusammenhang zwischen der Qualität der Gestaltung der Beschwerdekanäle und der Beschwerderate. Die Gestaltung der Beschwerdekanäle beinhaltet die Schaffung von Möglichkeiten für Kunden, ihre durch ein

Problem entstandene Unzufriedenheit gegenüber dem Anbieter zu äußern (Abschnitt 3.2.1). Je qualitativ hochwertiger die Beschwerdekanäle ausgestaltet sind, d.h. je höher die Anzahl der Möglichkeiten, sich beim Anbieter einfach, unkompliziert und kostengünstig bzw. kostenlos zu beschweren, desto geringer sind aus Kundensicht die nicht-monetären Kosten (v.a. Zeitaufwand, Mühe) und monetären Kosten einer Beschwerde und desto höher ist auch die Fähigkeit der Kunden zur Beschwerde (vgl. hierzu Abschnitt 2.2.4). Wie die in Abschnitt 2.2.2.1 vorgenommene Bestandsaufnahme der Forschung zur Reaktion von Kunden auf Unzufriedenheit gezeigt hat, wird die Wahrscheinlichkeit einer Beschwerde beim Anbieter von den wahrgenommenen Kosten der Beschwerde negativ und der Fähigkeit von Kunden zur Beschwerde positiv beeinflusst. Der negative Einfluss der wahrgenommenen Beschwerdekosten auf die Beschwerdeneigung von Kunden wird außerdem von der Exit-Voice-Theorie (Abschnitt 2.3.3) gestützt. Im Einklang hiermit schätzt Goodman (1999), dass Unternehmen durch das Einrichten einer kostenlosen Hotline-Nummer für telefonische Beschwerden durchschnittlich eine Verdopplung des Beschwerdevolumens erreichen können. Owens/Hausknecht (1999) berichten von einem Fallbeispiel, bei dem durch Maßnahmen zur Vereinfachung der Beschwerdeäußerung ein beträchtlicher Anstieg des Beschwerdevolumens erreicht wurde. Ähnliches berichten Morris/Reeson (1978). Diese Autoren zeigen, dass eine Verbesserung der Zugänglichkeit von Beschwerdekanälen zu einer höheren Beschwerderate führt. Vor diesem Hintergrund wird die folgende Hypothese aufgestellt:

H_2: Die Qualität der Gestaltung der Beschwerdekanäle hat einen positiven Einfluss auf die Beschwerderate.

Im Rahmen der dritten Hypothese wird sich mit dem Einfluss der Qualität der Gestaltung der externen Kommunikation zur Beschwerdestimulierung auf die Beschwerderate befasst. Die Gestaltung der externen Kommunikation zur Beschwerdestimulierung bezieht sich auf kundengerichtete Kommunikationsmaßnahmen, die darauf abzielen, unzufriedene Kunden zu einer Beschwerde beim Anbieter zu bewegen (Abschnitt 3.2.1). Je höher die Qualität der verwendeten Kommunikationsinhalte und -medien, desto höher ist aus Kundensicht der Nutzen und die Erfolgswahrscheinlichkeit einer Beschwerde beim Anbieter und desto höher ist auch die Fähigkeit und Motivation von Kunden zur Beschwerde beim betreffenden Unternehmen (vgl. hierzu Abschnitt 2.2.4). Die Bestandsaufnahme der Forschung zur Reaktion von Kunden auf Unzufriedenheit (Abschnitt 2.2.2.1) hat ergeben, dass wiederum der wahrgenommene Beschwerdenutzen, die wahrgenommene Erfolgswahrscheinlichkeit der Beschwerde sowie die Fähigkeit und Motivation von Kunden zur Beschwerde einen positiven Einfluss auf die Wahrscheinlichkeit einer Beschwerde beim Anbieter besitzen. Der positive Zusammenhang zwischen der wahrgenommenen Erfolgswahrscheinlichkeit einer Beschwerde und der Beschwerdeneigung von Kunden wird zudem von der Exit-Voice-Theorie (Abschnitt 2.3.3) gestützt. Auch die Informationsökonomie (Hirshleifer 1973; Kaas 1995; Weiber/Adler 1995) lässt sich zur theoretischen Fundierung des vermuteten Zusammenhangs heranziehen. So sind Kunden häufig über die Möglichkeiten und Erfolgsaussichten einer Beschwerde beim Anbieter nur unvollständig informiert. Durch angemessene Signaling-Maßnahmen können Anbieter dieses Informationsdefizit und die damit verbundene Unsicherheit der Kunden abbauen und dadurch die Wahrscheinlichkeit steigern, dass sich Kunden im Falle von Unzufriedenheit beschweren (Günter 2003, S. 308). Im Einklang mit konzeptionellen Arbeiten zum Beschwerdemanagement (Bruhn 1986; Stauss/Seidel 2002) wird deshalb die folgende Hypothese formuliert:

H_3: *Die Qualität der Gestaltung der externen Kommunikation zur Beschwerdestimulierung hat einen positiven Einfluss auf die Beschwerderate.*

Die vierte Hypothese beschäftigt sich mit dem Zusammenhang zwischen der Qualität der Gestaltung der Beschwerdeanalyse und dem Ausmaß der beschwerdebasierenden Verbesserungen. Die Gestaltung der Beschwerdeanalyse umfasst die Auswertung und Interpretation von Beschwerden auf aggregierter Ebene sowie die interne Weiterleitung der daraus gewonnenen Ergebnisse an relevante Entscheidungsträger bzw. Bereiche (Abschnitt 3.2.1). Je regelmäßiger und systematischer die Gründe und tieferliegenden Ursachen für Kundenbeschwerden bzw. -probleme identifiziert und an relevante Personen bzw. Bereiche im Unternehmen kommuniziert werden, desto besser sind Entscheidungsträger über betriebliche Schwachstellen und Marktchancen informiert und desto mehr Maßnahmen zur Verbesserung von Strukturen, Prozessen und Produkten können somit abgeleitet und durchgeführt werden. Diese Annahme steht im Einklang mit der Exit-Voice-Theorie (Abschnitt 2.3.3). Zudem wird sie durch das Konzept des Organisationalen Lernens gestützt. Demzufolge können Unternehmen durch die Sammlung, Auswertung und Interpretation von Informationen aus dem externen Umfeld mögliche Ansatzpunkte zur Optimierung der eigenen Aktivitäten identifizieren und auf Basis dessen gezielt Verbesserungen implementieren (Huber 1991; Sinkula/Baker/ Noordewier 1997; Slater/Narver 1995). Verschiedene konzeptionelle Studien zum Beschwerdemanagement (Günter 2003; Stauss 2003) vermuten ebenfalls einen positiven Zusammenhang zwischen der Qualität der Gestaltung der Beschwerdeanalyse und dem Ausmaß der beschwerdebasierenden Verbesserungen. Dies führt insgesamt zu der folgenden Hypothese:

H_4: *Die Qualität der Gestaltung der Beschwerdeanalyse hat einen positiven Einfluss auf das Ausmaß der beschwerdebasierenden Verbesserungen.*

Im Rahmen der fünften Hypothese wird die Beziehung zwischen der Beschwerdezufriedenheit von Kunden eines Unternehmens und der Beschwerderate betrachtet. Entsprechend der von Andreasen (1988, S. 173) in einem Übersichtsartikel gemachten Forderung, dass „more attention needs to be paid to past successes and failures in complaining on future complaint actions", erfolgt hierzu ein Rückgriff auf den Ansatz des Lernens durch instrumentelle Konditionierung (Skinner 1938, 1953). Gemäß diesem lerntheoretischen Ansatz wird das Verhalten von Individuen durch die Folgen ihres vorhergehenden Verhaltens beeinflusst (Wiswede 2000). Während Individuen eher Aktivitäten wiederholen, für welche sie in der Vergangenheit belohnt wurden, versuchen sie Aktivitäten zu vermeiden, für die sie vormals eine Bestrafung erfahren haben. In Bezug auf den vorliegenden Sachverhalt ist daher zu vermuten, dass sich Kunden beim Auftreten eines Problems umso wahrscheinlicher bei einem Anbieter beschweren werden, je zufriedenstellender aus ihrer Sicht die Beschwerdebehandlung durch diesen Anbieter in der Vergangenheit erfolgte. Dies steht im Einklang mit der Exit-Voice-Theorie (Abschnitt 2.3.3) sowie mit einer empirischen Studie von Meffert/Bruhn (1981), die zeigt, dass Kunden sich umso wahrscheinlicher beschweren, je positiver ihre bisherigen Beschwerdeerfahrungen waren (vgl. hierzu auch Abschnitt 2.2.2.1). Darüber hinaus erhöht eine positive Beschwerdeerfahrung mit einem Anbieter dessen von Kunden wahrgenommene Aufgeschlossenheit gegenüber Beschwerden. Letztere wiederum wirkt sich positiv auf die Beschwerdewahrscheinlichkeit aus (Bolfing 1989; Richins 1987, vgl. hierzu Abschnitt 2.2.2.1). Hieraus ergibt sich die folgende Hypothese:

H_5: *Die Beschwerdezufriedenheit der Kunden eines Unternehmens hat einen positiven Einfluss auf die Beschwerderate.*

Die sechste Hypothese behandelt den Zusammenhang zwischen dem Ausmaß der beschwerdebasierenden Verbesserungen und der Beschwerderate. Die Exit-Voice-Theorie (Abschnitt 2.3.3) und empirische Studien (Richins/Verhage 1985; Singh 1990a; Stauss 1995) weisen darauf hin, dass sich viele unzufriedene Kunden nicht nur beschweren, um vom Anbieter eine Wiedergutmachung für ein aufgetretenes Problem zu erhalten, sondern auch, um auf das jeweilige Problem hinzuweisen und zu erreichen, dass es zukünftig nicht wieder auftritt (vgl. hierzu auch Abschnitt 2.1.1). Wenn diese Kunden registrieren, dass ihre Beschwerde zur Behebung des Problems beigetragen hat, werden sie sich darin bestärkt fühlen, sich zukünftig wieder bei dem Unternehmen zu beschweren. Diese Schlussfolgerung steht im Einklang mit der Exit-Voice-Theorie (Abschnitt 2.3.3) und dem im vorherigen Absatz vorgestellten Ansatz des Lernens durch instrumentelle Konditionierung (Skinner 1938, 1953). Die Attributionstheorie (Folkes 1984b; Heider 1958; Weiner 2000) leistet ebenfalls einen Beitrag zur Fundierung eines positiven Zusammenhangs zwischen dem Ausmaß der beschwerdebasierenden Verbesserungen und der Beschwerderate. Falls ein Anbieter in der Vergangenheit aufgetretene Probleme behoben hat, so tendieren Kunden gemäß dieser Theorie dazu, die Ursachen dieser Probleme als für das Unternehmen steuerbar anzusehen. Folglich neigen Kunden auch stärker dazu, Ursachen für Probleme mit dem betreffenden Anbieter generell als vom Unternehmen steuerbar zu betrachten. Gemäß der empirischen Studie von Folkes/ Koletsky/Graham (1987) steigert dies wiederum die Wahrscheinlichkeit, dass sich Kunden zukünftig wieder bei dem jeweiligen Anbieter beschweren. Diese Überlegungen legen die folgende Hypothese nahe:

H_6: *Das Ausmaß der beschwerdebasierenden Verbesserungen hat einen positiven Einfluss auf die Beschwerderate.*

Die siebte Hypothese beschäftigt sich mit dem Einfluss der Beschwerdezufriedenheit auf die Gesamtzufriedenheit von Kunden eines Unternehmens. Wie in Abschnitt 3.2.2 beschrieben, ist die Beschwerdezufriedenheit transaktionsspezifischer Natur (d.h. bezieht sich auf die Kundenerfahrung mit einem Unternehmen während der Behandlung einer Beschwerde), während die Gesamtzufriedenheit eine kumulative Natur besitzt (d.h. sich auf alle im Laufe einer Geschäftsbeziehung gemachten Kundenerfahrungen mit einem Unternehmen bezieht). In der Zufriedenheitsforschung besteht Einigkeit über einen positiven Zusammenhang zwischen transaktionsspezifischer Zufriedenheit und kumulativer Zufriedenheit (Bolton/Drew 1991a; Oliver/ Swan 1989a). Da Kunden durch die Wahrnehmung der Leistung eines Anbieters im Rahmen der Beschwerdebehandlung mit neuen Informationen versorgt werden und entsprechend die kumulative Zufriedenheit mit dem Anbieter anpassen, gilt dieser positive Zusammenhang auch für die Beziehung zwischen der Beschwerdezufriedenheit und der Gesamtzufriedenheit (McCollough/Berry/Yadav 2000; Smith/Bolton 1998). Es kann deshalb davon ausgegangen werden, dass in Unternehmen mit zunehmender (transaktionsspezifischer) Zufriedenheit der Kunden mit der Beschwerdebehandlung auch die (kumulative) Zufriedenheit der Kunden ansteigt. Somit lässt sich die folgende Hypothese formulieren:

H_7: *Die Beschwerdezufriedenheit der Kunden eines Unternehmens hat einen positiven Einfluss auf die Gesamtzufriedenheit der Kunden eines Unternehmens.*

Bei der achten Hypothese soll es im Folgenden um die Auswirkung der Beschwerderate auf die Gesamtzufriedenheit von Kunden eines Unternehmens gehen. In der Literatur zum Beschwerdemanagement wird häufig die starke Bedeutung einer hohen Beschwerderate betont

(Estelami 1999; Fornell/Wernerfelt 1987). Dabei verweisen die meisten Arbeiten darauf, dass Unternehmen durch eine hohe Beschwerderate unvorteilhafte andere Kundenreaktionen auf Unzufriedenheit minimieren können sowie die Möglichkeit erhalten, einen Großteil der unzufriedenen Kunden durch eine angemessene Beschwerdebehandlung wieder zufrieden zu stellen bzw. durch Identifikation und Beseitigung der Beschwerdeursachen zukünftig ähnliche Kundenprobleme und damit verbundene Unzufriedenheit zu vermeiden (vgl. hierzu Abschnitt 3.2.2). Hingegen legen die Ergebnisse der empirischen Studien von Nyer (1999, 2000) die Vermutung nahe, dass eine hohe Beschwerderate auch noch einen direkteren vorteilhaften Effekt auf die Gesamtzufriedenheit von Kunden besitzt. Gemäß dieser Untersuchungen weisen unzufriedene Kunden, die sich beim Anbieter beschweren, nach der Beschwerde eine höhere Gesamtzufriedenheit mit dem Unternehmen auf als unzufriedene Kunden, die sich nicht beim Anbieter beschweren. Nyer (1999, 2000) führt dies auf einen „Katharsis-Effekt" zurück, d.h. durch die Äußerung einer Beschwerde gegenüber dem Anbieter können Kunden ihrem Ärger über das Problem Luft machen und damit eine emotionale Entlastung erreichen. Wie verschiedene Arbeiten zur Reaktion von Kunden auf Unzufriedenheit berichten (Alicke et al. 1992; Kowalski 1996; Richins 1980), ist gerade dies auch eine häufige Absicht von Beschwerdeführern (vgl. hierzu Abschnitt 2.1.1). Beispielsweise schreiben Alicke et al. (1992, S. 287): „One function of complaining [...] is to provide an emotional release from frustration – to 'get it off one's chest' – thereby assuaging the negative affect associated with the precipitating event". Im Einklang hiermit stellt TARP (1979) fest, dass sogar Kunden, deren Beschwerden nicht zufriedenstellend gelöst wurden, nach der Beschwerdebehandlung eine stärkere Wiederkaufabsicht besitzen als Kunden, die sich überhaupt nicht beschwert haben. Insgesamt wird deshalb die folgende Hypothese aufgestellt:

H_8: Die Beschwerderate hat einen positiven Einfluss auf die Gesamtzufriedenheit der Kunden eines Unternehmens.

Die neunte Hypothese betrachtet schließlich den Zusammenhang zwischen dem Ausmaß der beschwerdebasierenden Verbesserungen und der Gesamtzufriedenheit von Kunden eines Unternehmens. Sowohl Arbeiten zum Qualitätsmanagement (Oess 1991; Stauss 1994) als auch Arbeiten zum Beschwerdemanagement (Fornell 1981; Schibrowsky/Lapidus 1994) weisen darauf hin, dass Unternehmen durch die Beseitigung der Ursachen von Kundenproblemen eine Steigerung der Zufriedenheit ihres Kundenstamms erreichen können. Auf Beschwerden basierende Verbesserungen lassen dabei eine besonders positive Wirkung auf die Kundenzufriedenheit vermuten, da „complaints [...] relate to incidents which are so critical to the consumer that he or she has gone to the trouble of filing a complaint" (van Ossel/Stremersch

1998, S. 192). Umgekehrt führt das Ausbleiben beschwerdebasierender Verbesserungen meist zu einem Anstieg der Unzufriedenheit auf Kundenseite (Fornell/Westbrook 1984). Diese Beobachtung steht im Einklang mit der Attributionstheorie (Heider 1958; Weiner 2000). So deutet aus Sicht der Beschwerdeführer das Ausbleiben beschwerdebasierender Verbesserungen auf die Dauerhaftigkeit von Problemursachen hin. Wie empirische Studien zeigen, löst wiederum die wahrgenommene Dauerhaftigkeit von Problemursachen Gefühle von Ärger, Wut und Frust bei Kunden aus (Folkes 1984b; Folkes/Koletsky/Graham 1987). Insgesamt ergibt sich damit die folgende Hypothese:

H_9: *Das Ausmaß der beschwerdebasierenden Verbesserungen hat einen positiven Einfluss auf die Gesamtzufriedenheit der Kunden eines Unternehmens.*

Zusammenfassend beschreiben die neun Hypothesen zu den Haupteffekten die Art und Weise, wie sich die Gestaltung der zentralen Aufgaben des Beschwerdemanagements direkt und indirekt auf wesentliche Erfolgsgrößen des Beschwerdemanagements auswirkt. Abbildung 3 gibt einen abschließenden Überblick über die einzelnen Hypothesen.

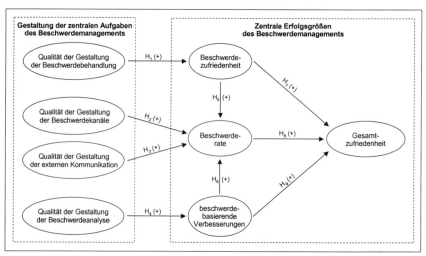

Abbildung 3: Hypothesen zu Haupteffekten im Integrativen Erfolgsfaktoren-Modell

3.3.2 Herleitung der Hypothesen zu den moderierenden Effekten

Im Rahmen der zehnten Hypothese wird der Einfluss der Qualität der Gestaltung der externen Kommunikation zur Beschwerdestimulierung auf den Zusammenhang zwischen der Qualität der Gestaltung der Beschwerdekanäle und der Beschwerderate untersucht. Generell spielen unzufriedene Kunden umso mehr mit dem Gedanken, die Beschwerdekanäle eines Anbieters zu nutzen, je höher aus ihrer Sicht der Nutzen und die Erfolgswahrscheinlichkeit einer Beschwerde bei dem betreffenden Anbieter und je höher ihre Fähigkeit und Motivation, das jeweilige Problem gegenüber dem betreffenden Anbieter zu äußern. Dies bedeutet, dass unzufriedene Kunden eine Nutzung der Beschwerdekanäle insbesondere dann in Betracht ziehen, wenn sie Art und Ausmaß der Wiedergutmachung abschätzen können, das Unternehmen als aufgeschlossen gegenüber Beschwerden wahrnehmen, über die Existenz und Handhabung der Beschwerdekanäle informiert sind sowie die Beschwerdeäußerung nicht als unangenehm empfinden. Wie bereits in der Zusammenfassung des Beitrags der ausgewerteten Literatur (Abschnitt 2.2.4) und in der Herleitung der dritten Hypothese (Abschnitt 3.3.1) aufgezeigt, lassen sich diese Faktoren durch entsprechende Kommunikationsmaßnahmen beeinflussen. Bei einer qualitativ hochwertigen Gestaltung der externen Kommunikation beschäftigt sich gedanklich somit ein verhältnismäßig hoher Anteil der unzufriedenen Kunden mit der Nutzung der Beschwerdekanäle des betreffenden Unternehmens. In einem solchen Fall wird die Qualität der Gestaltung der Beschwerdekanäle einen relativ starken Einfluss auf die Beschwerderate besitzen. Im Falle einer mangelhaften Gestaltung der externen Kommunikation wird hingegen nur ein verhältnismäßig geringer Anteil der unzufriedenen Kunden eine Nutzung der Beschwerdekanäle überhaupt nur in Betracht ziehen, so dass die Qualität der Gestaltung der Beschwerdekanäle relativ geringe Auswirkungen auf die Beschwerderate besitzt. Im Einklang hiermit schreiben Berry/Parasuraman (1991, S. 43): „The availability of conduits such as toll-free telephone lines will not encourage disgruntled customers to complain if they believe that companies really do not care". Somit wird die folgende Hypothese formuliert:

H_{10}: *Der Einfluss der Qualität der Gestaltung der Beschwerdekanäle auf die Beschwerderate wird von der Qualität der Gestaltung der externen Kommunikation zur Beschwerdestimulierung positiv beeinflusst.*

Die elfte Hypothese behandelt den Einfluss der Beschwerdezufriedenheit der Kunden eines Unternehmens auf die Beziehung zwischen der Beschwerderate und der Gesamtzufriedenheit der Kunden eines Unternehmens. Gemäß der Literaturbestandsaufnahme (Abschnitte 2.2.3.1 und 2.2.4) und der Herleitung der dritten Hypothese (Abschnitt 3.3.1) können Unternehmen unzufriedene Kunden durch die Kommunikation geeigneter Inhalte (z.B. Willkommenheit von Beschwerden, Art und Ausmaß der Wiedergutmachung) zu einer Beschwerde bewegen und damit die Beschwerderate steigern. Wie jedoch Bitner (1995, S. 246) feststellt, ist es „not enough to make attractive promises through effective external marketing. The promises must [also] be delivered". Im Einklang damit schreibt Oliver (1997, S. 373): „It is commonly accepted that the complaint solicitation process will be fruitless and frustrating to the consumer if no action results from this practice [...]. The skill of grace in the face of criticism is not inherent, but is necessary for complaint solicitations to be effective instruments of satisfaction". Eine hohe Beschwerderate scheint somit – je nach Zufriedenheit der Beschwerdeführer – entweder positive oder negative Auswirkungen auf die Gesamtzufriedenheit der Kunden eines Unternehmens zu besitzen. Während die Beschwerderate im Falle einer hohen Beschwerdezufriedenheit der Kunden eines Unternehmens offenbar zu einer Steigerung der Gesamtzufriedenheit beiträgt, wirkt sie sich im Falle einer geringen Beschwerdezufriedenheit vermutlich negativ auf die Gesamtzufriedenheit aus. Letzteres wird von Bitner/Booms/ Tetreault (1990, S. 80) gestützt, die feststellen, dass eine schlechte Unternehmensreaktion auf ein Kundenproblem zu einer „magnification of the negative evaluation" führen kann. Ferner berichtet TARP (1997, S. 8) von „several cases where getting complaints articulated does not lead to increased loyalty. If the complaint handling system is very bad it will [rather] further alienate the customer, resulting in lower repurchase". Dies steht im Einklang mit empirischen Studien, die einen negativen Zusammenhang zwischen der Anzahl der Beschwerden und der Kundenloyalität auf eine nicht zufriedenstellende Beschwerdebehandlung zurückführen, während sie einen positiven Zusammenhang mit einer zufriedenstellenden Beschwerdebehandlung begründen (Chan et al. 2003; Fornell 1992; Fornell et al. 1996).

Die Prospect-Theorie (Kahneman/Tversky 1979; Tversky/Kahneman 1981) legt zudem die Vermutung nahe, dass sich nicht nur die Richtung, sondern auch die Stärke des Zusammenhangs zwischen der Beschwerderate und der Gesamtzufriedenheit je nach Beschwerdezufriedenheit der Kunden eines Unternehmens unterscheiden. Gemäß dieser Theorie bewerten Individuen einen Verlust stärker negativ als einen gleich hohen Gewinn positiv. Somit ist zu erwarten, dass die Beschwerderate bei einer hohen Unzufriedenheit von Kunden mit der Beschwerdebehandlung eines Unternehmens einen stärkeren Effekt auf die Gesamtzufriedenheit besitzt als bei einer hohen Beschwerdezufriedenheit. Auf Basis dieser Überlegungen ergeben sich die folgenden Hypothesen:

H_{11}: *Die Richtung und die Stärke des Einflusses der Beschwerderate auf die Gesamtzufriedenheit der Kunden eines Unternehmens hängen von der Beschwerdezufriedenheit der Kunden eines Unternehmens wie folgt ab:*

a) Im Falle einer hohen Beschwerdezufriedenheit der Kunden eines Unternehmens hat die Beschwerderate einen positiven Einfluss auf die Gesamtzufriedenheit der Kunden eines Unternehmens.

b) Im Falle einer geringen Beschwerdezufriedenheit der Kunden eines Unternehmens hat die Beschwerderate einen negativen Einfluss auf die Gesamtzufriedenheit der Kunden eines Unternehmens.

c) Im Falle einer geringen Beschwerdezufriedenheit der Kunden eines Unternehmens hat die Beschwerderate einen stärkeren Einfluss auf die Gesamtzufriedenheit der Kunden eines Unternehmens als im Falle einer hohen Beschwerdezufriedenheit.

Im Rahmen der zwölften Hypothese geht es um die Wirkung des Ausmaßes der beschwerdebasierenden Verbesserungen auf den Zusammenhang zwischen der Beschwerderate und der Gesamtzufriedenheit der Kunden eines Unternehmens. Wie verschiedene Arbeiten (Richins/ Verhage 1985; Stauss 1995) betonen, beschweren sich Kunden häufig auch mit der Absicht, den Anbieter auf bestehende Probleme hinzuweisen und zu erwirken, dass die Probleme in Zukunft nicht wieder auftreten (vgl. hierzu Abschnitt 2.1.1). Demzufolge kann ein Anbieter einerseits die Gesamtzufriedenheit dieser Kunden erhöhen, wenn er auf Basis von Beschwerdeinformationen ein hohe Anzahl an Verbesserungen vornimmt. Andererseits kann er aber auch eine Abnahme der Gesamtzufriedenheit dieser Kunden verursachen, wenn er aufgrund von Beschwerden wenige oder gar keine Verbesserungen vornimmt (Fornell/Westbrook 1984). Abhängig vom Ausmaß der beschwerdebasierenden Verbesserungen scheint daher eine hohe Beschwerderate entweder vorteilhafte oder unvorteilhafte Folgen für die Gesamtzufriedenheit der Kunden eines Unternehmens zu haben. Während sich die Beschwerderate im Falle eines hohen Ausmaßes an beschwerdebasierenden Verbesserungen wohl positiv auf die Gesamtzufriedenheit auswirkt, besitzt sie im Falle eines geringen Ausmaßes an beschwerdebasierenden Verbesserungen offenbar einen negativen Einfluss auf die Gesamtzufriedenheit.

Im Einklang mit der Prospect-Theorie (Kahneman/Tversky 1979; Tversky/Kahneman 1981) ist zudem zu vermuten, dass nicht nur die Richtung, sondern auch die Stärke des Zusammenhangs zwischen der Beschwerderate und der Gesamtzufriedenheit vom Ausmaß der beschwerdebasierenden Verbesserungen abhängt. Da Personen einen Verlust stärker negativ bewerten als einen gleich hohen Gewinn positiv, ist anzunehmen, dass die Beschwerderate im

Falle eines geringen Ausmaßes an beschwerdebasierenden Verbesserungen einen stärkeren Effekt auf die Gesamtzufriedenheit hat als im Falle eines hohen Ausmaßes an beschwerdebasierenden Verbesserungen. Vor diesem Hintergrund wird Folgendes vermutet:

H_{12}: *Die Richtung und die Stärke des Einflusses der Beschwerderate auf die Gesamtzufriedenheit der Kunden eines Unternehmens hängen vom Ausmaß der beschwerdebasierenden Verbesserungen wie folgt ab:*

a) Im Falle eines hohen Ausmaßes an beschwerdebasierenden Verbesserungen hat die Beschwerderate einen positiven Einfluss auf die Gesamtzufriedenheit der Kunden eines Unternehmens.

b) Im Falle eines geringen Ausmaßes an beschwerdebasierenden Verbesserungen hat die Beschwerderate einen negativen Einfluss auf die Gesamtzufriedenheit der Kunden eines Unternehmens.

c) Im Falle eines geringen Ausmaßes an beschwerdebasierenden Verbesserungen hat die Beschwerderate einen stärkeren Einfluss auf die Gesamtzufriedenheit der Kunden eines Unternehmens als im Falle eines hohen Ausmaßes an beschwerdebasierenden Verbesserungen.

Die dreizehnte Hypothese beschäftigt sich mit dem Einfluss der Art der Geschäftsbeziehung (B2B vs. B2C) auf den Zusammenhang zwischen der Qualität der Gestaltung der zentralen Beschwerdemanagement-Aufgaben und den wesentlichen Beschwerdemanagement-Erfolgsgrößen. Theoretisch-konzeptionelle Arbeiten (Cooke 1986; Lilien 1987) und empirische Arbeiten (Avlonitis/Gounaris 1997; Coviello/Brodie 2001) stützen die Behauptung, dass sich B2B-Märkte und B2C-Märkte grundlegend unterscheiden und daher die Effektivität von Marketingmanagement-Ansätzen je nach Art der Geschäftsbeziehung variiert. Zu den Charakteristika von B2B-Märkten zählen unter anderem die geringe Anzahl an Kunden, die Langfristigkeit von Geschäftsbeziehungen und der hohe Interaktionsgrad zwischen Mitgliedern des Anbieter- und des Kundenunternehmens (Nielson 1998; Webster 1978).

Im Folgenden soll es zunächst um die Wirkung der Qualität der Gestaltung der Beschwerdebehandlung auf die Beschwerdezufriedenheit in Abhängigkeit von der Art der Geschäftsbeziehung gehen. Es sei an dieser Stelle daran erinnert, dass im vorliegenden Modell die Qualität der Gestaltung der Beschwerdebehandlung als das Ausmaß definiert wurde, zu dem im Unternehmen klare, einfache und kundenorientierte Richtlinien für die Annahme und Bearbeitung von Beschwerden existieren. Im Einklang mit der Ressourcenabhängigkeitstheorie

(Pfeffer/Salancik 1978) kann angenommen werden, dass in B2B-Märkten aufgrund der geringeren Anzahl an Kunden und potenziell langfristigerer Geschäftsbeziehungen eine höhere Abhängigkeit von einzelnen Kunden besteht (als in B2C-Märkten). Deshalb werden Mitarbeiter in B2B-Firmen mit einer relativ hohen Wahrscheinlichkeit eine zufriedenstellende Beschwerdeannahme und Beschwerdebearbeitung an den Tag legen, selbst wenn hierfür keine angemessenen Richtlinien vorhanden sind. Aufgrund ihrer Langfristigkeit und ihres hohen Interaktionsgrades sind zudem B2B-Geschäftsbeziehungen häufig von etablierten Kommunikationsmustern (Hillebrand/Biemans 2003) und Verhaltensnormen (Heide/John 1992) geprägt. Dies wird auch von Campbell (1998, S. 199) bestätigt, die B2B-Geschäftsbeziehungen beschreibt als „shaped by accepted social guidelines or norms which have become institutionalized". Angesichts ihres relativ hohen Standardisierungsgrades über alle Kunden hinweg können Beschwerdebehandlungs-Richtlinien in einem B2B-Kontext sogar eine schädliche Wirkung besitzen, da ihr Inhalt unter Umständen konträr zu existierenden Kommunikationsmustern und Verhaltensnormen laufen. Somit lässt sich die folgende Hypothese formulieren:

H_{13a}: *Der Einfluss der Qualität der Gestaltung der Beschwerdebehandlung auf die Beschwerdezufriedenheit ist in einem B2B-Kontext geringer als in einem B2C-Kontext.*

Als nächstes wird der Effekt der Qualität der Gestaltung der Beschwerdekanäle auf die Beschwerderate in Abhängigkeit von der Art der Geschäftsbeziehung beleuchtet. Der in B2B-Geschäftsbeziehungen vorherrschende hohe Interaktionsgrad geht meist einher mit festen Ansprechpartnern für Kunden auf Seiten des Anbieterunternehmens wie beispielsweise Key Account Manager (Homburg/Jensen/Fürst 2004a, b, c; Homburg/Workman/Jensen 2002) oder Außendienstmitarbeiter (Moncrief 1986). In einem solchen Fall besteht eine geringere Notwendigkeit für Unternehmen, eigens Wege zu schaffen, die Kunden eine Beschwerdeäußerung ohne größeren Aufwand ermöglichen. Zudem machen Kunden in B2B-Geschäftsbeziehungen ihre Entscheidung, sich zu beschweren, nicht allein davon abhängig, ob angemessene Beschwerdekanäle existieren. Stattdessen sind sie häufig sogar (über Regeln, Anweisungen von Vorgesetzten etc.) implizit oder explizit dazu verpflichtet, sich beim Anbieterunternehmen zu beschweren. Diese Überlegungen legen die folgende Hypothese nahe:

H_{13b}: *Der Einfluss der Qualität der Gestaltung der Beschwerdekanäle auf die Beschwerderate ist in einem B2B-Kontext geringer als in einem B2C-Kontext.*

Nun geht es um den Einfluss der Qualität der Gestaltung der externen Kommunikation zur Beschwerdestimulierung auf die Beschwerderate in Abhängigkeit von der Art der Geschäftsbeziehung. Die in Abschnitt 2.2.2.1 vorgenommene Bestandsaufnahme der Forschung zur Reaktion von Kunden auf Unzufriedenheit und die Ausführungen zur Exit-Voice-Theorie (Abschnitt 2.3.3) haben gezeigt, dass der wahrgenommene Beschwerdenutzen, die wahrgenommene Erfolgswahrscheinlichkeit der Beschwerde sowie die Fähigkeit und Motivation von Kunden zur Beschwerde einen positiven Einfluss auf die Beschwerdewahrscheinlichkeit besitzen. Wie bereits im Rahmen der Herleitung der dritten Hypothese (Abschnitt 3.3.1) erwähnt, kann ein Unternehmen unzufriedene Kunden zu einer Beschwerde bewegen, indem es diese Determinanten der Beschwerdewahrscheinlichkeit durch angemessene kundengerichtete Kommunikationsmaßnahmen beeinflusst. Aufgrund des Langfristcharakters von B2B-Geschäftsbeziehungen und des hohen Interaktionsgrades zwischen Mitgliedern des Anbieter- und des Kundenunternehmens ist in einem B2B-Kontext die Wahrscheinlichkeit höher (als in einem B2C-Kontext), dass sich unzufriedene Kunden bereits in der Vergangenheit bei einem bestimmten Anbieter beschwert haben. Im Vergleich zu einem B2C-Kontext werden somit in einem B2B-Kontext die Kundenwahrnehmung des Beschwerdenutzens und der Erfolgswahrscheinlichkeit einer Beschwerde sowie die Kundenfähigkeit und -motivation zur Beschwerde weniger stark von den Inhalten der externen Kommunikationsmaßnahmen eines Anbieters beeinflusst, als vielmehr von den vergangenen Beschwerdeerfahrungen mit dem Anbieter. Analog zur Herleitung der vorangegangenen Hypothese ist zudem anzunehmen, dass Mitglieder von Kundenunternehmen ihre Entscheidung für oder gegen eine Beschwerde nicht allein von der Qualität der externen Kommunikation eines Anbieters abhängig machen. Vielmehr sind sie oftmals aufgrund von Regeln, Anweisungen von Vorgesetzten etc. sogar zu einer Beschwerde angehalten. Insgesamt kann damit die folgende Hypothese aufgestellt werden:

H_{13c}: *Der Einfluss der Qualität der Gestaltung der externen Kommunikation zur Beschwerdestimulierung auf die Beschwerderate ist in einem B2B-Kontext geringer als in einem B2C-Kontext.*

Schließlich wird noch der Effekt der Qualität der Gestaltung der Beschwerdeanalyse auf das Ausmaß der beschwerdebasierenden Verbesserungen in Abhängigkeit von der Art der Geschäftsbeziehung untersucht. Bedingt durch die genannten Charakteristika von B2B-Geschäftsbeziehungen arbeiten Anbieterunternehmen auf B2B-Märkten in der Regel sehr eng mit ihren Kunden zusammen (Kleinaltenkamp 2005), wodurch es zu einem stärkeren Informationsaustausch zwischen den beiden Parteien kommt (als in einem B2C-Kontext) (Kleinaltenkamp/Haase 1999, S. 173; Weiber/Jacob 2000, S. 529). Anbieterunternehmen auf B2B-Märkten sind daher „often more knowledgeable about its customers and their needs than is the typical [..] consumer company" (Webster 1978, S. 22) und somit weniger stark auf die Analy-

Das Integrative Erfolgsfaktoren-Modell 109

se von Beschwerden angewiesen, um Anregungen für die Verbesserung von Strukturen, Prozessen und Produkten zu erhalten. In einem B2B-Kontext kann somit eine qualitativ hochwertige Gestaltung der Beschwerdeanalyse vermutlich weniger Mehrwert in Bezug auf die Identifikation und Beseitigung von betrieblichen Schwächen und Marktchancen liefern (als in einem B2C-Kontext). Hieraus ergibt sich die folgende Hypothese:

H_{13d}: *Der Einfluss der Qualität der Gestaltung der Beschwerdeanalyse auf das Ausmaß der beschwerdebasierenden Verbesserungen ist in einem B2B-Kontext geringer als in einem B2C-Kontext.*

Im Rahmen der vierzehnten Hypothese wird der Einfluss der Art der Branche (Dienstleistungsbranche vs. Sachgüterbranche) auf die Beziehung zwischen der Qualität der Gestaltung der zentralen Beschwerdemanagement-Aufgaben und den wesentlichen Beschwerdemanagement-Erfolgsgrößen betrachtet. In der Marketingliteratur wird häufig auf die inhärenten Unterschiede zwischen Dienstleistungen und Sachgütern sowie die daraus entstehenden Implikationen für das Marketingmanagement hingewiesen (Lovelock 1981; Zeithaml/Bitner 2000). Drei Charakteristika von Dienstleistungen – die Simultanität von Produktion und Konsum, der hohe Heterogenitätsgrad der Unternehmensleistung und die Intangibilität (Nichtgreifbarkeit) (Zeithaml/Parasuraman/Berry 1985) – sind für diese Arbeit besonders relevant.

Zunächst soll nun der Einfluss der Qualität der (über das Aufstellen entsprechender Richtlinien erfolgenden) Gestaltung der Beschwerdebehandlung auf die Beschwerdezufriedenheit in Abhängigkeit von der Art der Branche untersucht werden. Die Simultanität von Produktion und Konsum erfordert in der Regel die Beteiligung der Kunden am Dienstleistungserstellungsprozess und die physische Präsenz der Kunden am Ort der Dienstleistungserstellung. Dies wiederum führt zu einem hohen Grad an persönlicher Interaktion zwischen Kunden und Mitarbeitern von Dienstleistungsunternehmen. Im Vergleich zum Sachgüterbereich besteht deshalb im Dienstleistungsbereich eine bessere Gelegenheit für Kunden, sich von Angesicht zu Angesicht („face-to-face") zu beschweren (Stauss 1998, S. 1263). Bei einer solchen Art der Beschwerde haben Mitarbeiter im direkten Kundenkontakt einen beträchtlichen Handlungsspielraum. Zudem erfordert üblicherweise die physische Präsenz von Dienstleistungskunden eine schnelle Reaktion des Kundenkontaktpersonals (Grönroos 1988). Da Stresssituationen wie diese die Wahrscheinlichkeit von Mitarbeiterfehlern erhöhen (Sales 1970), sind Richtlinien für die Beschwerdebehandlung in einem Dienstleistungskontext besonders wichtig. Darüber hinaus zeigen Goodwin/Ross (1990, S. 59), dass Beschwerdeführer eine Beschwerdebehandlung als gerechter empfinden, „when they believed the provider followed company procedure, as opposed to circumstances when they believed the provider's decision was ad hoc or arbitrary". Da Dienstleistungskunden häufiger vor Ort sind, wenn ihre Beschwerde behandelt wird, besteht für sie eine höhere Wahrscheinlichkeit zu bemerken, ob Mitarbeiter sich an entsprechende Richtlinien halten. Somit ist vermutlich im Dienstleistungsbereich die Wirkung von Richtlinien für die Beschwerdebehandlung höher (als im Sachgüterbereich).

Ein weiteres Merkmal von Dienstleistungen ist der hohe Heterogenitätsgrad der Unternehmensleistung. Dies ist insbesondere ein Thema bei personalintensiven Dienstleistungen, da „[m]any different employees may be in contact with an individual customer, raising a problem of consistency of behavior" (Langeard et al. 1981, S. 16). Zudem weist Knisely (1979, S. 58) darauf hin, dass „[p]eople's performance day in and day out fluctuates up and down". Zusammen mit der Erfordernis, dass Kunden in den Dienstleistungserstellungsprozess eingebunden sind, erhöhen diese Tatsachen aus Kundensicht das mit einem Problem verbundene wahrgenommene Risiko (Guseman 1981; Murray/Schlacter 1990). Im Dienstleistungsbereich ist deshalb beim Auftreten eines Problems die Zuverlässigkeit eines Anbieters im Hinblick auf die Leistung im Rahmen der Beschwerdebehandlung besonders wichtig (vgl. hierzu auch Zeithaml/Parasuraman/Berry 1990). Gemäß der in Abschnitt 2.3.1 vorgestellten Verhaltenswissenschaftlichen Entscheidungstheorie kann die Zuverlässigkeit von Mitarbeiteraktivitäten durch den Einsatz von Richtlinien erhöht werden. Vor diesem Hintergrund und im Einklang mit Zeithaml/Berry/Parasuraman (1988), die die Wichtigkeit einer Aufgabenstandardisierung im Dienstleistungsbereich hervorheben, wird die folgende Hypothese formuliert:

H_{14a}: *Der Einfluss der Qualität der Gestaltung der Beschwerdebehandlung auf die Beschwerdezufriedenheit ist im Dienstleistungsbereich höher als im Sachgüterbereich.*

Im Folgenden wird die Wirkung der Qualität der Gestaltung der Beschwerdekanäle auf die Beschwerderate in Abhängigkeit von der Art der Branche betrachtet. Im Rahmen der Herleitung der vorangegangenen Hypothese wurde bereits erwähnt, dass im Dienstleistungsbereich die Simultanität von Produktion und Konsum meist eine Kundenbeteiligung am Leistungserstellungsprozess notwendig macht. Somit haben in der Regel nicht nur Dienstleistungsanbieter, sondern auch deren Kunden einen wesentlichen Einfluss auf die Qualität der Dienstleistung. Beim Auftreten eines Problems geben daher Dienstleistungskunden dem Anbieter häufig nicht die alleinige Schuld, sondern schreiben sich selbst eine Teilverantwortung zu (Hill 1986, S. 313; Zeithaml 1981, S. 189). Wie in Abschnitt 2.2.2.1 erläutert, senkt dies die Wahrscheinlichkeit einer Beschwerde beim Anbieter (Meffert/Bruhn 1981; Richins 1983a, 1987), nicht zuletzt aufgrund der Tatsache, dass in einem solchen Falle aus Kundensicht größere

Schwierigkeiten bei der Beschwerdeäußerung und eine geringere Erfolgswahrscheinlichkeit einer Beschwerde zu erwarten sind als bei einer vollständigen Schuld des Anbieters (Hansen/ Jeschke 2000, S. 444; Stauss 1998, S. 1265). Darüber hinaus führt vor allem die Intangibilität von Dienstleistungen dazu, dass Kunden im Dienstleistungsbereich häufig Probleme als weniger leicht nachweisbar (d.h. als weniger eindeutig, objektiv beschreibbar) empfinden (als in einem Sachgüterkontext) und daher größere Schwierigkeiten bei der Beschwerdeäußerung sowie eine geringere Erfolgswahrscheinlichkeit einer Beschwerde befürchten (Stauss 1998, S. 1264f.; Wimmer/Roleff 2001, S. 275). Wie Abschnitt 2.2.2.1 zeigt, führt dies insgesamt zu einer geringeren Neigung von Kunden, sich beim Anbieter zu beschweren.

Damit sich Dienstleistungskunden trotz der größeren zu erwartenden Schwierigkeiten bei der Beschwerdeäußerung und der geringeren wahrgenommenen Erfolgswahrscheinlichkeit einer Beschwerde dennoch für eine Beschwerde beim Anbieter entscheiden, müssen Dienstleistungsunternehmen in besonderem Maße darauf achten, dass aus Kundensicht zumindest die Kosten einer Beschwerde gering sind und eine hohe Zugänglichkeit der Beschwerdewege sichergestellt ist (vgl. hierzu auch die in Abschnitt 2.2.2.1 vorgestellten integrativen Modelle der Beschwerdeentscheidung von Oliver 1997, S. 361ff.). Wie bereits bei der Herleitung der zweiten Hypothese (Abschnitt 3.3.1) erläutert, ist hierzu insbesondere auf eine qualitativ hochwertige Gestaltung der Beschwerdekanäle zu achten. Diese Argumentationsführung steht im Einklang mit der konzeptionellen Arbeit von Stauss (1998, S. 1265f.), in der die besonders hohe Bedeutung angemessen gestalteter Beschwerdekanäle für Dienstleistungsunternehmen hervorgehoben wird. Somit kann die folgende Hypothese formuliert werden:

H_{14b}: *Der Einfluss der Qualität der Gestaltung der Beschwerdekanäle auf die Beschwerderate ist im Dienstleistungsbereich höher als im Sachgüterbereich.*

Als nächstes soll es um den Effekt der Qualität der Gestaltung der externen Kommunikation zur Beschwerdestimulierung auf die Beschwerderate in Abhängigkeit von der Art der Branche gehen. Wie bereits im Rahmen der Herleitung der vorangegangenen Hypothese erläutert, führt die Simultanität von Produktion und Konsum sowie die Intangibilität von Dienstleistungen letztlich dazu, dass Kunden im Dienstleistungsbereich größere Unannehmlichkeiten bei der Beschwerdeäußerung und eine geringere Erfolgswahrscheinlichkeit einer Beschwerde befürchten (als im Sachgüterbereich) und sich daher tendenziell weniger häufig beschweren.

Vor diesem Hintergrund besitzen angemessen gestaltete Kommunikationsinhalte und -medien zur Steigerung der von Kunden wahrgenommenen Annehmlichkeit der Beschwerdeäußerung und Erfolgswahrscheinlichkeit einer Beschwerde (vgl. hierzu auch die Herleitung der dritten

Hypothese in Abschnitt 3.3.1) in einem Dienstleistungskontext eine besonders starke Wirkung auf die Beschwerdewahrscheinlichkeit von Kunden. Diese Vermutung wird von konzeptionellen Studien gestützt, die die hohe Relevanz kundengerichteter Kommunikationsmaßnahmen zur Beschwerdestimulierung speziell für Dienstleistungsunternehmen betonen (Stauss 1998, S. 1265f.; Wimmer/Roleff 2001, S. 279f.). Hieraus ergibt sich die folgende Hypothese:

H_{14c}: *Der Einfluss der Qualität der Gestaltung der externen Kommunikation zur Beschwerdestimulierung auf die Beschwerderate ist im Dienstleistungsbereich höher als im Sachgüterbereich.*

Abschließend soll der Einfluss der Qualität der Gestaltung der Beschwerdeanalyse auf das Ausmaß der beschwerdebasierenden Verbesserungen in Abhängigkeit von der Art der Branche beleuchtet werden. Wie bereits erläutert, führt die aus der Simultanität von Produktion und Konsum resultierende Erfordernis der Kundenintegration in den Leistungserstellungsprozess dazu, dass Dienstleistungskunden an vielen Problemen eine Mitschuld trifft. In solchen Situationen neigen Kunden dazu, bei der Beschwerdeäußerung das Problem (bewusst oder unbewusst) zu ihren Gunsten verzerrt darzustellen. Im Dienstleistungsbereich enthalten Beschwerden folglich einen geringeren Anteil an objektiven Informationen über das jeweilige Problem (als im Sachgüterbereich). Somit ist im Dienstleistungsbereich die Aussagekraft von ausgewerteten Beschwerden – und damit auch der Einfluss der Qualität der Gestaltung der Beschwerdeanalyse auf das Ausmaß der beschwerdebasierenden Verbesserungen – als begrenzter einzuschätzen (als im Sachgüterbereich).

Wie bereits beschrieben, führt zudem die Intangibilität von Dienstleistungen dazu, dass Dienstleistungskunden ein wahrgenommenes Problem häufig schlechter beschreiben können (als Kunden, bei denen ein Problem mit einem Sachgut aufgetreten ist). Dies lässt erwarten, dass auf Dienstleistungen bezogene Beschwerden tendenziell weniger akkurate Informationen enthalten. Verschärfend kommt hinzu, dass gerade im Dienstleistungsbereich Anbieter bei der Auswertung von Beschwerden stark auf Kundenbeschreibungen von Problemen angewiesen sind, da sie (im Gegensatz zum Sachgüterbereich) Probleme nicht anhand defekter physischer Produkte nachvollziehen können. Vor diesem Hintergrund ist daher im Dienstleistungsbereich eine geringere Effektivität der Beschwerdeanalyse zu erwarten (als im Sachgüterbereich).

Diese Vermutungen stehen im Einklang mit einer in verschiedenen Dienstleistungsbranchen durchgeführten empirischen Studie von Halstead/Morash/Ozment (1996). Die Autoren stellen fest, dass zwischen Beschwerden von Dienstleistungskunden und objektiven Servicemängeln nur ein schwacher (wenn auch signifikanter) Zusammenhang besteht, und bezeichnen die Informationen aus Beschwerden als tendenziell „subjective, perceptual, and idiosyncratic" (S. 114). Insgesamt führt dies zu der folgenden Hypothese:

H_{14d}: *Der Einfluss der Qualität der Gestaltung der Beschwerdeanalyse auf das Ausmaß der beschwerdebasierenden Verbesserungen ist im Dienstleistungsbereich geringer als im Sachgüterbereich.*

Tabelle 9 gibt einen zusammenfassenden Überblick über die Hypothesen zu den moderierenden Effekten.

H_{10}:	Der Einfluss der Qualität der Gestaltung der Beschwerdekanäle auf die Beschwerderate wird von der Qualität der Gestaltung der externen Kommunikation zur Beschwerdestimulierung positiv beeinflusst.
H_{11}:	Die Richtung und die Stärke des Einflusses der Beschwerderate auf die Gesamtzufriedenheit der Kunden eines Unternehmens hängen von der Beschwerdezufriedenheit der Kunden eines Unternehmens wie folgt ab: a) Im Falle einer hohen Beschwerdezufriedenheit hat die Beschwerderate einen positiven Einfluss auf die Gesamtzufriedenheit. b) Im Falle einer geringen Beschwerdezufriedenheit hat die Beschwerderate einen negativen Einfluss auf die Gesamtzufriedenheit. c) Im Falle einer geringen Beschwerdezufriedenheit hat die Beschwerderate einen stärkeren Einfluss auf die Gesamtzufriedenheit als im Falle einer hohen Beschwerdezufriedenheit.
H_{12}:	Die Richtung und die Stärke des Einflusses der Beschwerderate auf die Gesamtzufriedenheit der Kunden eines Unternehmens hängen vom Ausmaß der beschwerdebasierenden Verbesserungen wie folgt ab: a) Im Falle eines hohen Ausmaßes an beschwerdebasierenden Verbesserungen hat die Beschwerderate einen positiven Einfluss auf die Gesamtzufriedenheit. b) Im Falle eines geringen Ausmaßes an beschwerdebasierenden Verbesserungen hat die Beschwerderate einen negativen Einfluss auf die Gesamtzufriedenheit. c) Im Falle eines geringen Ausmaßes an beschwerdebasierenden Verbesserungen hat die Beschwerderate einen stärkeren Einfluss auf die Gesamtzufriedenheit als im Falle eines hohen Ausmaßes an beschwerdebasierenden Verbesserungen.
H_{13a}:	Der Einfluss der Qualität der Gestaltung der Beschwerdebehandlung auf die Beschwerdezufriedenheit ist in einem B2B-Kontext geringer als in einem B2C-Kontext.
H_{13b}:	Der Einfluss der Qualität der Gestaltung der Beschwerdekanäle auf die Beschwerderate ist in einem B2B-Kontext geringer als in einem B2C-Kontext.
H_{13c}:	Der Einfluss der Qualität der Gestaltung der externen Kommunikation zur Beschwerdestimulierung auf die Beschwerderate ist in einem B2B-Kontext geringer als in einem B2C-Kontext.
H_{13d}:	Der Einfluss der Qualität der Gestaltung der Beschwerdeanalyse auf das Ausmaß der beschwerdebasierenden Verbesserungen ist in einem B2B-Kontext geringer als in einem B2C-Kontext.
H_{14a}:	Der Einfluss der Qualität der Gestaltung der Beschwerdebehandlung auf die Beschwerdezufriedenheit ist im Dienstleistungsbereich höher als im Sachgüterbereich.
H_{14b}:	Der Einfluss der Qualität der Gestaltung der Beschwerdekanäle auf die Beschwerderate ist im Dienstleistungsbereich höher als im Sachgüterbereich.
H_{14c}:	Der Einfluss der Qualität der Gestaltung der externen Kommunikation zur Beschwerdestimulierung auf die Beschwerderate ist im Dienstleistungsbereich höher als im Sachgüterbereich.
H_{14d}:	Der Einfluss der Qualität der Gestaltung der Beschwerdeanalyse auf das Ausmaß der beschwerdebasierenden Verbesserungen ist im Dienstleistungsbereich geringer als im Sachgüterbereich.

Tabelle 9: Hypothesen zu moderierenden Effekten im Integrativen Erfolgsfaktoren-Modell

3.4 Messung der Konstrukte

Nach der Herleitung der Hypothesen des Integrativen Erfolgsfaktoren-Modells wird im Folgenden die Messung der einzelnen Konstrukte des Modells vorgestellt. Dabei soll es zunächst um die Konstrukte gehen, die sich auf die Gestaltung der zentralen Aufgaben des Beschwerdemanagements beziehen. Anschließend wird auf die im Modell berücksichtigten wesentlichen Erfolgsgrößen des Beschwerdemanagements eingegangen.

Im Bezug auf die Gestaltung der zentralen Beschwerdemanagement-Aufgaben beinhaltet das Modell die vier Konstrukte Qualität der Gestaltung der Beschwerdebehandlung, Qualität der Gestaltung der Beschwerdekanäle, Qualität der Gestaltung der externen Kommunikation zur Beschwerdestimulierung und Qualität der Gestaltung der Beschwerdeanalyse. Aufgrund des in der Literatur vorherrschenden Mangels an existierenden Skalen, die sich auf die Qualität der Gestaltung dieser Beschwerdemanagement-Aufgaben beziehen, mussten die Skalen zur Messung dieser Konstrukte komplett neu entwickelt werden. Dabei erfolgte ein Rückgriff auf die Bestandsaufnahme der relevanten Literatur (Abschnitt 2.2.3.1) und die im Vorfeld geführten Expertengespräche (Abschnitt 2.4.1.1). Die Ankerpunkte der so generierten siebenstufigen Likert-Skalen erhielten die Bezeichnungen „stimme voll zu" und „stimme gar nicht zu".

Die *Qualität der Gestaltung der Beschwerdebehandlung* wurde als das Ausmaß definiert, zu dem im Unternehmen klare, einfache und kundenorientierte Richtlinien für die Annahme und Bearbeitung von Beschwerden existieren. Die Konzeptualisierung dieses Konstrukts erfolgte anhand von drei Dimensionen, welche sich auf die verschiedenen Arten von Richtlinien für die Beschwerdebehandlung (Verfahrensrichtlinien, Verhaltensrichtlinien, Ergebnisrichtlinien) beziehen. Jede dieser drei Dimensionen wird mit Hilfe von sechs Indikatoren abgebildet, so dass insgesamt 18 Indikatoren in die Messung des Konstrukts eingehen (für eine Darstellung dieser Indikatoren vgl. Tabellen 18, 19 und 20). Um die Modellkomplexität zu reduzieren, erfolgte für jede der drei Dimensionen die Bildung des arithmetischen Mittels über die zugehörigen sechs Indikatoren (für Details zur Konvergenzvalidität vgl. Tabellen 18, 19 und 20). Die hierdurch generierten drei arithmetischen Mittelwerte werden als Indikatoren für die reflektive Messung des Konstrukts herangezogen. Dieser als „Item Parceling" bezeichnete Ansatz der Zusammenfassung mehrerer inhaltlich verwandter Indikatoren durch Mittelwertbildung ist eine häufig angewendete Methode zur Reduzierung der Komplexität von Modellen (Bandalos/ Finney 2001; Landis/Beal/Tesluk 2000; Little et al. 2002). Wie Tabelle 10 zeigt, kann die Messgüte des vorliegenden Konstrukts insgesamt als gut bezeichnet werden. Lediglich der Wert der Indikatorreliabilität des dritten Items liegt unter dem empfohlenen Mindestwert von 0,4. Inhaltliche Überlegungen sprechen allerdings für die Beibehaltung dieses Items.

Das Integrative Erfolgsfaktoren-Modell 115

Informationen zu den Indikatoren des Faktors „Qualität der Gestaltung der Beschwerdebehandlung"			
	Item-to-Total-Korrelation	Indikator-reliabilität	t-Wert der Faktorladung
Arithmetischer Mittelwert der Indikatoren der Dimension „Qualität der Verfahrensrichtlinien für die Beschwerdebehandlung"	0,60	0,58	15,91
Arithmetischer Mittelwert der Indikatoren der Dimension „Qualität der Verhaltensrichtlinien für die Beschwerdebehandlung"	0,62	0,66	15,91
Arithmetischer Mittelwert der Indikatoren der Dimension „Qualität der Ergebnisrichtlinien für die Beschwerdebehandlung"	0,46	0,28	15,91
Informationen zum Faktor „Qualität der Gestaltung der Beschwerdebehandlung"			
Cronbachsches Alpha:	0,74	Erklärte Varianz:	0,66
χ^2-Wert (Freiheitsgrade):	- *	RMSEA:	- *
GFI:	- *	Faktorreliabilität:	0,75
AGFI:	- *	Durchschnittlich erfasste Varianz:	0,50
* Bei drei Indikatoren hat ein konfirmatorisches Modell keine Freiheitsgrade. Die Berechnung dieser Maße ist daher nicht sinnvoll.			

Tabelle 10: Messung des Konstrukts „Qualität der Gestaltung der Beschwerdebehandlung"

Unter der *Qualität der Gestaltung der Beschwerdekanäle* wird das Ausmaß verstanden, zu dem vom Unternehmen „geschaffene Wege existieren, über die sich Kunden im Falle von Unzufriedenheit ohne größeren Aufwand beschweren können. Das Konstrukt wird über sechs reflektive Indikatoren operationalisiert. Die in Tabelle 11 dargestellten Gütekriterien deuten auf eine alles in allem akzeptable Messung des Konstrukts hin. Einige Items weisen zwar eine Indikatorreliabilität von unter 0,4 auf, jedoch wird aus inhaltlichen Gründen und im Einklang mit Little/Lindenberger/Nesselroade (1999) auf eine Eliminierung dieser Items verzichtet (vgl. hierzu auch Abschnitt 2.4.2.1). Vor diesem Hintergrund lassen sich auch die etwas zu niedrigen Ausprägungen für das Cronbachsche Alpha, die erklärte Varianz und die durchschnittlich erfasste Varianz erklären und rechtfertigen.

Informationen zu den Indikatoren des Faktors „Qualität der Gestaltung der Beschwerdekanäle"			
	Item-to-Total-Korrelation	Indikator-reliabilität	t-Wert der Faktorladung
Unser Unternehmen ermöglicht es unzufriedenen Kunden, sich ...			
... auf eine Vielzahl unterschiedlicher Arten zu beschweren.	0,50	0,47	9,03
... persönlich (d.h. direkt bei einem Mitarbeiter vor Ort) zu beschweren.	0,37	0,25	8,84
... schriftlich (d.h. per Brief, Fax, Formular, Meinungskarte und E-Mail/Internet) zu beschweren.	0,54	0,38	5,83
... telefonisch zu beschweren.	0,46	0,29	4,99
... einfach und unkompliziert zu beschweren.	0,62	0,61	8,33
... kostengünstig bzw. kostenlos zu beschweren.	0,34	0,24	9,98
Informationen zum Faktor „Qualität der Gestaltung der Beschwerdekanäle"			
Cronbachsches Alpha:	0,69	Erklärte Varianz:	0,46
χ^2-Wert (Freiheitsgrade):	16,31 (9)	RMSEA:	0,086
GFI:	0,99	Faktorreliabilität:	0,78
AGFI:	0,99	Durchschnittlich erfasste Varianz:	0,38

Tabelle 11: Messung des Konstrukts „Qualität der Gestaltung der Beschwerdekanäle"

Die *Qualität der Gestaltung der externen Kommunikation zur Beschwerdestimulierung* wurde als das Ausmaß definiert, zu dem Kunden vom Unternehmen ermuntert werden, sich im Falle von Unzufriedenheit zu beschweren, sowie das Ausmaß, zu dem Kunden vom Unternehmen über die Existenz und Handhabung der Beschwerdekanäle informiert werden. Von den ursprünglich fünf reflektiven Indikatoren zur Messung dieses Konstrukts wurde ein Item (das sich auf die Art und das Ausmaß der Wiedergutmachung bezog) wegen zu niedriger Indikatorreliabilität eliminiert. Für die verbleibenden vier Items werden – mit Ausnahme der geringfügig unter 0,4 liegenden Indikatorreliabilität des vierten Items – alle Gütekriterien erfüllt (Tabelle 12). In Bezug auf das vierte Item sprechen inhaltliche Gründe für die Beibehaltung dieses Indikators.

Informationen zu den Indikatoren des Faktors „Qualität der Gestaltung der externen Kommunikation zur Beschwerdestimulierung"			
	Item-to-Total-Korrelation	Indikator-reliabilität	t-Wert der Faktorladung
Unser Unternehmen ...			
... kommuniziert gegenüber Kunden, dass Beschwerden stets willkommen sind.	0,63	0,68	26,27
... informiert Kunden über die Möglichkeiten, sich zu beschweren.	0,72	0,60	25,71
... informiert Kunden, wie sie bei einer Beschwerde konkret vorgehen müssen.	0,60	0,40	24,08
... verwendet für die externe Kommunikation zur Beschwerdestimulierung ein breites Spektrum an Medien.	0,59	0,37	24,45
Informationen zum Faktor „Qualität der Gestaltung der externen Kommunikation zur Beschwerdestimulierung"			
Cronbachsches Alpha:	0,81	Erklärte Varianz:	0,64
χ^2-Wert (Freiheitsgrade):	0,07 (2)	RMSEA:	0,00
GFI:	1,00	Faktorreliabilität:	0,80
AGFI:	1,00	Durchschnittlich erfasste Varianz:	0,51

Tabelle 12: Messung des Konstrukts „Qualität der Gestaltung der externen Kommunikation zur Beschwerdestimulierung"

Unter der *Qualität der Gestaltung der Beschwerdeanalyse* wird das Ausmaß verstanden, zu dem im Unternehmen Beschwerden auf aggregierter Ebene ausgewertet und interpretiert werden, sowie das Ausmaß, zu dem eine interne Weiterleitung der zentralen Ergebnisse an relevante Entscheidungsträger bzw. Bereiche erfolgt. Dieses Konstrukt wird über fünf reflektive Indikatoren operationalisiert. Alle in Tabelle 13 aufgezeigten Gütekriterien werden erfüllt und lassen damit auf eine gute Messung des Konstrukts schließen.

Das Integrative Erfolgsfaktoren-Modell

Informationen zu den Indikatoren des Faktors „Qualität der Gestaltung der Beschwerdeanalyse"			
	Item-to-Total-Korrelation	Indikator-reliabilität	t-Wert der Faktorladung
In unserem Unternehmen ...			
... werden Beschwerden regelmäßig und systematisch nach dem Beschwerdegrund kategorisiert.	0,80	0,73	95,78
... werden regelmäßig und systematisch Häufigkeitsverteilungen erstellt, die die mengenmäßige Aufteilung der eingegangenen Beschwerden auf ein bestimmtes Erfassungskriterium (z.B. Beschwerdegrund) aufzeigen.	0,82	0,78	100,29
... werden regelmäßig und systematisch Analysen durchgeführt, um die Ursachen für unzufriedenheitserzeugende Ereignisse herauszufinden.	0,71	0,57	89,31
... wird das Beschwerdemanagement-Informationssystem (Hardware und Software) in angemessener Weise zur Beschwerdeauswertung benutzt.	0,75	0,62	95,96
... werden die wichtigsten Ergebnisse der Beschwerdeauswertung regelmäßig an relevante Entscheidungsträger bzw. Bereiche im Unternehmen weitergeleitet.	0,73	0,60	88,67
Informationen zum Faktor „Qualität der Gestaltung der Beschwerdeanalyse"			
Cronbachsches Alpha:	0,91	Erklärte Varianz:	0,73
χ^2-Wert (Freiheitsgrade):	19,85 (5)	RMSEA:	0,089
GFI:	1,00	Faktorreliabilität:	0,90
AGFI:	1,00	Durchschnittlich erfasste Varianz:	0,66

Tabelle 13: Messung des Konstrukts „Qualität der Gestaltung der Beschwerdeanalyse"

Im Anschluss an die Messung der Konstrukte, die sich auf die Gestaltung der zentralen Beschwerdemanagement-Aufgaben beziehen, wird nun die Messung der im Integrativen Erfolgsfaktoren-Modell berücksichtigten zentralen Beschwerdemanagement-Erfolgsgrößen dargestellt. Hierbei handelt es sich um die vier Konstrukte Beschwerdezufriedenheit, Beschwerderate, Ausmaß der beschwerdebasierenden Verbesserungen und Gesamtzufriedenheit.

Die *Beschwerdezufriedenheit* wird als das Ausmaß verstanden, zu dem die von Beschwerdeführern wahrgenommene Leistung des Unternehmens im Rahmen der Beschwerdebehandlung die Erwartungen der Beschwerdeführer übertrifft. Um markt- bzw. branchenbezogene Einflussfaktoren (vgl. hierzu Abschnitt 2.2.2.2) bestmöglich zu kontrollieren, wurden die befragten Manager gebeten, die Beschwerdezufriedenheit im Vergleich zu den Wettbewerbern einzuschätzen. Die Operationalisierung erfolgt über einen Single Item-Messansatz. Die siebenstufige Likert-Skala wurde an ihren Ankerpunkten mit „deutlich besser" und „deutlich schlechter" sowie die Skalenmitte mit „etwa Wettbewerbsniveau" bezeichnet.

Als *Beschwerderate* wird der Anteil der unzufriedenen Kunden verstanden, die sich tatsächlich beim Unternehmen beschweren. Auch im Hinblick auf diese Erfolgsgröße wurden die befragten Manager um eine Angabe im Vergleich zu den Wettbewerbern gebeten. In diesem Fall erfolgt somit ebenfalls eine weitgehende Kontrolle des Einflusses von markt- bzw. branchenbezogenen Faktoren (vgl. hierzu Abschnitt 2.2.2.1). Zudem wird auch dieses Konstrukt über einen Single Item-Messansatz operationalisiert. Die Ankerpunkte der siebenstufigen

Likert-Skala wurden mit „deutlich höher" und „deutlich niedriger" sowie die Skalenmitte mit „etwa Wettbewerbsniveau" benannt.

Das *Ausmaß der beschwerdebasierenden Verbesserungen* wurde als die Regelmäßigkeit definiert, mit der im Unternehmen – gestützt auf Informationen aus Beschwerden – Struktur-, Prozess- und Leistungsangebotsverbesserungen vorgenommen werden. Gestützt auf existierende Arbeiten (Cook/Macaulay 1997; Johnston 2001) und im Vorfeld geführte Expertengespräche (Abschnitt 2.4.1.1) erfolgt die Messung dieses Konstrukts anhand drei reflektiver Indikatoren. Auch in diesem Fall kommt wieder eine siebenstufige Likert-Skala zum Einsatz. Ihre Ankerpunkte wurden mit „stimme voll zu" und „stimme gar nicht zu" bezeichnet. Wie Tabelle 14 zeigt, sind alle Gütekriterien erfüllt.

Informationen zu den Indikatoren des Faktors „Ausmaß der beschwerdebasierenden Verbesserungen"			
	Item-to-Total-Korrelation	Indikator-reliabilität	t-Wert der Faktorladung
In unserem Unternehmen ...			
... werden aufgrund von Beschwerdeinformationen regelmäßig Struktur- und Prozessverbesserungen vorgenommen.	0,75	0,65	36,21
... werden aufgrund von Beschwerdeinformationen regelmäßig bestehende Leistungen verbessert.	0,85	0,96	36,21
... werden aufgrund von Beschwerdeinformationen regelmäßig Ergänzungen des bestehenden Leistungsangebots vorgenommen.	0,71	0,57	36,21
Informationen zum Faktor „Ausmaß der beschwerdebasierenden Verbesserungen"			
Cronbachsches Alpha:	0,88	Erklärte Varianz:	0,81
χ^2-Wert (Freiheitsgrade):	-*	RMSEA:	-*
GFI:	-*	Faktorreliabilität:	0,89
AGFI:	-*	Durchschnittlich erfasste Varianz:	0,73
* Bei drei Indikatoren hat ein konfirmatorisches Modell keine Freiheitsgrade. Die Berechnung dieser Maße ist daher nicht sinnvoll.			

Tabelle 14: Messung des Konstrukts „Ausmaß der beschwerdebasierenden Verbesserungen"

Die *Gesamtzufriedenheit* wurde als das Ausmaß definiert, zu dem die von Kunden wahrgenommene Leistung des Unternehmens im Rahmen der kompletten Geschäftsbeziehung die Erwartungen der Kunden übertrifft. Um markt- bzw. branchenbezogene Einflüsse weitgehend auszuklammern, wurde auch diese Erfolgsgröße im Vergleich zum Wettbewerb abgefragt. Die Messung des Konstrukts erfolgt über einen Single Item-Ansatz und eine siebenstufige Likert-Skala mit den Ankerpunkten „deutlich besser" und „deutlich schlechter" sowie der Skalenmitte „etwa Wettbewerbsniveau".

Die Moderatorvariable *Art der Geschäftsbeziehung* wird über den Anteil des Umsatzes operationalisiert, den das Unternehmen mit B2B-Kunden erwirtschaftet. Somit besitzt diese Moderatorvariable ein metrisches Skalenniveau. Hingegen basiert die Messung der Moderatorvariable *Art der Branche* auf einer Einteilung in Dienstleistungsunternehmen und Sachgüterunternehmen, je nach angegebener Branchenzugehörigkeit der Unternehmen (vgl. hierzu Tabelle 7). Somit hat diese Moderatorvariable ein nominales Skalenniveau.

Nach der Überprüfung der einzelnen Messinstrumente auf Reliabilität und Konvergenzvalidität soll zum Abschluss noch die Diskriminanzvalidität beurteilt werden. Hierzu wird das bereits in Abschnitt 2.4.2.1 dargestellte Fornell-Larcker-Kriterium herangezogen. In Tabelle 15 sind die Informationen zur Beurteilung der Diskriminanzvalidität dargestellt. Es zeigt sich, dass das Kriterium für alle Paare von Faktoren erfüllt ist. Dies kann als klares Indiz für das Vorliegen von Diskriminanzvalidität interpretiert werden.

Konstrukt	DEV	1.	2.	3.	4.	5.	6.	7.	8.
1. Qualität der Gestaltung der Beschwerdebehandlung	0,50	-							
2. Qualität der Gestaltung der Beschwerdekanäle	0,38	0,08	-						
3. Qualität der Gestaltung der externen Kommunikation zur Beschwerdestimulierung	0,51	0,28	0,07	-					
4. Qualität der Gestaltung der Beschwerdeanalyse	0,66	0,38	0,06	0,17	-				
5. Beschwerdezufriedenheit	-	0,13	0,04	0,12	0,03	-			
6. Beschwerderate	-	0,09	0,02	0,06	0,08	0,06	-		
7. Ausmaß der beschwerdebasierenden Verbesserungen	0,73	0,26	0,05	0,20	0,19	0,15	0,08	-	
8. Gesamtzufriedenheit	-	0,09	0,04	0,07	0,01	0,41	0,02	0,17	-

Tabelle 15: Ergebnisse der Prüfung auf Diskriminanzvalidität für das Integrative Erfolgsfaktoren-Modell anhand des Fornell-Larcker-Kriteriums

3.5 Empirische Überprüfung der Hypothesen

Im Folgenden soll nun die empirische Überprüfung der verschiedenen Hypothesen des Modells beschrieben werden. Im Zuge dessen wird zunächst in Abschnitt 3.5.1 auf die Hypothesen zu den Haupteffekten (H_1-H_9) eingegangen, bevor im Anschluss in Abschnitt 3.5.2 die Hypothesen zu den moderierenden Effekten (H_{10}-H_{14}) geprüft werden.

3.5.1 Empirische Überprüfung der Hypothesen zu den Haupteffekten

Der Test der Hypothesen zu den Haupteffekten (H_1-H_9) erfolgt mit Hilfe der Kausalanalyse (Abschnitt 2.4.2.2). In dem zugrundeliegenden Kausalmodell (Abbildung 4) werden die Variablen, die sich auf die Qualität der Gestaltung der zentralen Beschwerdemanagement-Aufgaben beziehen, als exogene Variablen (ξ_1 - ξ_4) behandelt. Die im Modell berücksichtigten zentralen Erfolgsgrößen des Beschwerdemanagements bilden die endogenen Variablen (η_1 - η_4). Neben den gerichteten Abhängigkeitsbeziehungen zwischen den vier exogenen Variablen und drei der vier endogenen Variablen (γ_{11} - γ_{34}) umfasst das Strukturmodell auch die gerichteten Beziehungen zwischen den endogenen Variablen (β_{21} - β_{43}).

Die globalen Gütemaße zur Beurteilung der Gesamtgüte des Modells weisen gute Werte auf (χ^2/df = 3,07; GFI = 0,97; AGFI = 0,96; RMSEA = 0,078). Sie liegen innerhalb der in der Literatur empfohlenen Grenzen (vgl. hierzu Abschnitt 2.4.2.1). Folglich stellt das Modell ein gutes Abbild der in den Daten vorgefundenen Strukturen dar. Die Ergebnisse des empirischen Tests der Hypothesen zu den Haupteffekten im Modell sind in Abbildung 4 dargestellt.

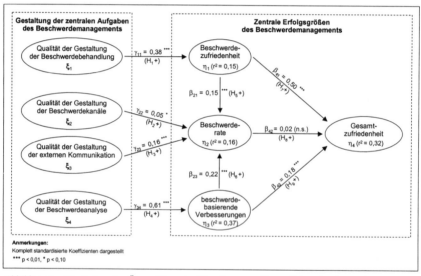

Abbildung 4: Ergebnisse der Überprüfung der Hypothesen zu Haupteffekten im Integrativen Erfolgsfaktoren-Modell

Als lokale Gütemaße lassen sich die quadrierten multiplen Korrelationen der abhängigen Variablen heranziehen (r^2). Diese weisen insgesamt akzeptable Werte auf.

Die Hypothese H_1 wird bestätigt. Somit beeinflusst die Qualität der Gestaltung der Beschwerdebehandlung die Beschwerdezufriedenheit der Kunden eines Unternehmens signifikant positiv. Darüber hinaus finden auch die Hypothesen H_2 und H_3 empirische Unterstützung. Interessanterweise besitzt die Qualität der Gestaltung der Beschwerdekanäle einen etwas schwächeren Einfluss auf die Beschwerderate als die Qualität der Gestaltung der externen Kommunikation zur Beschwerdestimulierung. Die Hypothese H_4 erfährt ebenfalls eine Bestätigung durch die Daten. Wie vermutet, wirkt sich damit die Qualität der Gestaltung der Beschwerdeanalyse signifikant positiv auf das Ausmaß der beschwerdebasierenden Verbesserungen aus. Folglich können alle unterstellten Effekte der Qualität der Gestaltung der zentralen Beschwerdemanagement-Aufgaben auf die im Modell berücksichtigten wesentlichen Erfolgsgrößen des Beschwerdemanagements empirisch belegt werden.

Ebenso stützen die Daten die Hypothesen H_5 und H_6. Demzufolge wirken sich die Beschwerdezufriedenheit und das Ausmaß der beschwerdebasierenden Verbesserungen signifikant positiv auf die Beschwerderate aus. Die Hypothese H_7 wird ebenfalls bestätigt. Wie erwartet, besteht ein signifikant positiver Zusammenhang zwischen der Beschwerdezufriedenheit und der Gesamtzufriedenheit der Kunden eines Unternehmens. Hingegen findet die Hypothese H_8 keine empirische Unterstützung. Die Daten liefern keinen Hinweis darauf, dass eine höhere Beschwerderate per se zu einer höheren Gesamtzufriedenheit der Kunden eines Unternehmens führt. Der vermutete „Katharsis-Effekt" (Abschnitt 3.3.1) ist somit nicht stark genug, um die Gesamtzufriedenheit signifikant zu erhöhen. Die Hypothese H_9 kann wiederum bestätigt werden. Somit existiert ein positiver Einfluss des Ausmaßes der beschwerdebasierenden Verbesserungen auf die Gesamtzufriedenheit der Kunden eines Unternehmens. Mit einer Ausnahme werden demnach alle vermuteten Effekte zwischen den im Modell berücksichtigten wesentlichen Erfolgsgrößen des Beschwerdemanagements empirisch gestützt.

Von großem Interesse ist auch die Frage, bei welcher der zentralen Beschwerdemanagement-Aufgaben die Qualität der Gestaltung die stärkste Wirkung auf die Gesamtzufriedenheit der Kunden eines Unternehmens besitzt. Eine auf Basis der geschätzten Pfadkoeffizienten (vgl. hierzu Abbildung 4) durchgeführte Betrachtung der jeweiligen Gesamteffekte zeigt, dass die Qualität der Gestaltung der Beschwerdebehandlung den stärksten Einfluss ($0{,}38 \cdot 0{,}50 + 0{,}38 \cdot 0{,}15 \cdot 0{,}02 = 0{,}191$) auf diese Erfolgsgröße besitzt. Angesichts der Tatsache, dass jedoch gleichzeitig ein nicht unerheblicher Anteil der Varianz der diesen Zusammenhang mediierenden Variable (Beschwerdezufriedenheit) durch das vorliegende Modell nicht erklärt werden kann, erscheint es sinnvoll, sich in einem weiteren Modell mit dieser Kausalkette detaillierter zu beschäftigen (vgl. hierzu Kapitel 4). Einen ebenfalls noch recht starken Gesamteffekt weist die Qualität der Gestaltung der Beschwerdeanalyse ($0{,}61 \cdot 0{,}18 + 0{,}61 \cdot 0{,}22 \cdot 0{,}02 = 0{,}112$) auf. Hingegen legen die Gesamteffekte der Qualität der Gestaltung der Beschwerdekanäle ($0{,}05 \cdot 0{,}02 = 0{,}001$) und der Qualität der Gestaltung der externen Kommunikation zur Beschwerdestimulierung ($0{,}16 \cdot 0{,}02 = 0{,}003$) den Schluss nahe, dass die Qualität der Gestaltung der Beschwerdestimulierung per se noch keinen nennenswerten Einfluss auf die Gesamtzufriedenheit der Kunden eines Unternehmens zu haben scheint. Vor diesem Hintergrund gewinnen insbesondere die Hypothesen zu den moderierenden Effekten der Beschwerdezufriedenheit bzw. des Ausmaßes der beschwerdebasierenden Verbesserungen auf den Zusammenhang zwischen der Beschwerderate und der Gesamtzufriedenheit der Kunden eines Unternehmens (H_{11} und H_{12}) noch zusätzlich an Bedeutung. Die Ergebnisse der Überprüfung dieser (wie auch aller anderen) Hypothesen zu moderierenden Effekten werden nun im folgenden Abschnitt dargestellt.

3.5.2 Empirische Überprüfung der Hypothesen zu den moderierenden Effekten

Für den Test der Hypothesen zu den moderierenden Effekten (H_{10}-H_{14}) wird auf die moderierte Regressionsanalyse (Abschnitt 2.4.2.2) bzw. den Chow-Test (Abschnitt 2.4.2.2) zurückgegriffen. Die Entscheidung für eines der beiden Verfahren hängt dabei vom Skalenniveau der moderierenden Variable ab. Im Falle von H_{10} und H_{13} ist die moderierende Variable metrisch skaliert, so dass die moderierte Regressionsanalyse verwendet werden kann. Hingegen verfügt die moderierende Variable im Falle von H_{11}, H_{12} und H_{14} über eine Nominalskalierung, weshalb in Zusammenhang mit diesen Hypothesen der Chow-Test zum Einsatz kommt.

Die Hypothese H_{10} findet empirische Unterstützung. Wie Tabelle 16 zeigt, sind sowohl die beiden Regressionskoeffizienten, die sich auf die Haupteffekte beziehen, als auch der Regressionskoeffizient des Interaktionsterms positiv. Dieses Muster deutet auf eine synergetische Interaktion hin (Cohen et al. 2002). Zudem ist der Regressionskoeffizient des Interaktionsterms (schwach) signifikant positiv. Somit ist der Einfluss der Qualität der Gestaltung der Beschwerdekanäle auf die Beschwerderate umso stärker, je höher die Qualität der Gestaltung der externen Kommunikation zur Beschwerdestimulierung ist.

Qualität der Gestaltung der externen Kommunikation zur Beschwerdestimulierung als Moderator				Beschwerderate als abhängige Variable
Haupteffekte				
Qualität der Gestaltung der Beschwerdekanäle				0,12 **
Qualität der Gestaltung der externen Kommunikation				0,22 ***
Interaktionseffekt				
Qualität der Gestaltung der Beschwerdekanäle	x	Qualität der Gestaltung der externen Kommunikation	(H_{10})	0,08 *
Anmerkungen: Standardisierte Koeffizienten dargestellt *** p < 0,01, ** p < 0,05, * p < 0,10				

Tabelle 16: Ergebnis der Überprüfung der Hypothese zu moderierendem Effekt der externen Kommunikation auf die Beziehung zwischen Qualität der Gestaltung der Beschwerdekanäle und Beschwerderate

Auch die Hypothesen H_{11} und H_{12} können bestätigt werden. In Abbildung 5 ist der Einfluss der Beschwerderate auf die Gesamtzufriedenheit der Kunden eines Unternehmens je nach Beschwerdezufriedenheit bzw. Ausmaß der beschwerdebasierenden Verbesserungen dargestellt.

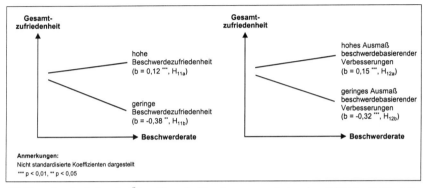

Abbildung 5: Ergebnisse der Überprüfung der Hypothesen zu moderierendem Effekt der Beschwerdezufriedenheit und des Ausmaßes der beschwerdebasierenden Verbesserungen auf die Beziehung zwischen Beschwerderate und Gesamtzufriedenheit

Wie erwartet, hat die Beschwerderate im Falle einer hohen Beschwerdezufriedenheit eine positive Wirkung auf die Gesamtzufriedenheit der Kunden eines Unternehmens (H_{11a}) und im Falle einer geringen Beschwerdezufriedenheit eine negative Wirkung (H_{11b}). Das Ergebnis eines Chow-Tests zeigt, dass sich die beiden Regressionskoeffizienten auch signifikant voneinander unterscheiden (F = 20,47; p < 0,01). Zudem bestätigt sich die Vermutung, dass die Beschwerderate im Falle einer geringen Beschwerdezufriedenheit einen stärkeren Einfluss auf die Gesamtzufriedenheit ausübt als im Falle einer hohen Beschwerdezufriedenheit (H_{11c}).

Die Daten stützen außerdem die Prognose, dass die Beschwerderate bei einem hohen Ausmaß der beschwerdebasierenden Verbesserungen einen positiven Effekt auf die Gesamtzufriedenheit der Kunden eines Unternehmens besitzt (H_{12a}) und bei einem geringen Ausmaß der beschwerdebasierenden Verbesserungen einen negativen Effekt (H_{12b}). Wie das Resultat eines Chow-Tests zeigt, ist der Unterschied zwischen den beiden Regressionskoeffizienten auch signifikant (F = 33,83; p < 0,01). Darüber hinaus wird die Erwartung bestätigt, dass die Beschwerderate im Falle eines geringen Ausmaßes an beschwerdebasierenden Verbesserungen eine stärkere Wirkung auf die Gesamtzufriedenheit der Kunden eines Unternehmens besitzt als im Falle eines hohen Ausmaßes an beschwerdebasierenden Verbesserungen (H_{12c}).

Die Hypothesen H_{13} und H_{14} finden teilweise empirische Unterstützung. Tabelle 17 gibt einen Überblick über den Einfluss der Kontextvariablen Art der Geschäftsbeziehung bzw. Art der

Branche auf den Zusammenhang zwischen der Qualität der Gestaltung der zentralen Beschwerdemanagement-Aufgaben und den wesentlichen Beschwerdemanagement-Erfolgsgrößen.

		Abhängige Variable		
		Beschwerde-zufriedenheit	Beschwerde-rate	beschwerde-basierende Verbesserungen
Art der Geschäftsbeziehung (B2B-Anteil) als Moderator				
Haupteffekte				
Qualität der Gestaltung der Beschwerdebehandlung		0,28 ***		
Qualität der Gestaltung der Beschwerdekanäle			-0,02	
Qualität der Gestaltung der externen Kommunikation				0,36 ***
Qualität der Gestaltung der Beschwerdeanalyse				0,34 ***
B2B-Anteil		0,00	-0,11	-0,07 ... 0,19 **
Interaktionseffekte				
Qualität der Gestaltung der Beschwerdebehandlung x B2B-Anteil	(H_{13a})	-0,10		
Qualität der Gestaltung der Beschwerdekanäle x B2B-Anteil	(H_{13b})		-0,11	
Qualität der Gestaltung der externen Kommunikation x B2B-Anteil	(H_{13c})			-0,18 **
Qualität der Gestaltung der Beschwerdeanalyse x B2B-Anteil	(H_{13d})			-0,02
Art der Branche (DL-Branche/SG-Branche) als Moderator				
Qualität der Gestaltung der Beschwerdebehandlung (DL-Branche)	(H_{14a})	0,39 ***		
Qualität der Gestaltung der Beschwerdebehandlung (SG-Branche)		0,35 *** (F = 3,17 **)		
Qualität der Gestaltung der Beschwerdekanäle (DL-Branche)	(H_{14b})		0,20 ***	
Qualität der Gestaltung der Beschwerdekanäle (SG-Branche)			0,15 ** (F = 2,19)	
Qualität der Gestaltung der externen Kommunikation (DL-Branche)	(H_{14c})			0,35 ***
Qualität der Gestaltung der externen Kommunikation (SG-Branche)				0,18 *** (F = 1,61)
Qualität der Gestaltung der Beschwerdeanalyse (DL-Branche)	(H_{14d})			0,37 ***
Qualität der Gestaltung der Beschwerdeanalyse (SG-Branche)				0,49 *** (F = 12,95 ***)

Anmerkungen:
Standardisierte Koeffizienten dargestellt
*** $p < 0{,}01$, ** $p < 0{,}05$

Tabelle 17: Ergebnisse der Überprüfung der Hypothesen zu moderierenden Effekten der Kontextvariablen auf die Beziehung zwischen Qualität der Gestaltung der Beschwerdemanagement-Aufgaben und Erfolgsgrößen des Beschwerdemanagements

Im Hinblick auf die Hypothese H_{13} zeigt sich, dass die Regressionskoeffizienten der Interaktionsterme in allen vier Gleichungen das vermutete negative Vorzeichen aufweisen. Dies weist darauf hin, dass mit zunehmendem B2B-Anteil eines Unternehmens die Erfolgswirksamkeit der Qualität der Gestaltung der zentralen Beschwerdemanagement-Aufgaben abnimmt bzw. mit zunehmendem B2C-Anteil eines Unternehmens die Erfolgswirksamkeit der Qualität der Gestaltung der zentralen Beschwerdemanagement-Aufgaben zunimmt. Von den vier Regressionskoeffizienten der Interaktionsterme ist allerdings nur der zu Hypothese H_{13c} gehörende Schätzer statistisch signifikant. Die Vermutung, dass der Einfluss der Qualität der Gestaltung der externen Kommunikation zur Beschwerdestimulierung auf die Beschwerderate in einem B2B-Kontext geringer ist als in einem B2C-Kontext, kann somit bestätigt werden. Hingegen erweisen sich die negativen moderierenden Effekte, die sich auf die Hypothesen H_{13a}, H_{13b} und H_{13d} beziehen, als statistisch nicht signifikant.

Bezüglich der Hypothese H_{14} bestätigt sich, dass die Erfolgswirksamkeit der Qualität der Gestaltung der Beschwerdebehandlung durch Richtlinien ebenso wie die Erfolgswirksamkeit der Qualität der Gestaltung der Beschwerdekanäle und der Qualität der Gestaltung der externen Kommunikation zur Beschwerdestimulierung im Dienstleistungsbereich höher ist als im Sachgüterbereich. Zudem ist wie erwartet die Erfolgswirksamkeit der Qualität der Gestaltung der Beschwerdeanalyse im Dienstleistungsbereich geringer als im Sachgüterbereich. Die Ergebnisse der Chow-Tests zeigen, dass diese Unterschiede zwischen den Regressionskoeffizienten im Falle der Qualität der Gestaltung der Beschwerdebehandlung (H_{14a}) und der Qualität der Beschwerdeanalyse (H_{14d}) auch statistisch signifikant sind. Im Gegensatz dazu sind die Regressionskoeffizienten, die sich auf die Erfolgswirksamkeit der Qualität der Gestaltung der Beschwerdekanäle (H_{14b}) und die Erfolgswirksamkeit der Qualität der Gestaltung der externen Kommunikation zur Beschwerdestimulierung (H_{14c}) im Dienstleistungs- bzw. Sachgüterbereich beziehen, nicht statistisch signifikant unterschiedlich. Während damit die Hypothesen H_{14a} und H_{14d} bestätigt werden, erfahren die Hypothesen H_{14b} und H_{14c} keine empirische Unterstützung. Erwähnenswert ist in diesem Zusammenhang noch die Tatsache, dass sich sowohl die vier Regressionskoeffizienten im Dienstleistungsbereich wie auch die vier Regressionskoeffizienten im Sachgüterbereich als statistisch signifikant herausstellen. Dieses Resultat unterstreicht die generelle Relevanz einer angemessenen Gestaltung der zentralen Beschwerdemanagement-Aufgaben in beiden Branchenkontexten (unabhängig von den identifizierten Unterschieden bei der Höhe der Erfolgswirksamkeit).

4. Das Beschwerdebehandlungs-Modell

Das im vorangegangenen Kapitel dargestellte Integrative Erfolgsfaktoren-Modell hat bereits einen bedeutenden Beitrag zur Beantwortung der Forschungsfragen 2 und 3 geleistet. Im Zuge einer vertiefteren Auseinandersetzung mit diesen beiden Forschungsfragen soll nun in diesem Kapitel ein besonders wichtiger Ausschnitt aus dem Integrativen Erfolgsfaktoren-Modell näher beleuchtet werden. Die empirischen Ergebnisse zur Erfolgswirksamkeit der Gestaltung der zentralen Beschwerdemanagement-Aufgaben (Abschnitt 3.5.1) haben gezeigt, dass die Gestaltung der Beschwerdebehandlung den mit Abstand größten Einfluss auf die Gesamtzufriedenheit der Kunden eines Unternehmens besitzt. Ein verhältnismäßig großer Anteil der Varianz der diesen Zusammenhang mediierenden Variable (Beschwerdezufriedenheit) kann jedoch durch das Integrative Erfolgsfaktoren-Modell nicht erklärt werden. Vor diesem Hintergrund soll im Folgenden mit Hilfe des Beschwerdebehandlungs-Modells die Art und Weise der Gestaltung der Beschwerdebehandlung sowie deren Einfluss auf die Beschwerdezufriedenheit und Gesamtzufriedenheit von Kunden einer detaillierteren Betrachtung unterzogen werden. Analog zum vorherigen Kapitel erfolgt zudem eine Untersuchung, wie sich die Erfolgswirksamkeit der Gestaltung der Beschwerdebehandlung je nach Kontext (B2B- vs. B2C-Geschäftsbeziehung bzw. Dienstleistungs- vs. Sachgüterbranche) verändert. Die folgenden Ausführungen basieren dabei größtenteils auf Homburg/Fürst (2005d).

In Abschnitt 4.1 wird zunächst der Bezugsrahmen vorgestellt, der sich auf relevante Vorarbeiten (Abschnitt 2.2), theoretisch-konzeptionelle Bezugspunkte (Abschnitt 2.3) und Ergebnisse der qualitativen Voruntersuchung (Abschnitt 2.4.1.1) stützt. Hierauf folgt in Abschnitt 4.2 die Definition und Darstellung der Konstrukte des Beschwerdebehandlungs-Modells. Im Anschluss werden in Abschnitt 4.3 die Hypothesen des Beschwerdebehandlungs-Modells hergeleitet. Abschnitt 4.4 beschreibt die Messung der einzelnen Konstrukte. Abschließend findet in Abschnitt 4.5 die empirische Überprüfung der Hypothesen statt.

4.1 Bezugsrahmen für die Untersuchung

Der Ausgangspunkt der Entwicklung des vorliegenden Modells war die im Rahmen der Überprüfung des Integrativen Erfolgsfaktoren-Modells gemachte Feststellung, dass die Qualität der (über das Aufstellen entsprechender Richtlinien erfolgenden) Gestaltung der Beschwerdebehandlung nur einen verhältnismäßig geringen Anteil der Varianz des Konstrukts „Beschwerdezufriedenheit" erklären kann (Abschnitt 3.5.1). Dies legt die Vermutung nahe, dass neben verschiedenen Richtlinien für die Beschwerdebehandlung noch andere Faktoren einen Einfluss auf diese zentrale Zielgröße des Beschwerdemanagements besitzen (für eine Darstellung dieser Faktoren aus der Kundenperspektive vgl. Abschnitt 2.2.2.2).

Aus der Unternehmensperspektive betrachtet, gibt die Verhaltenswissenschaftliche Entscheidungstheorie (Abschnitt 2.3.1) einen Hinweis auf andere Einflussfaktoren der Beschwerdezufriedenheit. Gemäß dieser Theorie kann ein Anbieter das Verhalten von Mitarbeitern nicht nur durch die Implementierung von Richtlinien beeinflussen, sondern auch durch Maßnahmen zur Personalweiterbildung und -führung sowie Schaffung einer angemessenen Unternehmenskultur. Somit existiert nicht nur die Möglichkeit, über das Aufstellen entsprechender Richtlinien ein angemessenes Mitarbeiterverhalten während der Beschwerdebehandlung sicherzustellen, sondern auch über eine hohe Kundenorientierung des Personalmanagements und der Unternehmenskultur (vgl. hierzu Abschnitt 2.3.4). Diese Schlussfolgerung steht im Einklang mit der Beschwerdemanagement-Literatur. Wie in Abschnitt 2.2.3 aufgezeigt, können Anbieter die zentralen Beschwerdemanagement-Ziele (z.B. Wiederherstellung von Kundenzufriedenheit durch eine zufriedenstellende Beschwerdebehandlung) zum einen durch die Gestaltung der einzelnen Aufgaben des Beschwerdemanagements erreichen und zum anderen durch die Gestaltung des internen Umfelds des Beschwerdemanagements (v.a. Personalmanagement, Unternehmenskultur).

Vor diesem Hintergrund beinhaltet der vorliegende Bezugsrahmen sowohl drei Konstrukte, die sich auf die verschiedenen Arten von Richtlinien für die Beschwerdebehandlung beziehen (Mechanistischer Ansatz) als auch ein Konstrukt, das den Unterstützungsgrad der Beschwerdebehandlung durch das interne Umfeld repräsentiert (Organischer Ansatz). Im Hinblick auf die Gestaltung der Beschwerdebehandlung unterscheidet sich somit das Beschwerdebehandlungs-Modell vom Integrativen Erfolgsfaktoren-Modell in zweierlei Hinsicht: Erstens gehen nun die verschiedenen Arten von Richtlinien für die Beschwerdebehandlung als separate Konstrukte in das Modell ein, so dass eine differenziertere Analyse ihrer Erfolgsauswirkungen möglich wird. Zweitens beinhaltet das Beschwerdebehandlungs-Modell neben dem Mechanistischen Ansatz auch noch den Organischen Ansatz zur Gestaltung der Beschwerdebehandlung und damit einen zusätzlichen potenziellen Stellhebel zur Sicherstellung eines angemessenen Mitarbeiterverhaltens während der Annahme und Bearbeitung von Beschwerden.

Es wird angenommen, dass sich die beiden grundlegenden Ansätze zur Gestaltung der Beschwerdebehandlung über die Beeinflussung verschiedener Dimensionen der von Kunden wahrgenommenen Gerechtigkeit der Beschwerdebehandlung indirekt auf die Beschwerdezufriedenheit auswirken. Die Beschwerdezufriedenheit wiederum soll die Kundenbindung sowohl direkt als auch indirekt über die Gesamtzufriedenheit beeinflussen. Die Analyse einer kausalen Kette dieser Art wird auch in einem kürzlich erschienenen Übersichtsartikel von Davidow (2003) als zukünftige Stoßrichtung für die Beschwerdeforschung vorgeschlagen.

Weiterhin beinhaltet der Bezugsrahmen moderierende Effekte auf die Zusammenhänge zwischen den Richtlinien für die Beschwerdebehandlung und den Dimensionen der wahrgenommenen Gerechtigkeit der Beschwerdebehandlung. So wird vermutet, dass diese Zusammenhänge vom Unterstützungsgrad der Beschwerdebehandlung durch das interne Umfeld und von Kontextfaktoren (Art der Geschäftsbeziehung, Art der Branche) moderiert werden.

Abbildung 6 stellt den Bezugsrahmen graphisch dar. Die durchgezogenen Pfeile stehen für vermutete Haupteffekte und die gepunkteten Pfeile für unterstellte moderierende Effekte. Im folgenden Abschnitt werden die einzelnen Konstrukte ausführlicher beschrieben.

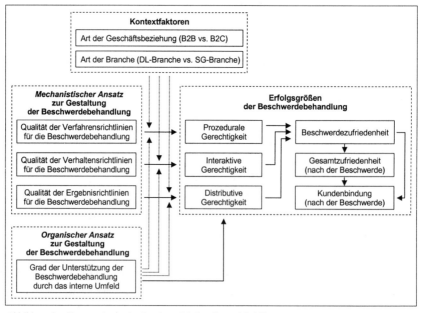

Abbildung 6: Bezugsrahmen des Beschwerdebehandlungs-Modells

4.2 Definition und Darstellung der Konstrukte

In Abschnitt 4.2.1 findet eine genauere Darstellung der Konstrukte statt, die sich auf die Gestaltung der Beschwerdebehandlung beziehen. Anschließend erfolgt in Abschnitt 4.2.2 eine nähere Beschreibung der im Modell enthaltenen Erfolgsgrößen der Beschwerdebehandlung.

Das Beschwerdebehandlungs-Modell

4.2.1 Charakteristika der Gestaltung der Beschwerdebehandlung

In Bezug auf die Gestaltung der Beschwerdebehandlung beinhaltet der vorliegende Bezugsrahmen zum einen den Mechanistischen Ansatz und zum anderen den Organischen Ansatz.

Mechanistischer Ansatz zur Gestaltung der Beschwerdebehandlung: Wie die Zusammenfassung des Erkenntnisbeitrags der ausgewerteten Literatur (Abschnitt 2.2.4) und der theoretisch-konzeptionellen Bezugspunkte (Abschnitt 2.3.4) gezeigt hat, kann die Gestaltung der Beschwerdebehandlung anhand klarer, einfacher und kundenorientierter Richtlinien erfolgen. Gestützt auf die Forschung zur Gestaltung der Beschwerdemanagement-Aufgaben und die Forschung zur Kundenreaktion auf die Beschwerdebehandlung wurden in Abschnitt 2.2.4 drei verschiedene Arten von Richtlinien (Verfahrens-, Verhaltens- und Ergebnisrichtlinien) abgeleitet (vgl. hierzu auch Abschnitt 3.2.1). Demzufolge umfasst der Mechanistische Ansatz zur Gestaltung der Beschwerdebehandlung die nachfolgend aufgeführten drei Konstrukte:

- Qualität der Verfahrensrichtlinien für die Beschwerdebehandlung
- Qualität der Verhaltensrichtlinien für die Beschwerdebehandlung
- Qualität der Ergebnisrichtlinien für die Beschwerdebehandlung

Die *Qualität der Verfahrensrichtlinien für die Beschwerdebehandlung* ist definiert als das Ausmaß, zu dem im Unternehmen ein klarer und einfacher formaler Prozess für die Annahme und Bearbeitung von Beschwerden existiert, der im Einklang mit den Bedürfnissen von Beschwerdeführern steht. Dieses Konstrukt behandelt beispielsweise die Frage, ob Zeitstandards vorhanden sind, die eine schnelle Behandlung von Beschwerden gewährleisten (Homburg/ Werner 1998; Stauss/Seidel 2002; TARP 1986a) oder ob Mitarbeiter verpflichtet sind, Kunden ein zeitnahes Feedback über den Stand bzw. das Ergebnis der Beschwerdebearbeitung zu geben (Andreassen 2000; Berry 1995; Stauss/Seidel 2002). Außerdem beinhaltet es Anweisungen, Beschwerdeinformationen schnell, vollständig und strukturiert zu erfassen und – sofern erforderlich – an die zuständige Stelle im Unternehmen weiterzuleiten (Homburg/ Werner 1998; Riemer 1986; Schöber 1997).

Unter der *Qualität der Verhaltensrichtlinien für die Beschwerdebehandlung* wird im Folgenden das Ausmaß verstanden, zu dem im Unternehmen ein klarer und einfacher Grundsatz für das Interaktionsverhalten von Mitarbeitern gegenüber Beschwerdeführern existiert, der mit den Bedürfnissen von sich beschwerenden Kunden übereinstimmt. Das Konstrukt bezieht sich vor allem auf Anweisungen, während der Beschwerdebehandlung gegenüber Kunden stets freundlich, hilfsbereit, interessiert und verständnisvoll zu sein sowie die Verantwortung für die Problemlösung zu übernehmen (Bailey 1994; Homburg/Werner 1998; Stauss/Seidel 2002).

Die *Qualität der Ergebnisrichtlinien für die Beschwerdebehandlung* beschreibt das Ausmaß, zu dem im Unternehmen ein klarer und einfacher Grundsatz für die Gewährung von Wiedergutmachung gegenüber Beschwerdeführern vorhanden ist, der im Einklang mit den Bedürfnissen von sich beschwerenden Kunden steht. Wiedergutmachung kann beispielsweise Reparatur, Umtausch, Preisnachlass oder Rückerstattung des Kaufpreises umfassen (Kelley/ Hoffman/Davis 1993). Das Konstrukt behandelt unter anderem die Frage, ob Mitarbeiter, die für die Bearbeitung von Beschwerden zuständig sind, in dem Maße Entscheidungs- und Weisungskompetenzen erhalten, wie es für eine aus Kundensicht zufriedenstellende Lösung erforderlich ist (Berry/Zeithaml/Parasuraman 1990; Hart/Heskett/Sasser 1990; Schöber 1997). Zudem wird thematisiert, inwieweit Mitarbeiter angewiesen sind, eine kulante und sich an den Wünschen von Beschwerdeführern orientierende Wiedergutmachung zu leisten (Fornell/ Wernerfelt 1987; Johnston 1995; Mattila 2001).

Organischer Ansatz zur Gestaltung der Beschwerdebehandlung: Gemäß der Zusammenfassung des Erkenntnisbeitrags der ausgewerteten Literatur (Abschnitt 2.2.4) und der theoretisch-konzeptionellen Bezugspunkte (Abschnitt 2.3.4) kann die Gestaltung der Beschwerdebehandlung auch über die Schaffung eines internen Umfelds (d.h. Personalmanagement, Unternehmenskultur) erfolgen, das eine kundenorientierte Behandlung von Beschwerden unterstützt. Folglich wird der Organische Ansatz zur Gestaltung der Beschwerdebehandlung durch das folgende Konstrukt repräsentiert:

- Grad der Unterstützung der Beschwerdebehandlung durch das interne Umfeld

Im Folgenden wird unter dem *Grad der Unterstützung der Beschwerdebehandlung durch das interne Umfeld* das Ausmaß verstanden, zu dem das Personalmanagement und die Kultur eines Unternehmens eine kundenorientierte Annahme und Bearbeitung von Beschwerden fördern. Dieses Konstrukt beschreibt unter anderem den Grad, zu dem Aktivitäten zur Personalweiterbildung (z.B. Training von Mitarbeitern) und Personalführung (z.B. Festlegung von Mitarbeiterzielen, Beurteilung und Belohnung von Mitarbeitern) ein angemessenes Mitarbeiterverhalten gegenüber Kunden im Allgemeinen und Beschwerdeführern im Speziellen unterstützen (Berry 1995; de Ruyter/Brack 1993; Maxham/Netemeyer 2003). Eine andere Facette bezieht sich auf die generelle Kundenorientierung der Unternehmenskultur (d.h. der von Mitarbeitern geteilten Werte, Normen und Verhaltensweisen; Deshpandé/Webster 1989). Darüber hinaus geht dieses Konstrukt auch der Frage nach, inwieweit im Unternehmen eine positive Einstellung gegenüber Beschwerden bzw. Beschwerdeführern (Johnston 2001; Plymire 1991; vgl. hierzu auch Homburg/Fürst 2005b) und eine konstruktive Einstellung gegenüber betrieblichen Schwachstellen und Fehlern (Bailey 1994; Tax/Brown 1998) vorherrscht.

4.2.2 Charakteristika der Erfolgsgrößen der Beschwerdebehandlung

Der vorliegende Bezugsrahmen umfasst zwei Gruppen von Erfolgsgrößen. Zum einen handelt es sich hierbei um Kundenurteile in Bezug auf die Gerechtigkeit der Beschwerdebehandlung und zum anderen um Kundenurteile in Bezug auf die Zufriedenheit und Loyalität.

Kundenurteile in Bezug auf die Gerechtigkeit der Beschwerdebehandlung: Diese Gruppe von Erfolgsgrößen basiert auf den aus der Sozialpsychologie stammenden Justice-Theorien (häufig auch als Fairness-Theorien bezeichnet). Die Justice-Theorien werden im Allgemeinen eingesetzt, um Reaktionen von Individuen auf Konfliktsituationen (u.a. bei Kauftransaktionen) zu erklären (Gilliland 1993; Lind/Tyler 1988). Im Mittelpunkt steht dabei die Gerechtigkeit von Austauschbeziehungen. Ein vom Kunden wahrgenommenes Problem mit einem Anbieter (gefolgt von einer Beschwerde) stellt ein typisches Beispiel für eine konfliktträchtige Austauschbeziehung dar. Vor diesem Hintergrund konstatieren Blodgett/Hill/Tax (1997, S. 186): „The concept of perceived justice offers a valuable framework for explaining customers' reactions to complaint episodes". Im Einklang mit der Justice-Forschung (Clemmer 1993; Clemmer/Schneider 1996) und der Beschwerdeforschung (Smith/Bolton/ Wagner 1999; Tax/Brown/Chandrashekaran 1998; vgl. hierzu auch Abschnitt 2.2.2.2) umfasst der Bezugsrahmen die folgenden drei Konstrukte:

- wahrgenommene prozedurale Gerechtigkeit der Beschwerdebehandlung
- wahrgenommene interaktive Gerechtigkeit der Beschwerdebehandlung
- wahrgenommene distributive Gerechtigkeit der Beschwerdebehandlung

Die *wahrgenommene prozedurale Gerechtigkeit der Beschwerdebehandlung* wird definiert als das Ausmaß, zu dem Beschwerdeführer den Beschwerdebehandlungs-Prozess als fair empfunden haben (Blodgett/Hill/Tax 1997; Smith/Bolton/Wagner 1999). Die vorliegende Arbeit deckt die beiden in der Beschwerdeforschung am häufigsten thematisierten Facetten von prozeduraler Gerechtigkeit ab: Rechtzeitigkeit („Timeliness") und Prozesskontrolle („Process Control"). Während sich Rechtzeitigkeit auf die empfundene Dauer der Beschwerdebehandlung bezieht (Smith/Bolton/Wagner 1999; Tax/Brown/Chandrashekaran 1998), spiegelt Prozesskontrolle die von Kunden wahrgenommene Möglichkeit wider, dem Anbieter ihre Sichtweise des Problems darzulegen (Goodwin/Ross 1992; Tax/Brown/Chandrashekaran 1998).

Die *wahrgenommene interaktive Gerechtigkeit der Beschwerdebehandlung* beschreibt das Ausmaß, zu dem Beschwerdeführer das Interaktionsverhalten der Mitarbeiter während der Annahme und Bearbeitung ihrer Beschwerde als fair empfunden haben (Blodgett/Hill/Tax 1997; Smith/Bolton/Wagner 1999). Die in der Beschwerdeliteratur am häufigsten angeführten

Facetten von interaktiver Gerechtigkeit sind Empathie („Empathy"), Höflichkeit („Politeness") und Bemühtheit („Effort"). Empathie bezieht sich auf den wahrgenommenen Grad des Interesses und Verständnisses der Mitarbeiter für das Kundenproblem (Tax/Brown/ Chandrashekaran 1998). Höflichkeit steht für das Ausmaß, zu dem sich Beschwerdeführer von den Mitarbeitern zuvorkommend behandelt gefühlt haben (Goodwin/Ross 1989). Bemühtheit repräsentiert die empfundene Menge an Energie, die Mitarbeiter in die Lösung eines Kundenproblems investiert haben (Smith/Bolton/Wagner 1999).

Unter der *wahrgenommenen distributiven Gerechtigkeit der Beschwerdebehandlung* wird das Ausmaß verstanden, zu dem Beschwerdeführer das Ergebnis der Beschwerdebehandlung (d.h. die vom Anbieter geleistete Wiedergutmachung) als fair empfunden haben (Smith/Bolton/ Wagner 1999). Die in der Beschwerdeforschung am häufigsten diskutierten Facetten von distributiver Gerechtigkeit sind Angemessenheit („Equity"), Gleichbehandlung („Equality") und Bedürfnisgerechtigkeit („Need Consistency"). Angemessenheit liegt vor, wenn die Ergebnis-Input-Verhältnisse („Outcome-Input-Ratios") von Beschwerdeführer und Anbieter nicht signifikant voneinander abweichen (Adams 1963, 1965; Homans 1961; Tax/Brown/ Chandrashekaran 1998). Aus Sicht des Beschwerdeführers kann das Ergebnis beispielsweise Reparatur, Umtausch, Preisnachlass oder Rückerstattung des Kaufpreises umfassen, während der Input den durch das Problem und die anschließende Beschwerdeäußerung entstandenen finanziellen und nicht-finanziellen Verlust darstellt. Gleichbehandlung verlangt, dass der Beschwerdeführer das gleiche Ergebnis wie bei früheren Beschwerdeerfahrungen mit dem Anbieter erhält (Deutsch 1975, 1985; Tax/Brown/Chandrashekaran 1998). Bedürfnisgerechtigkeit schließlich behandelt die Frage, inwieweit das Ergebnis den Wünschen bzw. Erfordernissen des Beschwerdeführers entspricht (Deutsch 1975, 1985; Smith/Bolton/Wagner 1999).

Kundenurteile in Bezug auf die Zufriedenheit und Loyalität: Zu dieser Gruppe von Erfolgsgrößen gehören die folgenden drei Konstrukte:

- Beschwerdezufriedenheit
- Gesamtzufriedenheit (nach der Beschwerde)
- Kundenbindung (nach der Beschwerde)

Die Konstrukte Beschwerdezufriedenheit und Gesamtzufriedenheit wurden bereits im Rahmen der Zusammenfassung des Beitrags der ausgewerteten Literatur (Abschnitt 2.2.4) und der Darstellung des Integrativen Erfolgsfaktoren-Modells (Kapitel 3) beschrieben. Aus diesem Grund sollen an dieser Stelle nur die in Abschnitt 3.2.2 vorgestellten Definitionen dieser Konstrukte wiederholt werden. So wird die *Beschwerdezufriedenheit* als das Ausmaß verstanden, zu dem die von Beschwerdeführern wahrgenommene Leistung des Unternehmens im Rahmen der Beschwerdebehandlung die Erwartungen der Beschwerdeführer übertrifft. Die *Gesamtzufriedenheit (nach der Beschwerde)* stellt das Ausmaß dar, zu dem die von Kunden wahrgenommene Leistung des Unternehmens im Rahmen der kompletten Geschäftsbeziehung die Erwartungen der Kunden übertrifft.

Im Gegensatz zu den beiden vorangegangenen Konstrukten wurde zwar die Kundenbindung im Rahmen der Zusammenfassung des Beitrags der ausgewerteten Literatur (Abschnitt 2.2.4) nicht als eine der zentralen Erfolgsgrößen des Beschwerdemanagements benannt. Jedoch wird in der Literatur (Fornell/Wernerfelt 1987, 1988; Stauss 2003) vielfach betont, dass das Beschwerdemanagement über die Beeinflussung der in Abschnitt 2.2.4 identifizierten zentralen Erfolgsgrößen auch einen (wenngleich indirekten) Einfluss auf die Kundenbindung besitzt (vgl. hierzu auch die Abschnitte 1.1 und 2.2.2.2). Somit kann die Kundenbindung zumindest zum erweiterten Kreis der Erfolgsgrößen des Beschwerdemanagements im Allgemeinen und der Beschwerdebehandlung im Speziellen gezählt werden. Vor diesem Hintergrund findet sie (als finale Größe) ebenfalls Eingang in das vorliegende Modell. Im Folgenden wird unter *Kundenbindung (nach der Beschwerde)* das Ausmaß verstanden, zu dem ein Kunde die Geschäftsbeziehung mit einem Unternehmen nach der Beschwerde fortgesetzt hat, sowie das Ausmaß, zu dem der Kunde beabsichtigt, dies auch in Zukunft zu tun. Somit deckt dieses Konstrukt sowohl das tatsächliche Wiederkaufverhalten als auch die zukünftige Wiederkaufabsicht von Kunden ab.

Um auf den Zeitpunkt hinzuweisen, zu dem im Rahmen des vorliegenden Modells die Ausprägungen der beiden Konstrukte betrachtet werden sollen, ist die Benennung der Konstrukte Gesamtzufriedenheit und Kundenbindung um den in Klammern stehenden Zusatz „nach der Beschwerde" ergänzt.

4.3 Herleitung der Hypothesen

Nach der Definition und Darstellung der Konstrukte des Beschwerdebehandlungs-Modells sollen nun die Hypothesen des Beschwerdebehandlungs-Modells hergeleitet werden. Zunächst wird es dabei in Abschnitt 4.3.1 um die Hypothesen zu den Haupteffekten (H_{15}-H_{24}) gehen und im Anschluss daran in Abschnitt 4.3.2 um die Hypothesen zu den moderierenden Effekten (H_{25}-H_{27}).

4.3.1 Herleitung der Hypothesen zu den Haupteffekten

Die im Folgenden vorgestellten Hypothesen H_{15}-H_{17} untersuchen den Einfluss der Qualität von Richtlinien für die Beschwerdebehandlung (Mechanistischer Ansatz) auf die von Kunden wahrgenommene Gerechtigkeit der Beschwerdebehandlung. Wie bereits die Ausführungen zur Verhaltenswissenschaftlichen Entscheidungstheorie (Abschnitt 2.3.1) und Rollentheorie (Abschnitt 2.3.2) sowie die Herleitung der Hypothese H_1 (Abschnitt 3.3.1) gezeigt haben, tragen klare, einfache und kundenorientierte Richtlinien dazu bei, dass sich Mitarbeiter angemessen gegenüber Kunden verhalten und dadurch positive Kundenreaktionen hervorrufen. Im Einklang mit der Beschwerdeliteratur (Davidow 2003; Sparks/McColl-Kennedy 2001) kann deshalb generell ein positiver Effekt der Qualität von Beschwerdebehandlungs-Richtlinien auf die wahrgenommene Gerechtigkeit der Beschwerdebehandlung vermutet werden.

Die fünfzehnte Hypothese beschäftigt sich nun speziell mit der Wirkung der Qualität der Verfahrensrichtlinien für die Beschwerdebehandlung auf die wahrgenommene prozedurale Gerechtigkeit der Beschwerdebehandlung. Letzteres Konstrukt umfasst – wie bereits erwähnt – die Elemente Rechtzeitigkeit und Prozesskontrolle. Eine zentrale Facette der Qualität der Verfahrensrichtlinien für die Beschwerdebehandlung sind adäquate Zeitstandards, die die normale bzw. maximale Bearbeitungsdauer einer Beschwerde festlegen und damit zu einer Steigerung der tatsächlichen Geschwindigkeit des Beschwerdebearbeitungsprozesses beitragen (Homburg/Werner 1998; Stauss/Seidel 2002; TARP 1986a). Außerdem behandelt dieses Konstrukt die Frage, ob Mitarbeiter verpflichtet sind, Kunden innerhalb eines angemessenen Zeitraums eine Rückmeldung über den Stand bzw. das Ergebnis der Beschwerdebearbeitung zu geben (Andreassen 2000; Berry 1995; Stauss/Seidel 2002). Wie empirisch gezeigt wurde, erhöht ein solches Feedback die von Kunden empfundene Geschwindigkeit der Beschwerdebearbeitung (Gilly 1987). Insgesamt stützt dies die Prognose, dass die Qualität der Verfahrensrichtlinien für die Beschwerdebehandlung die wahrgenommene Rechtzeitigkeit der Beschwerdebearbeitung und damit die prozedurale Gerechtigkeit der Beschwerdebehandlung erhöht. Diese Schlussfolgerung steht auch im Einklang mit experimentellen Resultaten von Smith/Bolton/Wagner (1999). Darüber hinaus steigern Anweisungen für eine vollständige und strukturierte Erfassung und Weiterleitung von Beschwerdeinformationen (Homburg/Werner 1998; Riemer 1986; Schöber 1997) die Wahrscheinlichkeit, dass sich beschwerenden Kunden die Möglichkeit gegeben wird, ihre Sichtweise des Problems darzulegen. Dies wiederum erhöht die Prozesskontrolle und damit die prozedurale Gerechtigkeit der Beschwerdebehandlung aus Sicht der Beschwerdeführer. Unterstützung erfährt diese Argumentationsführung durch empirische Studien, die zeigen, dass „Voice" (d.h. die Möglichkeit von Kunden, mit dem Anbieter über das Problem zu sprechen) zu einer Steigerung der wahrgenommenen prozeduralen Gerechtigkeit der Beschwerdebehandlung führt (Goodwin/Ross 1992; Hui/Au 2001). Vor diesem Hintergrund wird die folgende Hypothese formuliert:

H_{15}: *Die Qualität der Verfahrensrichtlinien für die Beschwerdebehandlung hat einen positiven Einfluss auf die wahrgenommene prozedurale Gerechtigkeit der Beschwerdebehandlung.*

Im Rahmen der sechszehnten Hypothese wird der Zusammenhang zwischen der Qualität der Verhaltensrichtlinien für die Beschwerdebehandlung und der wahrgenommenen interaktiven Gerechtigkeit der Beschwerdebehandlung untersucht. Wie bereits beschrieben, umfasst die wahrgenommene interaktive Gerechtigkeit die Facetten Empathie, Höflichkeit und Bemühtheit. Schon allein die Existenz von Verhaltensrichtlinien für die Beschwerdebehandlung signalisiert Mitarbeitern die hohe Bedeutung eines angemessenen Interaktionsverhaltens gegenüber Beschwerdeführern. Entsprechend kundenorientiert ausgestaltet, fördern solche Richtlinien ein adäquates Mitarbeiterverhalten im Umgang mit sich beschwerenden Kunden (Homburg/Werner 1998; Stauss/Seidel 2002) und steigern damit die von Kunden während der Beschwerdebehandlung empfundene Empathie, Höflichkeit und Bemühtheit. Diese Sichtweise wird von empirischen Studien gestützt, die feststellen, dass ein kundenorientiertes Interaktionsverhalten von Mitarbeitern die wahrgenommene Gerechtigkeit der Beschwerdebehandlung (Goodwin/Ross 1989; Maxham/Netemeyer 2003) und die Zufriedenheit von Kunden (Bitner/Booms/Tetreault 1990) erhöht. Hieraus ergibt sich die folgende Hypothese:

H_{16}: *Die Qualität der Verhaltensrichtlinien für die Beschwerdebehandlung hat einen positiven Einfluss auf die wahrgenommene interaktive Gerechtigkeit der Beschwerdebehandlung.*

Die siebzehnte Hypothese befasst sich mit dem Effekt der Qualität der Ergebnisrichtlinien für die Beschwerdebehandlung auf die wahrgenommene distributive Gerechtigkeit der Beschwerdebehandlung. Wie schon erwähnt, besteht die wahrgenommene distributive Gerechtigkeit aus den Elementen Angemessenheit, Gleichbehandlung und Bedürfnisgerechtigkeit. Indem ein Unternehmen die Mitarbeiter im Kundenkontakt ermächtigt und anweist, im Zuge der Behandlung von Beschwerden eine kulante Wiedergutmachung zu gewähren, steigert es die Wahrscheinlichkeit, dass Kunden ein faire Beschwerdelösung erhalten (Berry/ Zeithaml/Parasuraman 1990). Dies wiederum erhöht aus Kundensicht die Angemessenheit des Ergebnisses der Beschwerdebehandlung (Smith/Bolton/Wagner 1999). Außerdem trägt die Existenz von Ergebnisrichtlinien dazu bei, dass Mitarbeiter bei ähnlichen Beschwerdefällen auch fortwährend eine ähnliche Art der Wiedergutmachung und ein etwa gleich hohes Ausmaß an Wiedergutmachung anbieten (Sparks/McColl-Kennedy 2001) und damit bei Beschwerdeführern einen hohen Grad an wahrgenommener Gleichbehandlung sicherstellen (Tax/Brown/Chandrashekaran 1998). Zudem erhöhen die Ermächtigung der Mitarbeiter, eigenständig eine zufriedenstellende Wiedergutmachung zu gewähren, sowie die Anweisung, sich bei der Beschwerdelösung an den Kundenpräferenzen zu orientieren, die Wahrscheinlichkeit, dass das Ergebnis der Beschwerdebehandlung den Wünschen bzw. Erfordernissen des Beschwerdeführers entspricht (Chebat/Kollias 2000; Hart/Heskett/Sasser 1990). In den Augen der Kunden steigert dies die Bedürfnisgerechtigkeit der erhaltenen Wiedergutmachung (Smith/Bolton/Wagner 1999). Diese Überlegungen führen zu der folgenden Hypothese:

H_{17}: Die Qualität der Ergebnisrichtlinien für die Beschwerdebehandlung hat einen positiven Einfluss auf die wahrgenommene distributive Gerechtigkeit der Beschwerdebehandlung.

Die achtzehnte Hypothese betrachtet den Zusammenhang zwischen dem Unterstützungsgrad der Beschwerdebehandlung durch das interne Umfeld (Organischer Ansatz) und der von Kunden wahrgenommenen Gerechtigkeit der Beschwerdebehandlung. Gemäß der Verhaltenswissenschaftlichen Entscheidungstheorie (Abschnitt 2.3.1) können Maßnahmen zur Personalweiterbildung und -führung sowie die Schaffung einer angemessenen Unternehmenskultur das Verhalten von Mitarbeitern derart beeinflussen, dass diese ihre Entscheidungen im Sinne des Unternehmens treffen (Simon 1997, S. 112). Zudem ist davon auszugehen, dass das interne Umfeld den Mitarbeitern verdeutlicht, wie sie sich als Mitglied des Unternehmens zu verhalten haben. Gestützt auf die Rollentheorie (Abschnitt 2.3.2) kann daher angenommen werden, dass hierdurch die von Mitarbeitern empfundene Klarheit über ihre einzunehmende Rolle in der Organisation steigt. Im Einklang mit der empirischen Studie von Singh/Verbeke/ Rhoads (1996) wird außerdem vermutet, dass Mitarbeiter umso unwahrscheinlicher einen Rollenkonflikt (d.h. eine Unvereinbarkeit zwischen den Rollenerwartungen des internen Umfelds und der Beschwerdeführer) wahrnehmen, je stärker das interne Umfeld eine kundenorientierte Beschwerdebehandlung unterstützt. Erwiesenermaßen verbessern ein hohes Maß an Rollenklarheit und ein geringes Maß an Rollenkonflikt wiederum die Fähigkeit von Mitarbeitern im Umgang mit Kunden und damit letztlich auch die Kundenbeurteilung der Transaktion mit einem Anbieter (Bettencourt/Brown 2003; Chebat/Kollias 2000; Hartline/Ferrell 1996).

Eine spezielle Betrachtung der Wirkung des Personalmanagements zeigt, dass angemessene Maßnahmen zur Personalweiterbildung und -führung das wahrgenommene Maß an Rollenklarheit erhöhen bzw. an Rollenkonflikt reduzieren (Kohli 1985; Shoemaker 1999) sowie ein kundenorientiertes Mitarbeiterverhalten im Generellen (Grönroos 2000; Jaworski/Kohli 1993) und eine kundenorientierte Beschwerdebehandlung im Speziellen (de Ruyter/Brack 1993) fördern. Dies wiederum erhöht die Zufriedenheit von Kunden im Generellen (Heskett et al. 1994) und die von Beschwerdeführern wahrgenommene prozedurale, interaktive und distributive Gerechtigkeit der Beschwerdebehandlung im Speziellen (Maxham/Netemeyer 2003).

In Bezug auf die Wirkung der Unternehmenskultur weisen Studien darauf hin, dass Mitarbeiter durch die Wahrnehmung der in einer Organisation geteilten Werte, Normen und Verhaltensweisen erfahren, welche Erwartungen an sie als Mitglied des Unternehmens gestellt werden (Grönroos 2000; Heide/John 1992). Dies wiederum trägt zu einer Steigerung des Maßes an Rollenklarheit bei (Jones/Busch/Dacin 2003). Je mehr Kundenkontaktmitarbeiter die Kultur ihres Unternehmens als kundenorientiert wahrnehmen, desto geringer ist der von ihnen empfundene Rollenkonflikt, desto stärker ausgeprägt ist folglich ihr kundenorientiertes Verhalten (Siguaw/Brown/Widing 1994) und desto höher ist damit letztlich die Zufriedenheit von Kunden (Humphreys/Williams 1996). Zudem wird in der Beschwerdeliteratur nicht nur auf die Bedeutung einer hohen generellen Kundenorientierung der Unternehmenskultur hingewiesen (Cook/Macaulay 1997), sondern auch auf die Relevanz einer positiven Einstellung gegenüber Beschwerden bzw. Beschwerdeführern (Johnston 2001) und einer konstruktiven Einstellung gegenüber betrieblichen Schwachstellen und Fehlern (Tax/Brown 1998). Die Existenz solcher Einstellungen fördert entsprechende Verhaltensweisen von Mitarbeitern (Kraus 1995) und erhöht dadurch die Wahrscheinlichkeit, dass Kunden den Beschwerdebehandlungs-Prozess, das Interaktionsverhalten von Mitarbeitern und das Beschwerdeergebnis als fair beurteilen (Maxham/Netemeyer 2003). Insgesamt wird deshalb Folgendes vermutet:

H_{18}: Der Grad der Unterstützung der Beschwerdebehandlung durch das interne Umfeld hat

a) einen positiven Einfluss auf die wahrgenommene prozedurale Gerechtigkeit der Beschwerdebehandlung,

b) einen positiven Einfluss auf die wahrgenommene interaktive Gerechtigkeit der Beschwerdebehandlung sowie

c) einen positiven Einfluss auf die wahrgenommene distributive Gerechtigkeit der Beschwerdebehandlung.

Im Rahmen der neunzehnten, zwanzigsten und einundzwanzigsten Hypothese wird der Einfluss der drei Dimensionen der wahrgenommenen Gerechtigkeit der Beschwerdebehandlung auf die Beschwerdezufriedenheit analysiert. Eine Vielzahl empirischer Zufriedenheitsstudien berichtet von einem positiven Zusammenhang zwischen der von Kunden wahrgenommenen Fairness und der Zufriedenheit von Kunden (Oliver/Swan 1989a, b; Szymanski/Henard 2001). Darüber hinaus zeigen empirische Arbeiten zur Reaktion von Kunden auf die Beschwerdebehandlung, dass sich Kundenwahrnehmungen in Bezug auf die prozedurale, interaktive bzw. distributive Gerechtigkeit der Beschwerdebehandlung positiv auf die Beschwerdezufriedenheit auswirken (Smith/Bolton/Wagner 1999; Tax/Brown/Chandrashekaran 1998) (vgl. hierzu auch Abschnitt 2.2.2.2). Hieraus ergeben sich die folgenden Hypothesen:

H_{19}: *Die wahrgenommene prozedurale Gerechtigkeit der Beschwerdebehandlung hat einen positiven Einfluss auf die Beschwerdezufriedenheit.*

H_{20}: *Die wahrgenommene interaktive Gerechtigkeit der Beschwerdebehandlung hat einen positiven Einfluss auf die Beschwerdezufriedenheit.*

H_{21}: *Die wahrgenommene distributive Gerechtigkeit der Beschwerdebehandlung hat einen positiven Einfluss auf die Beschwerdezufriedenheit.*

Die zweiundzwanzigste Hypothese analysiert die Beziehung zwischen der Beschwerdezufriedenheit und der Gesamtzufriedenheit (nach der Beschwerde). Da sie weitgehend der siebten Hypothese dieser Arbeit entspricht, erfolgt an dieser Stelle lediglich ein Verweis auf deren Herleitung in Abschnitt 3.3.1. Auf Basis dessen und im Einklang mit empirischen Studien, die einen entsprechenden Zusammenhang nachweisen (McCollough/Berry/Yadav 2000; Stauss 2002) (vgl. hierzu auch Abschnitt 2.2.2.2), wird die folgende Hypothese aufgestellt:

H_{22}: *Die Beschwerdezufriedenheit hat einen positiven Einfluss auf die Gesamtzufriedenheit (nach der Beschwerde).*

Die dreiundzwanzigste Hypothese beschäftigt sich mit dem Effekt der Beschwerdezufriedenheit auf die Kundenbindung (nach der Beschwerde). Aus Kundensicht stellt eine Beschwerde oftmals eine wegweisende Erfahrung dar. Falls der Anbieter während dieser kritischen Phase einer Geschäftsbeziehung einen hohen Grad an Kundenorientierung unter Beweis stellt, kann die Kundenbindung sogar über das Maß vor dem Auftreten des Problems ansteigen (Hart/Heskett/Sasser 1990; Smith/Bolton 1998). Im umgekehrten Fall entscheidet sich der Beschwerdeführer hingegen möglicherweise für eine sofortige Beendigung der Geschäftsbeziehung (Keaveney 1995). Vor diesem Hintergrund ist zu vermuten, dass die Beschwerdezufriedenheit einen direkten positiven Einfluss auf die Kundenbindung (nach der Beschwerde) besitzt. Diese Vermutung wird durch die Theorie der kognitiven Dissonanz (Festinger 1957) gestützt, da im Falle einer hohen Beschwerdezufriedenheit die Loyalität gegenüber dem Anbieter ein Mechanismus ist, mit dem der Beschwerdeführer ein kognitives Gleichgewicht sicherstellen kann. Sie steht zudem im Einklang mit Resultaten empirischer Studien (Davidow/ Leigh 1998; Gilly/Gelb 1982). Somit lässt sich die folgende Hypothese formulieren:

H_{23}: *Die Beschwerdezufriedenheit hat einen positiven Einfluss auf die Kundenbindung (nach der Beschwerde).*

Im Rahmen der vierundzwanzigsten Hypothese geht es schließlich um die Wirkung der Gesamtzufriedenheit (nach der Beschwerde) auf die Kundenbindung (nach der Beschwerde). Analog zur vorangegangenen Hypothese kann auch in diesem Fall die Theorie der kognitiven Dissonanz herangezogen werden, um einen positiven Zusammenhang zwischen den Konstrukten zu fundieren. Die Beziehung zwischen Kundenzufriedenheit und Kundenbindung ist Gegenstand vieler empirischer Arbeiten (Szymanski/Henard 2001). Die meisten Studien stellen dabei einen positiven Effekt von Kundenzufriedenheit auf Kundenbindung fest (Fornell et al. 1996; Mittal/Ross/Baldasare 1998). Daher wird die folgende Hypothese formuliert:

H_{24}: *Die Gesamtzufriedenheit (nach der Beschwerde) hat einen positiven Einfluss auf die Kundenbindung (nach der Beschwerde).*

In Abbildung 7 wird abschließend ein Überblick über die unterstellten Haupteffekte gegeben.

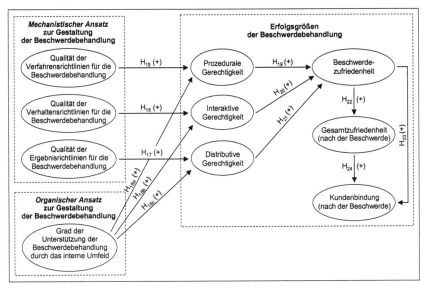

Abbildung 7: Hypothesen zu Haupteffekten im Beschwerdebehandlungs-Modell

4.3.2 Herleitung der Hypothesen zu den moderierenden Effekten

Wie bereits im Rahmen der Zusammenfassung des Erkenntnisbeitrags der theoretisch-konzeptionellen Bezugspunkte (Abschnitt 2.3.4) und der Darstellung des Bezugsrahmens des vorliegenden Modells (Abschnitt 4.1) erwähnt, stellen die Implementierung adäquater Richtlinien für die Beschwerdebehandlung und die Schaffung eines angemessenen internen Umfelds für die Beschwerdebehandlung zwei grundlegende Ansätze zur Gestaltung der Beschwerdebehandlung dar. Vor diesem Hintergrund drängt sich die Frage auf, ob die nützliche Wirkung adäquater Richtlinien für die Beschwerdebehandlung (Mechanistischer Ansatz) unabhängig ist von der Beschaffenheit des internen Umfelds (Organischer Ansatz).

Die fünfundzwanzigste Hypothese beschäftigt sich daher mit dem Einfluss des Unterstützungsgrades der Beschwerdebehandlung durch das interne Umfeld auf den Zusammenhang zwischen der Qualität von Richtlinien für die Beschwerdebehandlung und der von Kunden wahrgenommenen Gerechtigkeit der Beschwerdebehandlung. Diese Hypothese basiert auf der Vermutung, dass ein Unternehmen in geringerem Maße Richtlinien für den richtigen Umgang mit Beschwerden benötigt, falls es über ein internes Umfeld verfügt, das eine kundenorientierte Annahme und Bearbeitung von Beschwerden fördert.

Diese Annahme steht im Einklang mit Arbeiten zur Verhaltenswissenschaftlichen Entscheidungstheorie (Abschnitt 2.3.1). Beispielsweise betont Simon (1997, S. 311), dass die Effektivität der Ansätze zur Beeinflussung von Mitarbeiterverhalten (wie z.B. die Implementierung von Richtlinien) von „the training and competence of the employees" (einer zentralen Facette des internen Umfelds) abhängt: Je geschulter und kompetenter das Personal ist, desto weniger braucht ein Unternehmen spezielle Richtlinien und andere Arten von Anweisungen (Simon 1997). Die Rollentheorie (Abschnitt 2.3.2) stützt ebenfalls diese Argumentationsführung. In einer Firma mit einem internen Umfeld, das eine kundenorientierte Behandlung von Beschwerden eindeutig unterstützt, nehmen Mitarbeiter mit Beschwerdemanagement-Aufgaben ein hohes Maß an Rollenklarheit und ein geringes Maß an Rollenkonflikt wahr (vgl. hierzu auch die Herleitung der achtzehnten Hypothese in Abschnitt 4.3.1). In einem solchen Fall besteht deshalb eine geringere Notwendigkeit zur Implementierung spezieller Richtlinien, die klarstellen, dass die Behandlung von Beschwerden auf eine kundenorientierte Art und Weise erfolgen soll. Basierend auf diesen Überlegungen werden die folgenden Vermutungen angestellt:

H_{25}: *Der Grad der Unterstützung der Beschwerdebehandlung durch das interne Umfeld hat einen negativen Einfluss auf*

a) *den Zusammenhang zwischen der Qualität der Verfahrensrichtlinien für die Beschwerdebehandlung und der wahrgenommenen prozeduralen Gerechtigkeit der Beschwerdebehandlung,*

b) *den Zusammenhang zwischen der Qualität der Verhaltensrichtlinien für die Beschwerdebehandlung und der wahrgenommenen interaktiven Gerechtigkeit der Beschwerdebehandlung sowie*

c) *den Zusammenhang zwischen der Qualität der Ergebnisrichtlinien für die Beschwerdebehandlung und der wahrgenommenen distributiven Gerechtigkeit der Beschwerdebehandlung.*

Gegenstand der sechsundzwanzigsten Hypothese ist der Einfluss der Art der Geschäftsbeziehung (B2B vs. B2C) auf den Zusammenhang zwischen der Qualität von Beschwerdebehandlungs-Richtlinien und der von Kunden wahrgenommenen Gerechtigkeit der Beschwerdebehandlung. Die Herleitung dieser Hypothese basiert auf der Annahme, dass sich B2B-Märkte bezüglich verschiedener Merkmale grundlegend von B2C-Märkten unterscheiden. Einige Charakteristika von B2B-Märkten (geringe Anzahl an Kunden, Langfristigkeit von Geschäftsbeziehungen, hoher Interaktionsgrad zwischen Mitgliedern des Anbieter- und des Kundenunternehmens; Nielson 1998; Webster 1978) lassen letztlich eine geringere Bedeutung von Beschwerdebehandlungs-Richtlinien in einem B2B-Kontext (als in einem B2C-Kontext) vermuten. Für eine detailliertere Begründung der vorliegenden Hypothese sei auf die Herleitung der Hypothese H_{13a} (Abschnitt 3.3.2) verwiesen. Dort wird ausführlich dargelegt, wieso der Einfluss der Qualität der (über das Aufstellen entsprechender Richtlinien erfolgenden) Gestaltung der Beschwerdebehandlung auf die Beschwerdezufriedenheit wohl in einem B2B-Kontext geringer ist (als in einem B2C-Kontext). Die gleiche Argumentationsführung kann für die vorliegende Hypothese angewendet werden. Im Einzelnen wird vermutet:

H_{26}: *Die folgenden Effekte sind in einem B2B-Kontext schwächer als in einem B2C-Kontext:*

a) *der Einfluss der Qualität der Verfahrensrichtlinien für die Beschwerdebehandlung auf die wahrgenommene prozedurale Gerechtigkeit der Beschwerdebehandlung*

b) *der Einfluss der Qualität der Verhaltensrichtlinien für die Beschwerdebehandlung auf die wahrgenommene interaktive Gerechtigkeit der Beschwerdebehandlung*

c) *der Einfluss der Qualität der Ergebnisrichtlinien für die Beschwerdebehandlung auf die wahrgenommene distributive Gerechtigkeit der Beschwerdebehandlung*

Im Gegensatz hierzu wird angenommen, dass die Bedeutung eines angemessenen internen Umfelds für die Beschwerdebehandlung nicht von der Art der Geschäftsbeziehung abhängt, sondern stattdessen in einem B2B-Kontext genauso hoch ist wie in einem B2C-Kontext. Deshalb unterbleibt an dieser Stelle die Formulierung einer Hypothese, die einen moderierenden Effekt der Art der Geschäftsbeziehung auf den Zusammenhang zwischen dem Unterstützungsgrad der Beschwerdebehandlung durch das interne Umfeld und der von Kunden wahrgenommenen Gerechtigkeit der Beschwerdebehandlung unterstellt. Dennoch soll auch dieser Sachverhalt einer empirischen Analyse unterzogen werden.

Die siebenundzwanzigste Hypothese befasst sich schließlich mit dem Einfluss der Art der Branche (Dienstleistungsbranche vs. Sachgüterbranche) auf den Zusammenhang zwischen der Qualität von Richtlinien für die Beschwerdebehandlung und der von Kunden wahrgenommenen Gerechtigkeit der Beschwerdebehandlung. Der Untersuchung dieser Hypothese liegt die Annahme zugrunde, dass mehrere deutliche Unterschiede zwischen Dienstleistungen und Sachgütern existieren. Einige charakteristische Merkmale von Dienstleistungen (Simultanität von Produktion und Konsum, hoher Heterogenitätsgrad der Unternehmensleistung, Intangibilität; Zeithaml/Parasuraman/Berry 1985) legen letztlich die Vermutung nahe, dass Richtlinien für die Beschwerdebehandlung im Dienstleistungsbereich eine höhere Relevanz besitzen (als im Sachgüterbereich). Analog zur vorangegangenen Hypothese wird auch bei dieser Hypothese auf eine ausführlichere Herleitung verzichtet. Stattdessen erfolgt an dieser Stelle ein Verweis auf die Hypothese H_{14a} (Abschnitt 3.3.2). Im Rahmen der Ableitung dieser Hypothese wird detailliert erläutert, wieso die Qualität der Gestaltung der (über das Aufstellen entsprechender Richtlinien erfolgenden) Beschwerdebehandlung vermutlich im Dienstleistungsbereich einen höheren Einfluss auf die Beschwerdezufriedenheit besitzt (als im Sachgüterbereich). Für die vorliegende Hypothese kann identisch argumentiert werden. Vor diesem Hintergrund wird Nachstehendes erwartet:

H_{27}: Die folgenden Effekte sind im Dienstleistungsbereich stärker als im Sachgüterbereich:

a) *der Einfluss der Qualität der Verfahrensrichtlinien für die Beschwerdebehandlung auf die wahrgenommene prozedurale Gerechtigkeit der Beschwerdebehandlung*

b) *der Einfluss der Qualität der Verhaltensrichtlinien für die Beschwerdebehandlung auf die wahrgenommene interaktive Gerechtigkeit der Beschwerdebehandlung*

c) *der Einfluss der Qualität der Ergebnisrichtlinien für die Beschwerdebehandlung auf die wahrgenommene distributive Gerechtigkeit der Beschwerdebehandlung*

Hingegen scheinen keine zwingenden Argumente dafür zu existieren, dass sich der Einfluss des Unterstützungsgrades der Beschwerdebehandlung durch das interne Umfeld auf die von Kunden wahrgenommene Gerechtigkeit der Beschwerdebehandlung in Abhängigkeit von der Art der Branche unterscheidet. Demzufolge wird auch keine entsprechende Hypothese aufgestellt. Gleichwohl soll auch dieser Sachverhalt empirisch untersucht werden.

4.4 Messung der Konstrukte

Im Anschluss an die Herleitung der Hypothesen des Beschwerdebehandlungs-Modells soll in diesem Abschnitt die Messung der einzelnen Konstrukte des Modells dargestellt werden. Im Zuge dessen wird zu Beginn auf die Konstrukte eingegangen, die die Gestaltung der Beschwerdebehandlung repräsentieren. Hierauf folgen die im Modell enthaltenen Erfolgsgrößen der Beschwerdebehandlung.

Die Gestaltung der Beschwerdebehandlung wird im vorliegenden Modell über die vier Konstrukte Qualität der Verfahrensrichtlinien für die Beschwerdebehandlung, Qualität der Verhaltensrichtlinien für die Beschwerdebehandlung, Qualität der Ergebnisrichtlinien für die Beschwerdebehandlung und Grad der Unterstützung der Beschwerdebehandlung durch das interne Umfeld abgedeckt. Während die drei erstgenannten Konstrukte den Mechanistischen Ansatz zur Gestaltung der Beschwerdebehandlung verkörpern, stellt das letztgenannte Konstrukt den Organischen Ansatz zur Gestaltung der Beschwerdebehandlung dar. Da in der Beschwerdeliteratur keine entsprechenden Messinstrumente existierten, mussten die Skalen zur Messung dieser Konstrukte vollständig neu generiert werden. Hierzu wurde auf die Bestandsaufnahme der relevanten Literatur (Abschnitte 2.2.3.1 und 2.2.3.2) und die vorab geführten Expertengespräche (Abschnitt 2.4.1.1) zurückgegriffen. Die Ankerpunkte der so entwickelten siebenstufigen Likert-Skalen erhielten die Benennungen „stimme voll zu" und „stimme gar nicht zu".

Die *Qualität der Verfahrensrichtlinien für die Beschwerdebehandlung* wurde als das Ausmaß definiert, zu dem im Unternehmen ein klarer und einfacher formaler Prozess für die Annahme und Bearbeitung von Beschwerden existiert, der im Einklang mit den Bedürfnissen von Beschwerdeführern steht. Die Operationalisierung des Konstrukts erfolgt über sechs reflektive Indikatoren. Die in Tabelle 18 dargestellten Kriterien für die Messgüte des Konstrukts werden alle erfüllt.

Informationen zu den Indikatoren des Faktors „Qualität der Verfahrensrichtlinien für die Beschwerdebehandlung"

	Item-to-Total-Korrelation	Indikator-reliabilität	t-Wert der Faktorladung
In unserem Unternehmen ist der Soll-Ablauf des Beschwerdebehandlungs-Prozesses ...			
... klar geregelt.	0,66	0,51	30,15
... einfach geregelt.	0,61	0,43	29,57
In unserem Unternehmen sieht der Soll-Ablauf des Beschwerdebehandlungs-Prozesses vor, dass ...			
... Beschwerden innerhalb eines angemessenen Zeitraums bearbeitet werden müssen.	0,64	0,46	29,45
... Beschwerdeführer innerhalb eines angemessenen Zeitraums eine Rückmeldung über den Stand bzw. das Ergebnis der Beschwerdebearbeitung erhalten.	0,65	0,48	30,86
... Mitarbeiter bei der Beschwerdeannahme/-bearbeitung die Beschwerdeinformationen schnell, vollständig und strukturiert erfassen.	0,78	0,72	33,82
... Mitarbeiter nach der Beschwerdeannahme/-bearbeitung die Beschwerdeinformationen schnell, vollständig und strukturiert an die zuständige Stelle weiterleiten.	0,84	0,85	33,65

Informationen zum Faktor „Qualität der Verfahrensrichtlinien für die Beschwerdebehandlung"

Cronbachsches Alpha:	0,88	Erklärte Varianz:	0,64
χ^2-Wert (Freiheitsgrade):	18,53 (9)	RMSEA:	0,10
GFI:	0,98	Faktorreliabilität:	0,89
AGFI:	0,95	Durchschnittlich erfasste Varianz:	0,58

Tabelle 18: Messung des Konstrukts „Qualität der Verfahrensrichtlinien für die Beschwerdebehandlung"

Die *Qualität der Verhaltensrichtlinien für die Beschwerdebehandlung* wurde als das Ausmaß definiert, zu dem im Unternehmen ein klarer und einfacher Grundsatz für das Interaktionsverhalten von Mitarbeitern gegenüber Beschwerdeführern existiert, der mit den Bedürfnissen von sich beschwerenden Kunden übereinstimmt. Dieses Konstrukt wird ebenfalls anhand sechs reflektiver Indikatoren gemessen. Alle Gütekriterien liegen im grünen Bereich (Tabelle 19).

Informationen zu den Indikatoren des Faktors „Qualität der Verhaltensrichtlinien für die Beschwerdebehandlung"

	Item-to-Total-Korrelation	Indikator-reliabilität	t-Wert der Faktorladung
In unserem Unternehmen ist das Verhalten von Mitarbeitern gegenüber Kunden bei der Beschwerdebehandlung ...			
... klar geregelt.	0,69	0,52	36,32
... einfach geregelt.	0,69	0,53	35,29
In unserem Unternehmen sehen die Verhaltensrichtlinien für die Beschwerdebehandlung vor, dass Mitarbeiter gegenüber Kunden stets ...			
... freundlich und hilfsbereit sind.	0,83	0,78	36,41
... Interesse und Verständnis zeigen.	0,88	0,88	38,40
... selbst die Verantwortung für das Problem übernehmen.	0,65	0,46	34,43
... kundenorientiert auftreten.	0,80	0,73	33,47

Informationen zum Faktor „Qualität der Verhaltensrichtlinien für die Beschwerdebehandlung"

Cronbachsches Alpha:	0,91	Erklärte Varianz:	0,70
χ^2-Wert (Freiheitsgrade):	9,70 (9)	RMSEA:	0,03
GFI:	0,99	Faktorreliabilität:	0,92
AGFI:	0,97	Durchschnittlich erfasste Varianz:	0,65

Tabelle 19: Messung des Konstrukts „Qualität der Verhaltensrichtlinien für die Beschwerdebehandlung"

Das Beschwerdebehandlungs-Modell

Unter der *Qualität der Ergebnisrichtlinien für die Beschwerdebehandlung* wird das Ausmaß verstanden, zu dem im Unternehmen ein klarer und einfacher Grundsatz für die Gewährung von Wiedergutmachung gegenüber Beschwerdeführern vorhanden ist, der im Einklang mit den Bedürfnissen von sich beschwerenden Kunden steht. Auch dieses Konstrukt wird über sechs reflektive Indikatoren operationalisiert. Die in Tabelle 20 aufgeführten Gütekriterien deuten auf eine alles in allem akzeptable Messung des Konstrukts hin. Das sechste Item weist zwar eine etwas zu niedrige Indikatorreliabilität auf, allerdings sprechen inhaltliche Überlegungen für die Beibehaltung dieses Indikators. Zudem liegt die durchschnittlich erfasste Varianz leicht unterhalb des empfohlenen Mindestwertes.

Informationen zu den Indikatoren des Faktors „Qualität der Ergebnisrichtlinien für die Beschwerdebehandlung"			
	Item-to-Total-Korrelation	Indikator-reliabilität	t-Wert der Faktorladung
In unserem Unternehmen ist die Wiedergutmachung bei Beschwerden ...			
... klar geregelt.	0,68	0,59	34,45
... einfach geregelt.	0,63	0,51	33,27
In unserem Unternehmen sehen die Richtlinien zur Wiedergutmachung bei Beschwerden vor, dass ...			
... Mitarbeiter in dem Maße Entscheidungs- und Weisungsbefugnisse besitzen, wie es für eine aus Kundensicht zufriedenstellende Beschwerdelösung notwendig ist.	0,60	0,43	31,37
... Mitarbeiter mit direktem Kundenkontakt Maßnahmen zur Wiedergutmachung bis zu einem bestimmten Grad eigenständig entscheiden können.	0,68	0,55	32,03
... Kunden auf kulante Art und Weise entschädigt werden.	0,67	0,52	29,28
... sich die Beschwerdelösung an den Wünschen von sich beschwerenden Kunden orientiert.	0,53	0,32	25,56
Informationen zum Faktor „Qualität der Ergebnisrichtlinien für die Beschwerdebehandlung"			
Cronbachsches Alpha:	0,85	Erklärte Varianz:	0,57
χ²-Wert (Freiheitsgrade):	11,99 (9)	RMSEA:	0,06
GFI:	0,98	Faktorreliabilität:	0,85
AGFI:	0,96	Durchschnittlich erfasste Varianz:	0,49

Tabelle 20: Messung des Konstrukts „Qualität der Ergebnisrichtlinien für die Beschwerdebehandlung"

Der *Grad der Unterstützung der Beschwerdebehandlung durch das interne Umfeld* wurde als das Ausmaß definiert, zu dem das Personalmanagement und die Kultur eines Unternehmens eine kundenorientierte Annahme und Bearbeitung von Beschwerden fördern. In die ursprüngliche Konstruktmessung gingen 20 reflektive Indikatoren ein. Aufgrund zu niedriger Indikatorreliabilität wurde ein Item eliminiert, das finanzielle Belohnungen von Mitarbeitern erfasste. Bezogen auf die 19 verbliebenen Indikatoren weist die Messung des Konstrukts verhältnismäßig gute Werte der Gütekriterien auf (Tabelle 21). Einige Items besitzen zwar eine etwas zu niedrige Indikatorreliabilität, jedoch wurde sich aus inhaltlichen Gründen gegen eine weitere Eliminierung von Items entschieden. Darüber hinaus unterschreiten die Werte für die erklärte Varianz und die durchschnittlich erfasste Varianz geringfügig die in der Literatur vorgeschlagenen Mindestwerte.

Informationen zu den Indikatoren des Faktors „Grad der Unterstützung der Beschwerdebehandlung durch das interne Umfeld"

	Item-to-Total-Korrelation	Indikator-reliabilität	t-Wert der Faktorladung
In unserem Unternehmen ...			
... werden Mitarbeiter mit Beschwerdemanagement-Aufgaben im Rahmen der Personalweiterbildung für die Wichtigkeit von Beschwerden sensibilisiert.	0,70	0,53	38,27
... werden Mitarbeiter mit Beschwerdemanagement-Aufgaben im Umgang mit unzufriedenen Kunden geschult.	0,56	0,35	35,70
... kommunizieren Führungskräfte die Beschwerdemanagement-/Kundenzufriedenheits-/Kundenbindungs-Ziele des Unternehmens regelmäßig an ihre Mitarbeiter.	0,67	0,48	39,88
... beziehen Führungskräfte Beschwerdemanagement-/Kundenzufriedenheits-/Kundenbindungs-Ziele in die Zielvereinbarungen mit Mitarbeitern mit Beschwerdemanagement-Aufgaben ein.	0,59	0,38	42,58
... werden bei der Beurteilung von Mitarbeitern mit Beschwerdemanagement-Aufgaben die Erreichungsgrade der unternehmerischen Beschwerdemanagement-/Kundenzufriedenheits-/Kundenbindungs-Ziele einbezogen.	0,61	0,42	44,30
... bringen Führungskräfte Mitarbeitern mit Beschwerdemanagement-Aufgaben bei guten Leistungen Lob und Anerkennung entgegen.	0,59	0,36	32,68
... leben Führungskräfte Kundenorientierung im Allgemeinen und eine angemessene Beschwerdebehandlung im Speziellen vor und gehen dadurch mit gutem Beispiel voran.	0,60	0,37	27,74
... kommunizieren Führungskräfte regelmäßig den Nutzen eines professionellen Beschwerdemanagements an ihre Mitarbeiter.	0,61	0,39	37,06
... sind Führungskräfte in Bezug auf Beschwerden primär an der zukünftigen Vermeidung von Fehlern statt an der Benennung und Bestrafung von schuldigen Mitarbeitern interessiert.	0,61	0,38	29,70
... wird Kundenorientierung von allen Mitarbeitern gelebt.	0,59	0,36	31,16
... steht der Kunde im Zentrum des Denkens und Handelns.	0,62	0,39	31,53
... sind kundenorientierte Werte und Normen stark verankert.	0,62	0,40	30,16
... haben Mitarbeiter eine tendenziell negative Haltung gegenüber Beschwerden. (r)	0,64	0,46	40,70
... verstehen Mitarbeiter Beschwerden oftmals mehr als Kritik an der eigenen Person und weniger als Möglichkeit zur Wiederherstellung von Kundenzufriedenheit. (r)	0,68	0,52	45,49
... sehen Führungskräfte Beschwerden vordergründig als Resultat von eigenen Fehlentscheidungen statt als Möglichkeit zur zukünftigen Vermeidung von betrieblichen Schwächen und Nutzung von Marktchancen. (r)	0,63	0,44	37,89
... werden sich beschwerende Kunden manchmal auch als Störenfriede empfunden oder als Bittsteller angesehen. (r)	0,66	0,48	42,22
... sind sich Mitarbeiter des Nutzens eines professionellen Beschwerdemanagements nicht voll und ganz bewusst. (r)	0,66	0,49	44,68
... wird offen über betriebliche Schwachstellen/Fehler gesprochen.	0,58	0,35	32,91
... versuchen Mitarbeiter, Probleme zu beheben und Fehler zukünftig zu vermeiden.	0,60	0,37	28,33

Informationen zum Faktor „Grad der Unterstützung der Beschwerdebehandlung durch das interne Umfeld"

Cronbachsches Alpha:	0,93	Erklärte Varianz:	0,45
χ^2-Wert (Freiheitsgrade):	184,68 (152)	RMSEA:	0,04
GFI:	0,96	Faktorreliabilität:	0,93
AGFI:	0,95	Durchschnittlich erfasste Varianz:	0,42
(r): gedrehter Indikator			

Tabelle 21: Messung des Konstrukts „Grad der Unterstützung der Beschwerdebehandlung durch das interne Umfeld"

Nach der Messung der Konstrukte, die sich auf die Gestaltung der Beschwerdebehandlung beziehen, geht es nun um die Messung der Erfolgsgrößen der Beschwerdebehandlung. Zu diesen gehören die wahrgenommene prozedurale, interaktive bzw. distributive Gerechtigkeit der Beschwerdebehandlung sowie die Beschwerdezufriedenheit, Gesamtzufriedenheit (nach der Beschwerde) und Kundenbindung (nach der Beschwerde). Die Messinstrumente für diese Konstrukte wurden in Anlehnung an existierende Skalen entwickelt (vgl. hierzu die entsprechenden Quellenangaben bei der Beschreibung der Konstrukte). Ihr Wortlaut unterscheidet sich geringfügig je nach Art der befragten Kunden (B2B-Kunden vs. B2C-Kunden). In den Tabellen 22 bis 27 sind die im Rahmen der Befragung von B2C-Kunden verwendeten Messinstrumente dargestellt. Bei der Messung der Erfolgsgrößen-Konstrukte kamen fünfstufige Likert-Skalen mit den Ankerpunkten „stimme voll zu" und „stimme gar nicht zu" zum Einsatz.

Die *wahrgenommene prozedurale Gerechtigkeit der Beschwerdebehandlung* beschreibt das Ausmaß, zu dem Beschwerdeführer den Beschwerdebehandlungs-Prozess als fair empfunden haben. Gestützt auf Skalen von Smith/Bolton/Wagner (1999) und Tax/Brown/Chandrashekaran (1998) erfolgt die Operationalisierung dieses Konstrukts über drei reflektive Indikatoren. Wie Tabelle 22 zeigt, werden alle Gütekriterien erfüllt.

Informationen zu den Indikatoren des Faktors „wahrgenommene prozedurale Gerechtigkeit der Beschwerdebehandlung"			
	Item-to-Total-Korrelation	Indikator-reliabilität	t-Wert der Faktorladung
Das Unternehmen reagierte schnell auf meine Beschwerde.	0,76	0,64	4,83
Es wurde mir seitens des Unternehmens die Möglichkeit gegeben, meine Sichtweise des Problems zu erläutern.	0,85	0,88	4,83
Insgesamt betrachtet war die Verfahrensweise des Unternehmens bei der Beschwerdeannahme und Beschwerdebearbeitung fair.	0,81	0,76	4,83
Informationen zum Faktor „wahrgenommene prozedurale Gerechtigkeit der Beschwerdebehandlung"			
Cronbachsches Alpha:	0,90	Erklärte Varianz:	0,84
χ^2-Wert (Freiheitsgrade):	- *	RMSEA:	- *
GFI:	- *	Faktorreliabilität:	0,90
AGFI:	- *	Durchschnittlich erfasste Varianz:	0,76
* Bei drei Indikatoren hat ein konfirmatorisches Modell keine Freiheitsgrade. Die Berechnung dieser Maße ist daher nicht sinnvoll.			

Tabelle 22: Messung des Konstrukts „wahrgenommene prozedurale Gerechtigkeit der Beschwerdebehandlung"

Unter der *wahrgenommenen interaktiven Gerechtigkeit der Beschwerdebehandlung* wird das Ausmaß verstanden, zu dem Beschwerdeführer das Interaktionsverhalten der Mitarbeiter während der Annahme und Bearbeitung ihrer Beschwerde als fair empfunden haben. Die fünf zur Konstruktmessung herangezogenen reflektiven Indikatoren basieren auf Skalen von Smith/Bolton/Wagner (1999), McCollough/Berry/Yadav (2000) und Tax/Brown/Chandrashekaran (1998). Alle in Tabelle 23 aufgeführten Gütekriterien liegen im grünen Bereich.

Informationen zu den Indikatoren des Faktors „wahrgenommene interaktive Gerechtigkeit der Beschwerdebehandlung"			
	Item-to-Total-Korrelation	Indikator-reliabilität	t-Wert der Faktorladung
Die Mitarbeiter schienen großes Interesse an meinem Problem zu haben.	0,84	0,78	6,85
Die Mitarbeiter verstanden genau mein Problem.	0,81	0,70	6,39
Ich fühlte mich von den Mitarbeitern grob behandelt. (r)	0,68	0,49	5,59
Die Mitarbeiter waren sehr bemüht, mein Problem zu lösen.	0,86	0,82	7,04
Insgesamt betrachtet war die Art und Weise fair, wie die Mitarbeiter bei der Beschwerdeannahme und Beschwerdebearbeitung mit mir umgegangen sind.	0,87	0,84	6,71
Informationen zum Faktor „wahrgenommene interaktive Gerechtigkeit der Beschwerdebehandlung"			
Cronbachsches Alpha:	0,93	Erklärte Varianz:	0,78
χ^2-Wert (Freiheitsgrade):	0,81 (5)	RMSEA:	0,00
GFI:	1,00	Faktorreliabilität:	0,93
AGFI:	1,00	Durchschnittlich erfasste Varianz:	0,73
(r): gedrehter Indikator			

Tabelle 23: Messung des Konstrukts „wahrgenommene interaktive Gerechtigkeit der Beschwerdebehandlung"

Die *wahrgenommene distributive Gerechtigkeit der Beschwerdebehandlung* wurde als das Ausmaß definiert, zu dem Beschwerdeführer das Ergebnis der Beschwerdebehandlung (d.h. die vom Unternehmen geleistete Wiedergutmachung) als fair empfunden haben. In Anlehnung am Messinstrumentarium von Smith/Bolton/Wagner (1999) und Tax/Brown/Chandrashekaran (1998) wird dieses Konstrukt über vier reflektive Indikatoren operationalisiert. Die Kriterien für die Güte der Konstruktmessung liegen innerhalb der empfohlenen Grenzen (Tabelle 24).

Informationen zu den Indikatoren des Faktors „wahrgenommene distributive Gerechtigkeit der Beschwerdebehandlung"			
	Item-to-Total-Korrelation	Indikator-reliabilität	t-Wert der Faktorladung
Ich habe vom Unternehmen eine angemessene Wiedergutmachung erhalten.	0,79	0,73	10,36
Ich habe auf meine letzte Beschwerde hin etwa genauso viel Wiedergutmachung erhalten wie bei früheren Beschwerden bei diesem Unternehmen.	0,63	0,43	9,52
Das Unternehmen löste mein Problem, wodurch ich genau das erhielt, was ich brauchte.	0,78	0,71	9,85
Insgesamt betrachtet war die Wiedergutmachung des Unternehmens fair.	0,87	0,91	10,31
Informationen zum Faktor „wahrgenommene distributive Gerechtigkeit der Beschwerdebehandlung"			
Cronbachsches Alpha:	0,89	Erklärte Varianz:	0,76
χ^2-Wert (Freiheitsgrade):	0,02 (2)	RMSEA:	0,00
GFI:	1,00	Faktorreliabilität:	0,90
AGFI:	1,00	Durchschnittlich erfasste Varianz:	0,69

Tabelle 24: Messung des Konstrukts „wahrgenommene distributive Gerechtigkeit der Beschwerdebehandlung"

Die *Beschwerdezufriedenheit* wurde als das Ausmaß definiert, zu dem die von Beschwerdeführern wahrgenommene Leistung des Unternehmens im Rahmen der Beschwerdebehandlung die Erwartungen der Beschwerdeführer übertrifft. Die anhand drei reflektiver Indikatoren vorgenommene Operationalisierung dieses Konstrukts wurde durch Skalen von Bitner/ Hubbert (1994), Maxham/Netemeyer (2003) und Tax/Brown/Chandrashekaran (1998) beeinflusst. Wie Tabelle 25 zeigt, liegt eine hohe Güte der Konstruktmessung vor.

Informationen zu den Indikatoren des Faktors „Beschwerdezufriedenheit"			
	Item-to-Total-Korrelation	Indikator-reliabilität	t-Wert der Faktorladung
Ich war mit der Annahme und Bearbeitung meiner Beschwerde nicht zufrieden. (r)	0,88	0,87	6,14
Ich habe gute Erfahrungen mit meiner Beschwerde bei dem Unternehmen gemacht.	0,80	0,67	6,14
Ich war mit der Beschwerdeannahme und Beschwerdebearbeitung des Unternehmens sehr zufrieden.	0,93	0,99	6,14
Informationen zum Faktor „Beschwerdezufriedenheit"			
Cronbachsches Alpha:	0,94	Erklärte Varianz:	0,89
χ^2-Wert (Freiheitsgrade):	- *	RMSEA:	- *
GFI:	- *	Faktorreliabilität:	0,94
AGFI:	- *	Durchschnittlich erfasste Varianz:	0,84
(r): gedrehter Indikator			
* Bei drei Indikatoren hat ein konfirmatorisches Modell keine Freiheitsgrade. Die Berechnung dieser Maße ist daher nicht sinnvoll.			

Tabelle 25: Messung des Konstrukts „Beschwerdezufriedenheit"

Unter der *Gesamtzufriedenheit (nach der Beschwerde)* wird das Ausmaß verstanden, zu dem die von Kunden wahrgenommene Leistung des Unternehmens im Rahmen der kompletten Geschäftsbeziehung die Erwartungen der Kunden übertrifft. Gestützt auf die Messinstrumentarien von Bitner/Hubbert (1994) und Maxham/Netemeyer (2003) werden drei reflektive Indikatoren zur Konstruktmessung herangezogen. Sämtliche in Tabelle 26 dargestellten Gütekriterien werden erfüllt.

Informationen zu den Indikatoren des Faktors „Gesamtzufriedenheit (nach der Beschwerde)"			
	Item-to-Total-Korrelation	Indikator-reliabilität	t-Wert der Faktorladung
Insgesamt war der Kauf des Produkts eine gute Entscheidung.	0,84	0,75	4,35
Insgesamt habe ich bisher gute Erfahrungen mit dem Unternehmen gemacht.	0,92	0,96	4,35
Insgesamt war ich nach der Beschwerde mit dem Unternehmen sehr zufrieden.	0,88	0,84	4,35
Informationen zum Faktor „Gesamtzufriedenheit (nach der Beschwerde)"			
Cronbachsches Alpha:	0,94	Erklärte Varianz:	0,90
χ^2-Wert (Freiheitsgrade):	- *	RMSEA:	- *
GFI:	- *	Faktorreliabilität:	0,94
AGFI:	- *	Durchschnittlich erfasste Varianz:	0,85
* Bei drei Indikatoren hat ein konfirmatorisches Modell keine Freiheitsgrade. Die Berechnung dieser Maße ist daher nicht sinnvoll.			

Tabelle 26: Messung des Konstrukts „Gesamtzufriedenheit (nach der Beschwerde)"

Die *Kundenbindung (nach der Beschwerde)* wurde als das Ausmaß definiert, zu dem ein Kunde die Geschäftsbeziehung mit einem Unternehmen nach der Beschwerde fortgesetzt hat, sowie das Ausmaß, zu dem der Kunde beabsichtigt, dies auch in Zukunft zu tun. In Anlehnung an die Skalen von Gilly/Gelb (1982) und Maxham/Netemeyer (2003) erfolgt die Operationalisierung dieses Konstrukts über drei reflektive Indikatoren. Alle Gütekriterien liegen im grünen Bereich (Tabelle 27).

Informationen zu den Indikatoren des Faktors „Kundenbindung (nach der Beschwerde)"			
	Item-to-Total-Korrelation	Indikator-reliabilität	t-Wert der Faktorladung
Nach der Beschwerde habe ich das Produkt des Unternehmens weiter gekauft.	0,80	0,71	4,62
Es ist sehr wahrscheinlich, dass ich das Produkt des Unternehmens wieder kaufe.	0,86	0,86	4,62
Ich habe die Absicht, dem Unternehmen treu zu bleiben.	0,86	0,83	4,62
Informationen zum Faktor „Kundenbindung (nach der Beschwerde)"			
Cronbachsches Alpha:	0,92	Erklärte Varianz:	0,86
χ^2-Wert (Freiheitsgrade):	- *	RMSEA:	- *
GFI:	- *	Faktorreliabilität:	0,92
AGFI:	- *	Durchschnittlich erfasste Varianz:	0,80
* Bei drei Indikatoren hat ein konfirmatorisches Modell keine Freiheitsgrade. Die Berechnung dieser Maße ist daher nicht sinnvoll.			

Tabelle 27: Messung des Konstrukts „Kundenbindung (nach der Beschwerde)"

Die Messung der Moderatorvariablen (Art der Geschäftsbeziehung, Art der Branche) erfolgt auf die gleiche Art und Weise wie beim Integrativen Erfolgsfaktoren-Modell. So wird die *Art der Geschäftsbeziehung* über den Anteil des Umsatzes operationalisiert, den das Unternehmen mit B2B-Kunden erwirtschaftet und hat damit ein metrisches Skalenniveau. Die Messung der *Art der Branche* stützt sich auf eine Einteilung in Dienstleistungsunternehmen und Sachgüterunternehmen, die wiederum auf der angegebenen Branchenzugehörigkeit der Unternehmen beruht (vgl. hierzu Tabelle 8). Demzufolge besitzt diese Moderatorvariable ein nominales Skalenniveau.

Nachdem die einzelnen Skalen auf Reliabilität und Konvergenzvalidität überprüft worden sind, soll abschließend noch eine Beurteilung der Diskriminanzvalidität erfolgen. Tabelle 28 zeigt die Ergebnisse des hierzu herangezogenen Fornell-Larcker-Kriteriums (für eine Beschreibung dieses Kriteriums vgl. Abschnitt 2.4.2.1). Alle Paare von Faktoren erfüllen das Fornell-Larcker-Kriterium, so dass von einem Vorhandensein von Diskriminanzvalidität auszugehen ist.

Konstrukt	DEV	1. 0,58	2. 0,65	3. 0,49	4. 0,42	5. 0,76	6. 0,73	7. 0,69	8. 0,84	9. 0,85	10. 0,80
1. Qualität der Verfahrensrichtlinien für die Beschwerdebehandlung	0,58	-									
2. Qualität der Verhaltensrichtlinien für die Beschwerdebehandlung	0,65	0,53	-								
3. Qualität der Ergebnisrichtlinien für die Beschwerdebehandlung	0,49	0,17	0,21	-							
4. Grad der Unterstützung der Beschwerdebehandlung durch das interne Umfeld	0,42	0,12	0,20	0,28	-						
5. wahrgenommene prozedurale Gerechtigkeit der Beschwerdebehandlung	0,76	0,30	0,32	0,29	0,18	-					
6. wahrgenommene interaktive Gerechtigkeit der Beschwerdebehandlung	0,73	0,11	0,24	0,25	0,41	0,48	-				
7. wahrgenommene distributive Gerechtigkeit der Beschwerdebehandlung	0,69	0,06	0,08	0,33	0,16	0,45	0,30	-			
8. Beschwerdezufriedenheit	0,84	0,05	0,11	0,17	0,07	0,63	0,38	0,56	-		
9. Gesamtzufriedenheit (nach der Beschwerde)	0,85	0,01	0,08	0,12	0,08	0,30	0,29	0,34	0,49	-	
10. Kundenbindung (nach der Beschwerde)	0,80	0,02	0,07	0,07	0,05	0,15	0,26	0,16	0,26	0,24	-

Tabelle 28: Ergebnisse der Prüfung auf Diskriminanzvalidität für das Beschwerdebehandlungs-Modell anhand des Fornell-Larcker-Kriteriums

4.5 Empirische Überprüfung der Hypothesen

In diesem Abschnitt wird nun die empirische Überprüfung der verschiedenen Hypothesen des Modells dargestellt. Zunächst soll es in Abschnitt 4.5.1 um die Hypothesen zu den Haupteffekten (H_{15}-H_{24}) gehen. In Abschnitt 4.5.2 erfolgt danach eine Schilderung der empirischen Überprüfung der Hypothesen zu den moderierenden Effekten (H_{25}-H_{27}).

4.5.1 Empirische Überprüfung der Hypothesen zu den Haupteffekten

Die Hypothesen zu den Haupteffekten (H_{15}-H_{24}) werden mit Hilfe der Kausalanalyse (Abschnitt 2.4.2.2) getestet. Das in Abbildung 8 dargestellte Kausalmodell behandelt die auf Unternehmensseite abgefragten, sich auf die Gestaltung der Beschwerdebehandlung beziehenden Konstrukte als exogene Variablen (ξ_1 - ξ_4). Die auf Kundenseite abgefragten Erfolgsgrößen der Beschwerdebehandlung gehen als endogene Variablen (η_1 - η_6) in das Modell ein. Darüber hinaus beinhaltet das Modell die in der LISREL-Notation beschriebenen Pfadkoeffizienten. Sie repräsentieren die Effekte der exogenen Variablen auf die endogenen Variablen (γ_{11} - γ_{34}) bzw. die Effekte der endogenen Variablen untereinander (β_{41} - β_{65}).

Die Werte der globalen Gütemaße (χ^2/df = 1,99; GFI = 0,93; AGFI = 0,93; RMSEA = 0,096) liegen innerhalb der in der Literatur empfohlenen Grenzen (vgl. hierzu Abschnitt 2.4.2.1) und deuten somit auf eine relativ hohe Anpassungsgüte des Modells hin. Abbildung 8 zeigt die Ergebnisse des empirischen Tests der Hypothesen, die sich auf die Haupteffekte des Modells beziehen.

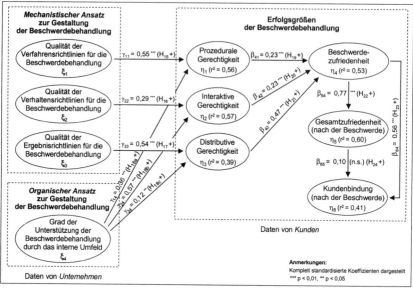

Abbildung 8: Ergebnisse der Überprüfung der Hypothesen zu Haupteffekten im Beschwerdebehandlungs-Modell

Die quadrierten multiplen Korrelationen der abhängigen Variablen (r^2) können als lokale Gütemaße betrachtet werden und sind in Bezug auf das vorliegende Modell durchwegs als hoch zu bezeichnen. Hervorzuheben sind insbesondere die hohen r^2-Werte der Variablen, die sich auf die wahrgenommene Gerechtigkeit der Beschwerdebehandlung beziehen. In diesen Fällen fand die Messung der unabhängigen und abhängigen Variablen auf unterschiedlichen Seiten der Dyade (d.h. auf Unternehmens- bzw. Kundenseite) statt, so dass ein „Common Method Bias" (Fiske 1982; Podsakoff/Organ 1986) ausgeschlossen werden konnte.

Die Hypothese H_{15} findet empirische Unterstützung durch die Daten. Demnach wirkt sich die Qualität der Verfahrensrichtlinien für die Beschwerdebehandlung signifikant positiv auf die von Kunden wahrgenommene prozedurale Gerechtigkeit der Beschwerdebehandlung aus. Die Hypothese H_{16} wird ebenfalls bestätigt. Somit besitzt die Qualität der Verhaltensrichtlinien für die Beschwerdebehandlung einen signifikant positiven Einfluss auf die wahrgenommene interaktive Gerechtigkeit der Beschwerdebehandlung. Die Daten stützen zudem Hypothese H_{17}. Wie vermutet, beeinflusst damit die Qualität der Ergebnisrichtlinien für die Beschwerdebehandlung die wahrgenommene distributive Gerechtigkeit der Beschwerdebehandlung signifikant positiv. Aus konzeptioneller Sicht unterstreichen diese Ergebnisse nachdrücklich die Relevanz des Mechanistischen Ansatzes zur Gestaltung der Beschwerdebehandlung.

Ebenso erfahren die Hypothesen H_{18a}, H_{18b} und H_{18c} eine Bestätigung durch die Daten. Somit hat der Grad der Unterstützung der Beschwerdebehandlung durch das interne Umfeld einen signifikant positiven Einfluss auf die von Kunden wahrgenommene prozedurale, interaktive bzw. distributive Gerechtigkeit der Beschwerdebehandlung. Diese Resultate untermauern die Relevanz des Organischen Ansatzes zur Gestaltung der Beschwerdebehandlung.

Die Hypothesen H_{19}, H_{20} und H_{21} werden ebenfalls empirisch gestützt. Wie erwartet, besitzen Kundenwahrnehmungen in Bezug auf die prozedurale, interaktive bzw. distributive Gerechtigkeit der Beschwerdebehandlung einen signifikant positiven Effekt auf die Beschwerdezufriedenheit. Die Tatsache, dass hierbei die distributive Gerechtigkeit der Beschwerdebehandlung über den stärksten Einfluss verfügt, steht im Einklang mit Smith/Bolton/Wagner (1999).

Darüber hinaus werden auch die Hypothesen H_{22} und H_{23} bestätigt. Demzufolge wirkt sich die Beschwerdezufriedenheit sowohl auf die Gesamtzufriedenheit (nach der Beschwerde) als auch auf die Kundenbindung (nach der Beschwerde) signifikant positiv aus. Die Hypothese H_{24} erfährt hingegen keine empirische Unterstützung, d.h. der erwartete positive Einfluss der Gesamtzufriedenheit (nach der Beschwerde) auf die Kundenbindung (nach der Beschwerde) stellt sich zwar als positiv, nicht aber als signifikant heraus.

Mit einer Ausnahme können somit alle unterstellten Haupteffekte bestätigt werden. Es zeigt sich, dass sowohl der Mechanistische Ansatz als auch der Organische Ansatz über die Beeinflussung der von Kunden wahrgenommenen Gerechtigkeit der Beschwerdebehandlung einen signifikanten Einfluss auf die Beschwerdezufriedenheit (und dadurch letztlich auch auf die Kundenbindung) besitzen. In diesem Zusammenhang stellt sich die Frage, welcher der beiden Ansätze insgesamt über die stärkere Wirkung verfügt. Um dies zu analysieren, wird für beide Ansätze der jeweilige Gesamteffekt auf die Beschwerdezufriedenheit berechnet. Basierend auf den in Abbildung 8 dargestellten Pfadkoeffizienten ergibt sich für den Mechanistischen Ansatz ein entsprechender Gesamteffekt von $(0,55 \cdot 0,23) + (0,29 \cdot 0,23) + (0,54 \cdot 0,47) = 0,45$. Hingegen besitzt der Organische Ansatz lediglich einen entsprechenden Gesamteffekt von $(0,36 \cdot 0,23) + (0,57 \cdot 0,23) + (0,12 \cdot 0,47) = 0,27$. Innerhalb des Mechanistischen Ansatzes hat die Qualität der Ergebnisrichtlinien den stärksten Gesamteffekt auf die Beschwerdezufriedenheit ($0,54 \cdot 0,47 = 0,25$), gefolgt von der Qualität der Verfahrensrichtlinien ($0,55 \cdot 0,23 = 0,13$) und der Qualität der Verhaltensrichtlinien ($0,29 \cdot 0,23 = 0,07$).

4.5.2 Empirische Überprüfung der Hypothesen zu den moderierenden Effekten

Je nach Skalenniveau der moderierenden Variable wird für den Test der Hypothesen H_{25}-H_{27} die moderierte Regressionsanalyse (Abschnitt 2.4.2.2) oder der Chow-Test (Abschnitt 2.4.2.2) eingesetzt. Die Hypothesen H_{25} und H_{26} verfügen über eine moderierende Variable mit metrischer Skalierung, so dass in diesen Fällen auf die moderierte Regressionsanalyse zurückgegriffen wird. Im Falle von Hypothese H_{27} liegt indessen eine nominal skalierte Moderatorvariable vor. Daher wird zur Überprüfung dieser Hypothese der Chow-Test verwendet.

Die Hypothese H_{25} wird größtenteils empirisch gestützt. Tabelle 29 gibt einen Überblick über den Einfluss des Unterstützungsgrades der Beschwerdebehandlung durch das interne Umfeld auf den Zusammenhang zwischen der Qualität von Richtlinien für die Beschwerdebehandlung und der von Kunden wahrgenommenen Gerechtigkeit der Beschwerdebehandlung.

	Abhängige Variable		
Grad der Unterstützung der Beschwerdebehandlung durch das interne Umfeld als Moderator	Prozedurale Gerechtigkeit	Interaktive Gerechtigkeit	Distributive Gerechtigkeit
Haupteffekte			
Qualität der Verfahrensrichtlinien	0,44 ***		
Qualität der Verhaltensrichtlinien		0,17 **	
Qualität der Ergebnisrichtlinien			0,47 ***
Internes Umfeld	0,28 ***	0,56 ***	0,12 *
Interaktionseffekte			
Qualität der Verfahrensrichtlinien x Internes Umfeld (H_{25a})	-0,07		
Qualität der Verhaltensrichtlinien x Internes Umfeld (H_{25b})		-0,26 ***	
Qualität der Ergebnisrichtlinien x Internes Umfeld (H_{25c})			-0,10 *
Anmerkungen: Standardisierte Koeffizienten dargestellt *** $p < 0,01$, ** $p < 0,05$, * $p < 0,10$			

Tabelle 29: Ergebnisse der Überprüfung der Hypothesen zu moderierenden Effekten des internen Umfelds auf die Beziehung zwischen Qualität der Beschwerdebehandlungs-Richtlinien und wahrgenommener Gerechtigkeit der Beschwerdebehandlung

In allen drei Gleichungen sind die sich auf die Haupteffekte beziehenden Regressionskoeffizienten positiv, während hingegen der Regressionskoeffizient des Interaktionsterms jeweils negativ ist. Dies deutet auf eine antagonistische Interaktion hin (Cohen et al. 2002; Neter et al. 1996), d.h. der Unterstützungsgrad der Beschwerdebehandlung durch das interne Umfeld schwächt wie erwartet die Wirkung der Beschwerdebehandlungs-Richtlinien ab. In den zu den Hypothesen H_{25b} und H_{25c} gehörenden Gleichungen ist zudem der Koeffizient des Interaktionsterms statistisch signifikant von 0 verschieden. Somit bestätigt sich, dass der Unterstützungsgrad der Beschwerdebehandlung durch das interne Umfeld einen negativen Einfluss auf den Zusammenhang zwischen der Qualität der Verhaltensrichtlinien für die Beschwerdebehandlung und der wahrgenommenen interaktiven Gerechtigkeit der Beschwerdebehandlung (H_{25b}) besitzt sowie einen negativen Einfluss auf den Zusammenhang zwischen der Qualität der Ergebnisrichtlinien für die Beschwerdebehandlung und der wahrgenommenen distributiven Gerechtigkeit der Beschwerdebehandlung (H_{25c}). Indessen stellt sich der negative moderierende Effekt auf die Beziehung zwischen der Qualität der Verfahrensrichtlinien für die Beschwerdebehandlung und der wahrgenommenen prozeduralen Gerechtigkeit der Beschwerdebehandlung (H_{25a}) als statistisch nicht signifikant heraus.

Die Hypothesen H_{26} und H_{27} betrachten den Einfluss der Kontextvariablen Art der Geschäftsbeziehung bzw. Art der Branche auf die Beziehung zwischen der Qualität von Beschwerdebehandlungs-Richtlinien und der von Kunden wahrgenommenen Gerechtigkeit der Beschwerdebehandlung. Wie die in Tabelle 30 dargestellten Resultate zeigen, wird die Hypothese H_{26} größtenteils und die Hypothese H_{27} voll bestätigt.

		Abhängige Variable		
		Prozedurale Gerechtigkeit	Interaktive Gerechtigkeit	Distributive Gerechtigkeit
Art der Geschäftsbeziehung (B2B-Anteil) als Moderator				
Haupteffekte				
Qualität der Verfahrensrichtlinien		0,54 ***		
Qualität der Verhaltensrichtlinien			0,52 ***	
Qualität der Ergebnisrichtlinien				0,51 ***
B2B-Anteil		0,17 **	0,29 ***	0,25 ***
Interaktionseffekte				
Qualität der Verfahrensrichtlinien x B2B-Anteil	(H_{26a})	-0,13 **		
Qualität der Verhaltensrichtlinien x B2B-Anteil	(H_{26b})		-0,03	
Qualität der Ergebnisrichtlinien x B2B-Anteil	(H_{26c})			-0,11 *
Art der Branche (DL-Branche/SG-Branche) als Moderator				
Qualität der Verfahrensrichtlinien (DL-Branche)	(H_{27a})	0,66 ***		
Qualität der Verfahrensrichtlinien (SG-Branche)		0,51 ***		
		(F = 4,89 ***)		
Qualität der Verhaltensrichtlinien (DL-Branche)	(H_{27b})		0,63 ***	
Qualität der Verhaltensrichtlinien (SG-Branche)			0,49 ***	
			(F = 12,43 ***)	
Qualität der Ergebnisrichtlinien (DL-Branche)	(H_{27c})			0,68 ***
Qualität der Ergebnisrichtlinien (SG-Branche)				0,37 ***
				(F = 10,56 ***)
Anmerkungen: Standardisierte Koeffizienten dargestellt *** p < 0,01, ** p < 0,05, * p < 0,10				

Tabelle 30: Ergebnisse der Überprüfung der Hypothesen zu moderierenden Effekten der Kontextvariablen auf die Beziehung zwischen Qualität der Beschwerdebehandlungs-Richtlinien und wahrgenommener Gerechtigkeit der Beschwerdebehandlung

In Bezug auf Hypothese H_{26} wird ersichtlich, dass in allen drei Gleichungen die beiden Regressionskoeffizienten, die sich auf die Haupteffekte beziehen, positiv sind und der Regressionskoeffizient des Interaktionsterms negativ ist. Wie bereits erwähnt, weist dies auf eine antagonistische Interaktion hin, d.h. mit zunehmendem B2B-Anteil wird die Wirkung der Beschwerdebehandlungs-Richtlinien schwächer. Von den drei Koeffizienten der Interaktionsterme sind die zu den Hypothesen H_{26a} und H_{26c} gehörenden Schätzer statistisch signifikant von 0 verschieden. Demzufolge wird der negative Einfluss des B2B-Anteils auf die Beziehung zwischen der Qualität der Verfahrensrichtlinien für die Beschwerdebehandlung und der wahrgenommenen prozeduralen Gerechtigkeit der Beschwerdebehandlung (H_{26a}) ebenso empirisch belegt wie der negative Effekt des B2B-Anteils auf die Beziehung zwischen der Qualität der Ergebnisrichtlinien für die Beschwerdebehandlung und der wahrgenommenen distributiven Gerechtigkeit der Beschwerdebehandlung (H_{26c}). Hingegen erweist sich der negative Einfluss des B2B-Anteils auf den Zusammenhang zwischen der Qualität der Verhaltensrichtlinien für die Beschwerdebehandlung und der wahrgenommenen interaktiven Gerechtigkeit (H_{26b}) als statistisch nicht signifikant.

Wenngleich hierzu keine Hypothese formuliert wurde, soll zudem untersucht werden, ob die Art der Geschäftsbeziehung auch eine moderierende Wirkung auf den Zusammenhang zwischen dem Unterstützungsgrad der Beschwerdebehandlung durch das interne Umfeld und der wahrgenommenen Gerechtigkeit der Beschwerdebehandlung besitzt. Wie erwartet sind alle drei Interaktionseffekte statistisch nicht signifikant.

Im Hinblick auf die Hypothese H_{27} zeigt sich, dass in jedem der drei Gleichungspaare der Regressionskoeffizient im Dienstleistungsbereich größer ist als im Sachgüterbereich. Die Resultate des Chow-Tests belegen zudem die statistische Signifikanz dieser Unterschiede und stützen damit die Hypothesen H_{27a}, H_{27b} und H_{27c}. Demzufolge bestätigt sich, dass im Dienstleistungsbereich der Einfluss der Qualität von Beschwerdebehandlungs-Richtlinien größer ist als im Sachgüterbereich. Interessanterweise sind sowohl alle drei Koeffizienten im Dienstleistungsbereich als auch im Sachgüterbereich statistisch signifikant von 0 verschieden. Diese Tatsache belegt die generelle Erfolgswirksamkeit von Beschwerdebehandlungs-Richtlinien in beiden Branchenkontexten.

Obwohl hierzu keine Hypothese existiert, wird außerdem analysiert, ob die Art der Branche auch einen moderierenden Effekt auf den Zusammenhang zwischen dem Unterstützungsgrad der Beschwerdebehandlung durch das interne Umfeld und der wahrgenommenen Gerechtigkeit der Beschwerdebehandlung hat. Wie vermutet, bestehen keine signifikanten Unterschiede zwischen den entsprechenden Koeffizienten im Dienstleistungsbereich und Sachgüterbereich.

5. Empirische Bestandsaufnahme der Beschwerdemanagement-Praxis

In diesem Kapitel findet die Beantwortung der Forschungsfrage 4 der vorliegenden Arbeit statt. Im Gegensatz zu den Forschungsfragen 2 und 3 (und den damit in Verbindung stehenden Untersuchungsmodellen in den Kapiteln 3 und 4) liegt hierbei der Fokus nicht ausschließlich auf der Gestaltung der zentralen Aufgaben des Beschwerdemanagements. Insbesondere gestützt auf die bestehende Literatur zum Beschwerdemanagement (Abschnitt 2.2.3) und die Ergebnisse der qualitativen Voruntersuchung (Abschnitt 2.4.1.1) erfolgt stattdessen im Rahmen der nun folgenden empirischen Bestandsaufnahme der Beschwerdemanagement-Praxis eine Betrachtung *aller wesentlicher Facetten des Beschwerdemanagements* (teilweise auch als „Beschwerdemanagement-System" bezeichnet; Günter 2000; Seidel 1997). All diesen Facetten wird in der Literatur ein unmittelbarer oder mittelbarer Einfluss auf den Beschwerdemanagement-Erfolg zugesprochen. Im Einzelnen handelt es sich um die folgenden Facetten:

- Beschwerdeverständnis
- Beschwerdemanagement-Aufbauorganisation
- Beschwerdebehandlung
- Beschwerdestimulierung
- Beschwerdeanalyse
- Beschwerdemanagement-Planung und -Kontrolle
- Personalmanagement
- Unternehmenskultur
- Beschwerdemanagement-Informationssystem

Auf jede dieser Facetten wurde bereits in den vorangegangenen Ausführungen eingegangen. So war die erste Facette Gegenstand der Betrachtung bei der Definition des Begriffs „Beschwerde" (Abschnitt 2.1.1). Die nächsten fünf Facetten wurden ausführlich im Rahmen der Bestandsaufnahme der Forschung zur Gestaltung der Beschwerdemanagement-Aufgaben (Abschnitt 2.2.3.1) vorgestellt und die letzten drei Facetten im Zuge der Bestandsaufnahme der Forschung zur Gestaltung des internen Beschwerdemanagement-Umfelds (Abschnitt 2.2.3.2). Im Folgenden soll daher nur eine kurze Beschreibung dieser neun Facetten erfolgen (für eine umfassendere Darstellung der einzelnen Facetten vgl. Homburg/Fürst 2003a, 2003c, 2004).

Beschwerdeverständnis: Im Rahmen dessen wird die Frage behandelt, inwieweit im Unternehmen eine einheitliche und umfassende Definition des Begriffs „Beschwerde" vorliegt. Hiervon hängt letztlich ab, ob bestimmte Unzufriedenheitsäußerungen von Kunden bereits von vornherein (zum Nachteil des Kunden und des Unternehmens) ausgeklammert werden.

Beschwerdemanagement-Aufbauorganisation: Bei dieser Facette geht es vor allem um die Existenz klar festgelegter Verantwortlichkeiten für die Durchführung der einzelnen Beschwerdemanagement-Aufgaben.

Beschwerdebehandlung: Diese Dimension betrachtet das Ausmaß, zu dem ein Unternehmen klare, einfache und kundenorientierte Verfahrens-, Verhaltens- und Ergebnisrichtlinien für die Annahme und Bearbeitung von Beschwerden besitzt.

Beschwerdestimulierung: Untersuchungsgegenstand ist hierbei das Ausmaß, zu dem ein Anbieter durch die Gestaltung von Beschwerdekanälen und externen (d.h. kundengerichteten) Kommunikationsmaßnahmen unzufriedene Kunden zu einer Beschwerde motiviert.

Beschwerdeanalyse: Inhalt dieser Facette ist das Ausmaß, zu dem ein Unternehmen Beschwerden auf aggregierter Ebene auswertet und interpretiert, sowie das Ausmaß, zu dem im Unternehmen eine Weiterleitung der zentralen Ergebnisse an relevante Entscheidungsträger bzw. Bereiche erfolgt.

Beschwerdemanagement-Planung und -Kontrolle: Im Rahmen dessen wird analysiert, inwieweit ein Unternehmen über klare beschwerdemanagement-bezogene Ziele und ein eigenes, relativ umfangreiches Beschwerdemanagement-Budget verfügt. Darüber hinaus geht es hierbei um die Regelmäßigkeit der Kontrolle der beschwerdemanagement-bezogenen Ziele und Budgets sowie der angefallenen Kosten des Beschwerdemanagements.

Personalmanagement: Diese Facette behandelt die Frage, inwieweit personalpolitische Aktivitäten ein angemessenes Mitarbeiterverhalten gegenüber Kunden im Allgemeinen und Beschwerdeführern im Speziellen fördern.

Unternehmenskultur: Im Rahmen dieser Dimension wird das Ausmaß betrachtet, zu dem die in einem Unternehmen geteilten Werte, Normen und Verhaltensweisen eine hohe Kundenorientierung im Generellen aufweisen sowie das Ausmaß, zu dem in einem Unternehmen speziell eine positive Einstellung gegenüber Beschwerden und eine konstruktive Einstellung gegenüber betrieblichen Schwachstellen und Fehlern vorherrschen.

Beschwerdemanagement-Informationssystem: Hierbei geht es um die Frage, inwieweit Mitarbeitern ein EDV-System (d.h. Hardware und Software) zur Verfügung steht, das sie bei der Durchführung von Beschwerdemanagement-Aufgaben angemessen unterstützt.

Die vorgestellten Facetten des Beschwerdemanagements wurden jeweils über eine größere Anzahl an Indikatoren gemessen. Hierbei kamen fünfstufige Likert-Skalen mit den Ankerpunkten „stimme voll zu" und „stimme gar nicht zu" zum Einsatz. Um die Professionalität der Gestaltung der einzelnen Facetten zu ermitteln, wurde jeweils das arithmetische Mittel über die zu einer Facette gehörenden Indikatoren gebildet. Zur Erhöhung der Anschaulichkeit erfolgte anschließend eine Transformation der Mittelwerte auf eine Skala von 0 („sehr niedrig") bis 100 („sehr hoch").

Im Folgenden wird nun der Status quo der Gestaltung des Beschwerdemanagements zunächst branchenübergreifend (Abschnitt 5.1) und danach branchenspezifisch (Abschnitt 5.2) dargestellt (für eine ausführlichere Darstellung der Ergebnisse vgl. Homburg/Fürst 2003b).

5.1 Branchenübergreifende Betrachtung der Beschwerdemanagement-Praxis

Bevor eine nach den einzelnen Facetten des Beschwerdemanagements differenzierte Analyse des branchenübergreifenden Status quo erfolgt, wird vorher die *Gesamtprofessionalität* des Beschwerdemanagements untersucht. Hierzu wird das arithmetische Mittel über die Professionalitätswerte der einzelnen Facetten des Beschwerdemanagements gebildet. Somit reicht auch diese Skala von 0 („sehr niedrig") bis 100 („sehr hoch"). Bezogen auf alle teilnehmenden Unternehmen (n=287) zeigt sich das in Abbildung 9 dargestellte Bild.

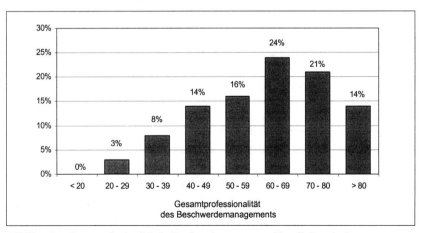

Abbildung 9: Gesamtprofessionalität des Beschwerdemanagements (über alle Branchen)

Demnach scheinen die meisten Unternehmen ein Beschwerdemanagement zu besitzen, dessen Gesamtprofessionalität sich im mittleren Bereich bewegt. Das Beschwerdemanagement von immerhin einem Viertel der Unternehmen erreicht allerdings nicht einmal die Hälfte des maximal zu erzielenden Wertes für die Gesamtprofessionalität. Andererseits scheint auch nur etwa jedes siebte Unternehmen über ein hochprofessionelles Beschwerdemanagement zu verfügen. Im Durchschnitt erreicht die Gesamtprofessionalität der teilnehmenden Unternehmen einen Wert von 62. Es zeigt sich zudem, dass die Gesamtprofessionalität mit zunehmender Unternehmensgröße (d.h. Mitarbeiterzahl bzw. Umsatz) signifikant ansteigt.

Die *Professionalität der einzelnen Facetten* des Beschwerdemanagements stellt sich in der Unternehmenspraxis wie folgt dar (Abbildung 10).

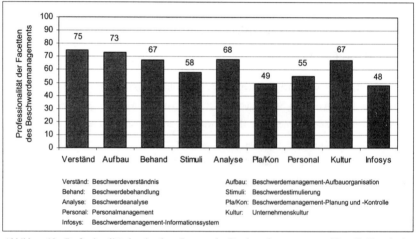

Abbildung 10: Professionalität der einzelnen Facetten des Beschwerdemanagements (über alle Branchen)

Die dargestellten Ergebnisse lassen deutliche Professionalitätsunterschiede zwischen den Facetten erkennen.

So ist in den meisten Unternehmen ein relativ umfassendes *Beschwerdeverständnis* (75) vorhanden. Eine genauere Analyse auf Ebene der einzelnen Indikatoren zeigt allerdings, dass auch bezüglich dieser Facette zum Teil noch Nachholbedarf besteht. Insbesondere ist zu bemängeln, dass Beschwerden in vielen Unternehmen noch ausschließlich als Unzufriedenheitsäußerung von tatsächlichen Kunden – nicht aber auch von potenziellen Kunden – verstanden werden. Oftmals äußern jedoch Personen ihre Unzufriedenheit, ohne tatsächlich bereits beim Anbieter das Produkt erworben zu haben (Wimmer/Roleff 2001; vgl. auch Abschnitt 2.1.1).

Ferner zeigen die Resultate, dass vielerorts eine gute *Beschwerdemanagement-Aufbauorganisation* (73) existiert, d.h. die Verantwortlichkeiten für die Durchführung von Beschwerdemanagement-Aufgaben meist klar festgelegt sind. In diesem Zusammenhang ist auch erwähnenswert, dass 63% aller teilnehmenden Unternehmen angeben, eine Abteilung zu besitzen, zu deren wesentlichen Aufgabenbereichen das Management von Beschwerden gehört. Weitere 6% planen eine solche Abteilung für die nahe Zukunft.

Abbildung 11 verdeutlicht, welchem Funktionsbereich das Beschwerdemanagement direkt unterstellt ist bzw. (falls erst in Planung) zukünftig sein wird. Auffällig ist, dass das Beschwerdemanagement in fast der Hälfte aller Fälle im Qualitätsmanagement verankert ist bzw. in Zukunft sein wird. Darüber hinaus findet man auch häufiger eine direkte Ansiedlung im Kundendienst, Vertrieb oder Marketing.

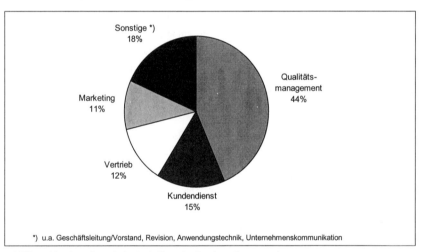

Abbildung 11: Organisatorische Ansiedlung des Beschwerdemanagements

Die Professionalität der Gestaltung der *Beschwerdebehandlung* (67) liegt in Relation zur Professionalität der anderen Facetten über dem Durchschnitt. In vielen Unternehmen existiert ein relativ klarer und einfacher Soll-Prozess für die Beschwerdebehandlung. Zudem besitzen Mitarbeiter mit direktem Kundenkontakt häufig die Befugnis, Beschwerden eigenständig anzunehmen und zu bearbeiten sowie über Maßnahmen zur Wiedergutmachung bis zu einem bestimmten Grad eigenständig zu entscheiden. Oftmals ist auch geregelt, dass Beschwerdeführer innerhalb eines angemessenen Zeitraums eine Rückmeldung über den Stand bzw. das Ergebnis der Beschwerdebearbeitung erhalten. Allerdings existiert auch im Hinblick auf die Gestaltung der Beschwerdebehandlung durchaus noch Verbesserungspotenzial. So fehlen in

Unternehmen häufig angemessene Zeitvorgaben für die normale bzw. maximale Dauer der Bearbeitung einer Beschwerde. Zudem existieren selten klare und einfache Richtlinien für den Grad der Kulanz im Rahmen der Wiedergutmachung.

Großer Nachholbedarf besteht bei der Gestaltung der *Beschwerdestimulierung* (58). Einerseits wird zwar unzufriedenen Kunden oftmals eine ausreichende Anzahl an leicht zugänglichen, einfach zu nutzenden und kostengünstigen Beschwerdemöglichkeiten (z.b. konkreter Ansprechpartner, E-Mail-Adresse oder Telefonhotline für Beschwerden) angeboten. Andererseits mangelt es in der Unternehmenspraxis jedoch häufig an geeigneten Kommunikationsmaßnahmen (z.b. Schilder am „Point of Sale", Hinweise auf Produktverpackungen), um Kunden die Aufgeschlossenheit gegenüber Beschwerden ausreichend zu signalisieren.

Die Gestaltung der *Beschwerdeanalyse* (68) kann hinsichtlich ihrer Professionalität als überdurchschnittlich bezeichnet werden. So kategorisieren die meisten Unternehmen regelmäßig eingegangene Beschwerden nach dem Beschwerdegrund und leiten die wichtigsten Ergebnisse der Beschwerdeanalyse in Form von Berichten an relevante Entscheidungsträger bzw. Bereiche weiter. Nachholbedarf besteht vor allem im Hinblick auf die Identifikation der tieferliegenden Ursachen für Kundenprobleme: Nahezu jedes fünfte Unternehmen führt bisher keine systematischen Analysen dieser Art durch.

Noch großes Optimierungspotenzial besteht in Bezug auf die Gestaltung der *Beschwerdemanagement-Planung und -Kontrolle* (49). Zwar werden vielerorts klare beschwerdemanagement-bezogene Ziele formuliert und auch kontrolliert. Jedoch existiert meist weder ein eigenständiges, einen gewissen Handlungsspielraum ermöglichendes Beschwerdemanagement-Budget noch eine Kontrolle der Budgeteinhaltung bzw. der mit dem Beschwerdemanagement in Verbindung stehenden Kosten.

Verbesserungsbedarf existiert auch bezüglich der Gestaltung des *Personalmanagements* (55). Insbesondere versäumen es Unternehmen häufig, Mitarbeiter mit Beschwerdemanagement-Aufgaben im Rahmen von Weiterbildungsmaßnahmen für die Wichtigkeit von Beschwerden zu sensibilisieren und im Umgang mit unzufriedenen Kunden zu schulen. Etwas besser scheint es in vielen Unternehmen um den Führungsstil bestellt zu sein, wobei auch hier noch Potenzial für Verbesserungen besteht. Führungskräfte können vielerorts sicherlich noch stärker Kundenorientierung im Allgemeinen und eine angemessene Beschwerdebehandlung im Speziellen vorleben und dadurch mit gutem Beispiel vorangehen.

Im Hinblick auf die *Unternehmenskultur* (67) besteht ebenfalls Verbesserungspotenzial. Dies gilt nicht nur für die Kundenorientierung im Generellen. Darüber hinaus scheinen Mitarbeiter

Empirische Bestandsaufnahme der Beschwerdemanagement-Praxis

auch in weniger als der Hälfte der Unternehmen eine positive Einstellung gegenüber Beschwerden zu besitzen. Stattdessen werden Beschwerden häufig als unerwünscht und unangenehm aufgefasst. Zudem spricht man nur in etwa einem Viertel der Unternehmen vollkommen offen über betriebliche Schwachstellen und Fehler.

Die im Durchschnitt geringste Professionalität aller Facetten weist zu guter Letzt das *Beschwerdemanagement-Informationssystem* (48) auf. Jedoch muss man hier differenzieren. Wie Abbildung 12 einerseits zeigt, verzichtet im Rahmen des Beschwerdemanagements annähernd jedes fünfte Unternehmen gänzlich auf den Einsatz von Software. Andererseits benutzt ein fast genauso großer Anteil der Unternehmen eine kommerzielle (und dementsprechend meist relativ professionelle) Beschwerdemanagement-Software. Knapp ein Drittel greift im Rahmen des Beschwerdemanagements auf Standard-Anwendungsprogramme wie z.B. Microsoft Access oder Microsoft Excel zurück. Wie die Ergebnisse außerdem zeigen, ist die fehlende bzw. mangelnde Vernetzung des Beschwerdemanagement-Informationssystems mit relevanten anderen Informationssystemen (z.B. Kundendatenbanken, Buchhaltungssysteme) ein weiteres zentrales Problemfeld. Zudem können vielerorts nicht alle Mitarbeiter mit Beschwerdemanagement-Aufgaben schnell und unkompliziert auf das Beschwerdemanagement-Informationssystem zugreifen.

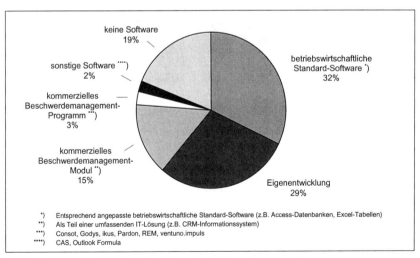

Abbildung 12: Eingesetzte Software im Rahmen des Beschwerdemanagements

5.2 Branchenspezifische Betrachtung der Beschwerdemanagement-Praxis

Nachdem im vorangegangenen Abschnitt der Status quo der Gestaltung des Beschwerdemanagements über alle Branchen hinweg betrachtet wurde, soll nun eine branchenspezifische Analyse der Beschwerdemanagement-Praxis erfolgen. Wiederum wird sowohl auf die Gesamtprofessionalität des Beschwerdemanagements als auch auf die Professionalität der einzelnen Facetten des Beschwerdemanagements eingegangen.

Im Rahmen der empirischen Studie wurden insgesamt acht verschiedene Branchen untersucht. Abbildung 13 zeigt eine Übersicht über die *Gesamtprofessionalität* des Beschwerdemanagements in den einzelnen Branchen.

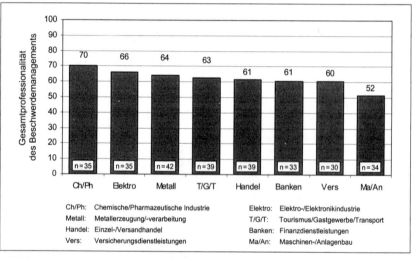

Abbildung 13: Gesamtprofessionalität des Beschwerdemanagements (nach Branchen)

Demnach verfügen Unternehmen aus der Chemie- und Pharmabranche (70) durchschnittlich über die professionellste Gestaltung des Beschwerdemanagements. Im Falle von Pharmaunternehmen lässt sich dies insbesondere mit den möglichen gesundheitlichen Schäden aufgrund eines Produktmangels sowie den damit verbundenen rechtlichen Konsequenzen und negativen Medienberichterstattungen erklären. Im Falle von Chemieunternehmen spielt sicherlich die meist geringe Anzahl an Kunden eine Rolle, die dazu führt, dass die Zufriedenheit jedes einzelnen Kunden höchste Priorität besitzt. Das mit Abstand größte Optimierungspotenzial existiert im Durchschnitt in Unternehmen aus dem Maschinen- und Anlagenbau (52).

Empirische Bestandsaufnahme der Beschwerdemanagement-Praxis

Darüber hinaus wurde untersucht, ob sich Sachgüterunternehmen (d.h. Unternehmen aus der Chemischen/Pharmazeutischen Industrie, Elektro-/Elektronikindustrie, Metallindustrie und dem Maschinen-/Anlagenbau) von Dienstleistungsunternehmen (d.h. Unternehmen aus den Branchen Tourismus/Gastgewerbe/Transport und Einzel-/Versandhandel sowie Finanz- und Versicherungsdienstleistungen) im Hinblick auf die Gesamtprofessionalität des Beschwerdemanagements unterscheiden. Die entsprechenden Ergebnisse zeigen keine signifikanten Unterschiede zwischen Sachgüterunternehmen (63) und Dienstleistungsunternehmen (61).

Eine branchenspezifische Betrachtung der *Professionalität der einzelnen Facetten* des Beschwerdemanagements kommt zu den in Tabelle 31 dargestellten Ergebnissen.

	GESAMT	Ch/Ph	Elektro	Metall	T/G/T	Handel	Banken	Vers	Ma/An
Beschwerdeverständnis	75	75	73	70	76	77	88	81	63
Beschwerdemanagement-Aufbauorganisation	73	80	80	78	69	71	82	68	58
Beschwerdebehandlung	67	75	67	65	68	64	72	69	54
Beschwerdestimulierung	58	64	57	57	62	69	44	51	54
Beschwerdeanalyse	68	82	75	75	68	55	70	72	50
Beschwerdemanagement-Planung und -Kontrolle	49	60	57	51	49	46	35	47	42
Personalmanagement	55	59	58	56	58	61	47	56	47
Unternehmenskultur	67	73	69	71	64	72	62	62	66
Beschwerdemanagement-Informationssystem	48	66	58	53	52	37	45	37	33
GESAMT	62	70	66	64	63	61	61	60	52

☐ Spaltenmaximum
○ Zeilenmaximum

Ch/Ph: Chemische/Pharmazeutische Industrie
Metall: Metallerzeugung/-verarbeitung
Handel: Einzel-/Versandhandel
Vers: Versicherungsdienstleistungen
Elektro: Elektro-/Elektronikindustrie
T/G/T: Tourismus/Gastgewerbe/Transport
Banken: Finanzdienstleistungen
Ma/An: Maschinen-/Anlagenbau

Tabelle 31: Professionalität der einzelnen Facetten des Beschwerdemanagements (nach Branchen)

Die *Chemie- und Pharmabranche* zeichnet sich durch eine überdurchschnittliche Professionalität aller Facetten des Beschwerdemanagements (mit Ausnahme des Beschwerdeverständnisses) aus. In fünf Bereichen (Beschwerdebehandlung, Beschwerdeanalyse, Beschwerdemanagement-Planung und -Kontrolle, Unternehmenskultur; Beschwerdemanagement-Informationssystem) werden sogar die besten Werte aller Branchen erzielt.

Das Beschwerdemanagement in der *Elektro- und Elektronikindustrie* schneidet vor allem hinsichtlich der Gestaltung der Beschwerdemanagement-Aufbauorganisation, der Beschwerdeanalyse, der Beschwerdemanagement-Planung und -Kontrolle sowie des Beschwerdemanagement-Informationssystems überdurchschnittlich gut ab. Einzig beim Beschwerdeverständnis und der Beschwerdestimulierung liegen die Werte unter dem Durchschnitt.

Unternehmen aus der *metallerzeugenden und -verarbeitenden Industrie* verfügen in der Regel über eine professionelle Beschwerdemanagement-Aufbauorganisation und Beschwerdeanalyse sowie über eine kundenorientierte Unternehmenskultur. Hingegen ist das Beschwerdeverständnis vergleichsweise eng gefasst. Zudem besteht größeres Optimierungspotenzial bei der Beschwerdemanagement-Planung und -Kontrolle, dem Personalmanagement sowie dem Beschwerdemanagement-Informationssystem.

Das Beschwerdemanagement in der *Tourismus-, Gastgewerbe- und Transportbranche* ist durch ein relativ umfassendes Beschwerdeverständnis und eine recht professionelle Beschwerdestimulierung gekennzeichnet. Negativ anzumerken sind insbesondere Schwächen bei der Beschwerdemanagement-Planung und -Kontrolle sowie dem Beschwerdemanagement-Informationssystem.

Der *Einzel- und Versandhandel* besticht durch ein recht umfassendes Beschwerdeverständnis, eine verhältnismäßig gute Beschwerdestimulierung sowie eine relativ hohe Kundenorientierung des Personalmanagements und der Unternehmenskultur. Optimierungspotenzial existiert jedoch speziell bei der Beschwerdeanalyse, der Beschwerdemanagement-Planung und -Kontrolle sowie dem Beschwerdemanagement-Informationssystem.

Die *Bankenbranche* zeichnet sich durch besonders hohe Professionalitätswerte beim Beschwerdeverständnis, der Beschwerdemanagement-Aufbauorganisation und der Beschwerdebehandlung aus. Nachholbedarf besteht hingegen insbesondere bei der Beschwerdestimulierung, der Beschwerdemanagement-Planung und -Kontrolle, dem Personalmanagement sowie dem Beschwerdemanagement-Informationssystem.

Beim Beschwerdemanagement in der *Versicherungsbranche* ist die relativ hohe Professionalität des Beschwerdeverständnisses und der Beschwerdeanalyse positiv hervorzuheben. Schwächen zeigen sich vor allem bei der Beschwerdestimulierung, der Beschwerdemanagement-Planung und -Kontrolle sowie dem Beschwerdemanagement-Informationssystem.

Im *Maschinen- und Anlagenbau* sind alle Facetten des Beschwerdemanagements unterdurchschnittlich professionell. Der größte Handlungsbedarf besteht bei der Beschwerdeanalyse, der Beschwerdemanagement-Planung und -Kontrolle, dem Personalmanagement sowie dem Beschwerdemanagement-Informationssystem.

6. Schlussbetrachtung

In diesem abschließenden Kapitel werden zunächst die wesentlichen Ergebnisse der vorliegenden Arbeit zusammengefasst (Abschnitt 6.1). Anschließend wird herausgearbeitet, welche Implikationen sich aus den Ergebnissen für die Forschung (Abschnitt 6.2) und die Unternehmenspraxis (Abschnitt 6.3) ergeben.

6.1 Zusammenfassung der zentralen Ergebnisse

Am Anfang der vorliegenden Arbeit stand die Feststellung, dass trotz der hohen praktischen Relevanz des Beschwerdemanagements in vielen Unternehmen noch großer Nachholbedarf in Bezug auf den richtigen Umgang mit Beschwerden zu bestehen scheint. Als einer der zentralen Gründe für dieses Missverhältnis wurde die geringe wissenschaftliche Durchdringung dieses Themas identifiziert. Insbesondere mangelte es bisher an einer integrativen, theoretisch-konzeptionell und empirisch fundierten sowie methodisch anspruchsvollen Untersuchung der *Gestaltung* und *Erfolgsauswirkungen* des Beschwerdemanagements. Das zentrale Ziel dieser Studie war es daher, einen Beitrag zur Schließung dieser Forschungslücken zu leisten. Vor diesem Hintergrund wurden vier Forschungsfragen formuliert (Abschnitt 1.2).

Zur Beantwortung der Forschungsfragen wurde zunächst eine systematische und umfassende Bestandsaufnahme der Beschwerdeforschung (Abschnitt 2.2) durchgeführt. Hierdurch konnte die Forschungsfrage 1 und der erste Teil von Forschungsfrage 2 beantwortet werden. Gestützt auf die Erkenntnisse der Bestandsaufnahme der Beschwerdeforschung, einer breiten theoretisch-konzeptionellen Grundlage (Abschnitt 2.3) und die Ergebnisse einer qualitativen Voruntersuchung (Abschnitt 2.4.1.1) erfolgte anschließend die Ableitung zweier Untersuchungsmodelle sowie die Formulierung von insgesamt 27 Hypothesen (Kapitel 3 und 4). Zur Überprüfung der Hypothesen wurde eine branchenübergreifende empirische Untersuchung im Dienstleistungs- und Sachgüterbereich durchgeführt (Abschnitte 2.4.1.1 und 2.4.1.2). Im Rahmen dessen wurden insgesamt 379 für das Beschwerdemanagement ihres Unternehmens verantwortliche Manager (und in 110 dieser Fälle auch je fünf Beschwerdeführer) befragt. Mit Hilfe fortgeschrittener multivariater Analyseverfahren (Abschnitt 2.4.2.2) konnten dadurch der zweite Teil der Forschungsfrage 2 sowie die Forschungsfrage 3 beantwortet werden. Schließlich wurden – hauptsächlich basierend auf der existierenden Literatur zum Beschwerdemanagement (Abschnitt 2.2.3) und den Resultaten der qualitativen Voruntersuchung (Abschnitt 2.4.1.1) – neun wesentliche Facetten des Beschwerdemanagements identifiziert. Zu diesen Facetten wurden im Rahmen einer weiteren branchenübergreifenden empirischen

Untersuchung im Dienstleistungs- und Sachgüterbereich insgesamt 287 Beschwerdemanagement-Verantwortliche befragt. Die mittels deskriptiver Statistiken erfolgte Auswertung der Daten stellt eine umfassende Bestandsaufnahme der aktuellen Beschwerdemanagement-Praxis dar und beantwortete damit die Forschungsfrage 4. Bezüglich der vier Forschungsfragen konnten im Einzelnen die folgenden zentralen Erkenntnisse gewonnen werden:

1. Anhand welcher zentraler Größen lässt sich der Erfolg des Beschwerdemanagements messen?

Die in der Literatur am häufigsten genannten zentralen Ziele des Beschwerdemanagements sind die Wiederherstellung von Kundenzufriedenheit, die Minimierung negativer Folgen von Kundenunzufriedenheit und die Identifikation betrieblicher Schwächen und Marktchancen. Der Erreichungsgrad dieser drei Ziele bestimmt maßgeblich den Erfolg des Beschwerdemanagements und kann durch entsprechende Kenngrößen gemessen werden. Diese Kenngrößen stellen somit die zentralen Indikatoren für den Beschwerdemanagement-Erfolg dar. Im Einzelnen wurden in der vorliegenden Arbeit die folgenden zentralen Erfolgsgrößen des Beschwerdemanagements ermittelt:

- wahrgenommene Gerechtigkeit der Beschwerdebehandlung, Beschwerdezufriedenheit, Gesamtzufriedenheit
- Beschwerderate
- Ausmaß der beschwerdebasierenden Verbesserungen

2. Welches sind die zentralen Aufgaben des Beschwerdemanagements und wie sollten diese gestaltet sein, um den Erfolg des Beschwerdemanagements sicherzustellen?

Zur Beantwortung des ersten Teils dieser Forschungsfrage wurde untersucht, welche Beschwerdemanagement-Aufgaben die in Forschungsfrage 1 identifizierten zentralen Erfolgsgrößen des Beschwerdemanagements am stärksten beeinflussen. Die vorliegende Arbeit kam dabei zu dem Ergebnis, dass von den in der Beschwerdeforschung erwähnten Beschwerdemanagement-Aufgaben die folgenden drei die stärkste unmittelbare Wirkung auf den Beschwerdemanagement-Erfolg besitzen:

- Beschwerdebehandlung
- Beschwerdestimulierung
- Beschwerdeanalyse

Um den zweiten Teil dieser Forschungsfrage zu beantworten, wurden zwei Untersuchungsmodelle entwickelt und empirisch überprüft. Im Rahmen dieser Untersuchungsmodelle wurde auf Basis bestehender Forschungsarbeiten, theoretisch-konzeptioneller Bezugspunkte und den Ergebnissen einer qualitativen Voruntersuchung eine Konzeptualisierung und Operationalisierung der Qualität der Gestaltung der zentralen Aufgaben und wesentlichen Erfolgsgrößen des Beschwerdemanagements vorgenommen. Anschließend erfolgte die Herleitung von Hypothesen zu den Zusammenhängen zwischen den Konstrukten, die sich auf die Qualität der Gestaltung der zentralen Beschwerdemanagement-Aufgaben beziehen, und den Konstrukten, die den Erfolg des Beschwerdemanagements abbilden. Durch die empirische Überprüfung der Hypothesen zu den Haupteffekten konnten im Hinblick auf den zweiten Teil der vorliegenden Forschungsfrage die folgenden zentralen Erkenntnisse gewonnen werden:

- Die *Gestaltung der Beschwerdebehandlung* kann einerseits über die Implementierung klarer, einfacher und kundenorientierter Verfahrens-, Verhaltens- und Ergebnisrichtlinien für die Annahme und Bearbeitung von Beschwerden erfolgen (Mechanistischer Ansatz). Andererseits ist die Gestaltung der Beschwerdebehandlung auch durch Schaffung eines internen Umfelds (d.h. Personalmanagement, Unternehmenskultur) möglich, das kundenorientiertes Mitarbeiterverhalten gegenüber Beschwerdeführern fördert (Organischer Ansatz). Wie gezeigt wurde, haben beide Ansätze einen signifikant positiven Einfluss auf die wahrgenommene Fairness der Beschwerdebehandlung und die Beschwerdezufriedenheit und damit auch auf die Gesamtzufriedenheit.

- Die *Gestaltung der Beschwerdestimulierung* kann ebenfalls über zwei verschiedene Ansätze geschehen. Zum einen handelt es sich dabei um die Schaffung angemessener Beschwerdekanäle, d.h. einer Vielzahl von Möglichkeiten für Kunden, durch ein Problem entstandene Unzufriedenheit gegenüber dem Anbieter einfach, unkompliziert und kostengünstig bzw. kostenlos zu äußern. Zum anderen kann die Beschwerdestimulierung mittels externer Kommunikationsmaßnahmen erfolgen, die mit Hilfe angemessener Inhalte (z.B. Willkommenheit von Beschwerden, Hinweise auf Beschwerdekanäle) und eines breiten Spektrums an Medien (z.B. Schilder am „Point of Sale", Hinweise auf Produktverpackungen) unzufriedene Kunden zu einer Beschwerde beim Anbieter ermuntern. Die Ergebnisse der Dependenzanalysen belegen, dass beide Ansätze zur Gestaltung der Beschwerdestimulierung eine signifikant positive Wirkung auf die Beschwerderate besitzen.

- Die *Gestaltung der Beschwerdeanalyse* sollte insbesondere die regelmäßige und systematische Auswertung der Beschwerdegründe (durch Kategorisierung von Beschwerden nach dem Beschwerdegrund, Erstellung von Häufigkeitsverteilungen etc.) und Identifikation der tieferliegenden Ursachen für Kundenprobleme (mittels Durchführung von Gruppendiskussionen, Erstellung von Ursache-Wirkungs-Diagrammen etc.) umfassen. Zudem sind die wichtigsten Ergebnisse dieser Analysen regelmäßig in Form von Berichten an relevante Entscheidungsträger bzw. Bereiche im Unternehmen zu kommunizieren. Wie gezeigt wurde, besitzt eine in dieser Form gestaltete Beschwerdeanalyse einen signifikant positiven Einfluss auf das Ausmaß der beschwerdebasierenden Verbesserungen.

3. Gibt es in Abhängigkeit vom jeweiligen Kontext (B2B vs. B2C bzw. Dienstleistungsbranche vs. Sachgüterbranche) signifikante Unterschiede hinsichtlich der Erfolgsauswirkungen der Gestaltung der zentralen Aufgaben des Beschwerdemanagements?

Während die im Rahmen der zwei Untersuchungsmodelle analysierten Hypothesen zu den Haupteffekten der Beantwortung des zweiten Teils der Forschungsfrage 2 dienten, werden die in diesen Modellen enthaltenen Hypothesen zu den moderierenden Effekten der Kontextfaktoren herangezogen, um die Forschungsfrage 3 zu beantworten. Die empirische Überprüfung dieser Hypothesen kam zu den folgenden zentralen Ergebnissen:

- Im Hinblick auf die Bedeutung der Gestaltung der zentralen Aufgaben des Beschwerdemanagements in Abhängigkeit von der *Art der Geschäftsbeziehung (B2B vs. B2C)* weist die vorliegende Arbeit empirisch nach, dass die Gestaltung der Beschwerdebehandlung über Verfahrens- und Ergebnisrichtlinien in einem B2C-Kontext erfolgskritischer ist (als in einem B2B-Kontext). In einem B2C-Kontext besitzt darüber hinaus die Gestaltung der Beschwerdestimulierung mittels externer Kommunikationsmaßnahmen eine signifikant stärkere Erfolgsauswirkung (als in einem B2B-Kontext). Hingegen scheinen weder die Erfolgswirksamkeit der Gestaltung der Beschwerdestimulierung über die Schaffung angemessener Beschwerdekanäle noch die Erfolgswirksamkeit der Gestaltung der Beschwerdeanalyse von der Art der Geschäftsbeziehung abzuhängen.

- In Bezug auf die Wichtigkeit der Gestaltung der zentralen Aufgaben des Beschwerdemanagements in Abhängigkeit von der *Art der Branche (Dienstleistungsbranche vs. Sachgüterbranche)* kann der Gestaltung der Beschwerdebehandlung über Verfahrens-, Verhaltens- und Ergebnisrichtlinien im Dienstleistungsbereich ein signifikant stärkerer Einfluss auf den Beschwerdemanagement-Erfolg zugesprochen werden (als im Sachgüterbereich). Im Gegensatz dazu zeigen die Ergebnisse, dass die Gestaltung der Beschwerdeanalyse im Sachgüterbereich erfolgskritischer ist (als im Dienstleistungsbereich). Im Hinblick auf die Erfolgswirksamkeit der Gestaltung der Beschwerdestimulierung konnten indessen keine signifikanten Einflüsse der Art der Branche festgestellt werden.

4. *Wie stellt sich der Status quo der Gestaltung des Beschwerdemanagements derzeit in der Unternehmenspraxis dar?*

Die Bestandsaufnahme der Beschwerdemanagement-Praxis kommt zu den folgenden zentralen Erkenntnissen:

- Im Hinblick auf die praktische Umsetzung des Beschwerdemanagements existiert vielerorts Nachholbedarf. Wie die vorliegende Arbeit zeigte, verfügt derzeit nur etwa jedes siebte Unternehmen über ein hochgradig professionelles Beschwerdemanagement.

- Während oftmals ein angemessenes Beschwerdeverständnis und eine gute Beschwerdemanagement-Aufbauorganisation vorhanden sind, offenbaren vor allem das Beschwerdemanagement-Informationssystem und die Beschwerdemanagement-Planung und -Kontrolle meist großes Optimierungspotenzial.

- Bei einem branchenspezifischen Vergleich der Professionalität des Beschwerdemanagements schneiden Unternehmen aus der Chemie- und Pharmabranche durchschnittlich noch am besten ab. Insbesondere im Maschinen- und Anlagenbau besteht hingegen vielerorts akuter Handlungsbedarf.

6.2 Implikationen für die Forschung

Im Folgenden wird aus konzeptioneller, empirischer und methodischer Sicht bewertet, welche Beiträge die vorliegende Untersuchung für die Forschung leistet. Außerdem soll auf einige Restriktionen der Arbeit eingegangen und darauf aufbauend mögliche Ansatzpunkte für zukünftige Forschungsarbeiten abgeleitet werden.

Der zentrale *konzeptionelle Beitrag* besteht in dem integrativen Forschungsansatz, der dieser Arbeit zugrunde liegt.

- Zum Ersten werden gleichzeitig die Aktivitäten von Unternehmen in Zusammenhang mit Beschwerden *und* die Reaktionen unzufriedener Kunden auf diese Aktivitäten analysiert. Damit ist die vorliegende Untersuchung eine der ersten (wenn nicht sogar die erste überhaupt), die die beiden innerhalb der Beschwerdeforschung existierenden Forschungsfelder Beschwerdeverhalten und Beschwerdemanagement (vgl. hierzu Abschnitt 2.2.1) miteinander verbindet. Für die Zukunft wären weitere Studien dieser Art wünschenswert.

- Zum Zweiten untersucht diese Arbeit gleichzeitig die Gestaltung *aller* zentralen Aufgaben des Beschwerdemanagements und deren Auswirkungen auf *alle* wesentlichen Beschwerdemanagement-Erfolgsgrößen anstatt – wie bisherige empirische Arbeiten – nur ausgewählte Aufgaben und Erfolgsgrößen.

- Zum Dritten werden in der vorliegenden Studie sowohl in Zusammenhang mit der Beschwerdebehandlung (Mechanistischer Ansatz *und* Organischer Ansatz) als auch der Beschwerdestimulierung (Schaffung von Beschwerdekanälen *und* Durchführung externer Kommunikationsmaßnahmen) nicht nur ein einziger, sondern gleich zwei verschiedene Gestaltungsansätze analysiert.

Der *empirische Beitrag* für die Forschung bezieht sich vor allem auf die Identifikation der relativen Bedeutung der Gestaltung der verschiedenen zentralen Beschwerdemanagement-Aufgaben und die Analyse der Beziehung zwischen den zwei verschiedenen Ansätzen zur Gestaltung der Beschwerdebehandlung bzw. den zwei verschiedenen Ansätzen zur Gestaltung der Beschwerdestimulierung. Im Einzelnen resultieren aus den empirischen Erkenntnissen dieser Untersuchung die folgenden Implikationen für die Forschung:

- Wie gezeigt wurde, besitzt insgesamt die Gestaltung der Beschwerdebehandlung einen weitaus stärkeren Einfluss auf die Gesamtzufriedenheit der Kunden eines Unternehmens als die Gestaltung der Beschwerdeanalyse oder die Gestaltung der Beschwerdestimulierung (vgl. hierzu Abschnitt 3.5.1). Die auf der Gestaltung der Beschwerdebehandlung liegende Schwerpunktsetzung der bisherigen Forschung zum Beschwerdemanagement (vgl. hierzu Abschnitt 2.2.3) ist somit tendenziell als angemessen zu bewerten. Auch zukünftig sollte sicherlich eine intensive Beschäftigung mit der geeigneten Gestaltung dieser Beschwerdemanagement-Aufgabe stattfinden. Für die Gestaltung der Beschwerdeanalyse konnte ebenfalls eine hohe Erfolgswirksamkeit nachgewiesen werden. Angesichts der wenigen existierenden Studien zur Auswertung und Interpretation von Beschwerden auf aggregierter Ebene wäre für die Zukunft eine verstärkte Auseinandersetzung mit dieser Thematik wünschenswert. Darüber hinaus hat die vorliegende Arbeit gezeigt, dass die Gestaltung der Beschwerdestimulierung per se noch keinen nennenswerten Einfluss auf die Gesamtzufriedenheit der Kunden eines Unternehmens besitzt. In Kombination mit einer hohen Qualität der Gestaltung der Beschwerdebehandlung bzw. Beschwerdeanalyse hat jedoch auch die Gestaltung der Beschwerdestimulierung eine positive Wirkung auf die Gesamtzufriedenheit. Somit sollten sich zukünftige Forschungsarbeiten auch mit der Gestaltung dieser Beschwerdemanagement-Aufgabe intensiver als bisher beschäftigen.

- Darüber hinaus weist diese Untersuchung nach, dass die Bedeutung der Gestaltung der zentralen Beschwerdemanagement-Aufgaben von der Art der Geschäftsbeziehung (B2B vs. B2C) abhängt. Dieses Ergebnis leistet damit einen wichtigen Beitrag zu einem

Forschungsfeld, das sich mit der Relevanz der Differenzierung zwischen B2B- und B2C-Marketing beschäftigt (Andrus/Norvell 1990; Coviello et al. 2002). Dieses Forschungsfeld ist bislang nur wenig durchdrungen. So mangelt es derzeit an „consistent empirical support for the consumer/B2B dichotomy" und an Studien, die sowohl B2B- als auch B2C-Situationen abdecken (Coviello/Brodie 2001, S. 389). Für einen speziellen Kontext (d.h. Beschwerdemanagement) unterstreicht die vorliegende Arbeit klar die Relevanz der B2B/B2C-Unterscheidung. Außerdem wurde im Rahmen der Untersuchung gezeigt, dass sich die Wichtigkeit der Gestaltung der zentralen Beschwerdemanagement-Aufgaben auch je nach Art der Branche (Dienstleistungsbranche vs. Sachgüterbranche) unterscheidet. Dieses Resultat trägt zur Diskussion über Unterschiede zwischen Dienstleistungen und Sachgütern bei (Lovelock 1981; Zeithaml/Bitner 2000) und hilft, den von verschiedenen Autoren (vgl. z.B. Coviello et al. 2002) festgestellten Mangel an empirischer Forschung auf diesem Gebiet zu reduzieren. Für einen speziellen Kontext (d.h. Beschwerdemanagement) erbringt die vorliegende Arbeit den Nachweis, dass die Unterscheidung zwischen Dienstleistungen und Sachgütern durchaus ihre Existenzberechtigung besitzt.

- Ein weiterer empirischer Beitrag ist die Klärung der Frage, ob die Beziehung zwischen den zwei Ansätzen zur Gestaltung der Beschwerdebehandlung (d.h. Mechanistischer Ansatz und Organischer Ansatz) eher komplementärer oder substitutiver Natur ist. Die beiden Ansätze haben ihre Wurzeln in der Organisationsforschung (vgl. hierzu Abschnitt 2.3.1). Dort wird allerdings keine klare Stellung zur Beziehung zwischen diesen zwei Ansätzen zur Beeinflussung von Mitarbeiterverhalten bezogen (vgl. z.B. Simon 1997, S. 177 und S. 310). Daher stellt die Klärung dieser Beziehung in einem speziellen Kontext (d.h. Beschwerdemanagement) einen wichtigen Beitrag für die Forschung dar. Insgesamt weisen die empirischen Ergebnisse auf eine primär komplementäre Beziehung zwischen den beiden Ansätzen hin. Zum Ersten zeigt sich die komplementäre Natur darin, dass jeder der beiden Ansätze einen signifikant positiven Einfluss auf die wahrgenommene Gerechtigkeit der Beschwerdebehandlung besitzt (selbst wenn der Einsatz des jeweils anderen Ansatzes als Kontrollvariable fungiert; vgl. Abbildung 8). Mit anderen Worten: Jeder der beiden Ansätze erklärt Varianz der wahrgenommenen Gerechtigkeit, die der andere Ansatz nicht erklären kann. Zum Zweiten wird die komplementäre Beziehung zwischen den beiden Ansätzen durch die Erkenntnis belegt, dass die wahrgenommene prozedurale und distributive Gerechtigkeit der Beschwerdebehandlung stärker vom Mechanistischen Ansatz beeinflusst wird und die interaktive Gerechtigkeit der Beschwerdebehandlung stärker vom Organischen Ansatz. Der negative moderierende Effekt des Unterstützungsgrades der Beschwerdebehandlung durch das interne Umfeld (Organischer Ansatz) auf den Zusammenhang zwischen der Qualität von Richtlinien für die Beschwerdebehandlung (Mechanistischer Ansatz) und der wahrgenommenen Gerechtigkeit der Beschwerdebehandlung spricht im übrigen nicht gegen die Existenz einer primär komplementären Beziehung. Dies wird aus Tabelle 29 ersichtlich: Die Effekte der Richtlinien auf die wahrgenommene Gerechtigkeit bleiben auch nach Einbeziehung der moderierenden Effekte des internen Umfelds in die Regressionsmodelle statistisch signifikant. Somit schwächt zwar der Einsatz des Organischen Ansatzes die Wirkung des Mechanistischen Ansatzes etwas ab, jedoch nicht in dem Maße, dass letzterer seinen Einfluss komplett verliert.

- Neben der Natur der Beziehung zwischen dem Mechanistischen und Organischen Ansatz ist auch die Wirkungsstärke der beiden Ansätze von Interesse. Um diese zu ermitteln, wurde für beide Ansätze der jeweilige Gesamteffekt auf die Beschwerdezufriedenheit berechnet (vgl. hierzu Abschnitt 4.5.1). Wie sich herausstellte, besitzt der Mechanistische Ansatz eine stärkere Wirkung als der Organische Ansatz. Dies ist speziell vor dem Hintergrund interessant, dass sich die Forschung zum Beschwerdemanagement bisher stärker mit Aspekten des Personalmanagements und der Unternehmenskultur (Organischer Ansatz) als mit spezifischen Richtlinien für Mitarbeiter (Mechanistischer Ansatz) beschäftigt hat. Umso stärkere Beachtung sollte daher in Zukunft den „harten Faktoren" des Beschwerdemanagements (d.h. der Implementierung von Richtlinien) geschenkt werden.

- Schließlich soll an dieser Stelle auch noch kurz die Beziehung zwischen den zwei Ansätzen zur Gestaltung der Beschwerdestimulierung (d.h. Schaffung von Beschwerdekanälen und Durchführung externer Kommunikationsmaßnahmen) diskutiert werden. In diesem Fall ist die Frage nach der Natur der Beziehung verhältnismäßig einfach zu beantworten. Zum Ersten haben beide Ansätze einen signifikant positiven Einfluss auf die Beschwerderate. Zum Zweiten steigt der Einfluss der Qualität der Beschwerdekanäle auf die Beschwerderate mit zunehmender Qualität der externen Kommunikationsmaßnahmen. Somit liegt eindeutig eine komplementäre Beziehung zwischen diesen beiden Ansätzen vor.

- In Bezug auf die Wirkungsstärke der beiden Ansätze zur Beschwerdestimulierung wurde bereits in Abschnitt 3.5.1 festgestellt, dass die Qualität der externen Kommunikationsmaßnahmen einen etwas stärkeren Einfluss auf die Beschwerderate besitzt als die Qualität der Beschwerdekanäle. Daher sollten sich zukünftige Arbeiten zur Beschwerdestimulierung tendenziell stärker auf die Erforschung der optimalen Kommunikationsinhalte und Kommunikationsmedien konzentrieren.

Zu guter Letzt leistet die vorliegende Arbeit auch einen *methodischen Beitrag* für die Forschung:

- Ein erster Aspekt, der hierbei Erwähnung verdient, ist die Untersuchung moderierender Effekte. In der Arbeit wurde analysiert, wie sich die Stärke (und teilweise auch die Richtung) von Zusammenhängen zwischen zwei Variablen in Abhängigkeit von Drittvariablen ändert. Hierdurch konnte ein tiefergehenderes Verständnis der betrachteten Wirkungsbeziehungen gewonnen werden als bei einer reinen Betrachtung von Haupteffekten. Auf letzteres, d.h. auf die Untersuchung von Haupteffekten, beschränkt sich hingegen bisher der Großteil der empirischen Studien in der Marketingforschung. Bei diesen Studien besteht die Gefahr, dass wichtige Aspekte der untersuchten Wirkungsbeziehungen unberücksichtigt bleiben. Folglich sollte in Zukunft der Untersuchung moderierender Effekte eine stärkere Bedeutung beigemessen werden.

- Ein zweiter Aspekt, auf den an dieser Stelle eingegangen werden soll, ist die Verwendung dyadischer Daten im Rahmen des Beschwerdebehandlungs-Modells. Durch die Messung der unabhängigen und abhängigen Variablen bei unterschiedlichen Informanten (d.h. auf Unternehmens- bzw. Kundenseite) konnte das Problem des „Common Method Bias" (Fiske 1982; Podsakoff/Organ 1986) umgangen werden. Ein derartiges Vorgehen wird in der Marketingforschung noch zu selten gewählt und sollte daher zukünftig verstärkt Beachtung finden.

Die vorliegende Arbeit unterliegt auch einigen *Restriktionen*, aus denen sich potenzielle Ansatzpunkte für zukünftige Forschungsaktivitäten ergeben:

- Eine erste Restriktion betrifft die Beziehung zwischen den zwei Ansätzen zur Gestaltung der Beschwerdebehandlung (Mechanistischer Ansatz und Organischer Ansatz) bzw. den zwei Ansätzen zur Gestaltung der Beschwerdestimulierung (Schaffung von Beschwerdekanälen und Durchführung externer Kommunikationsmaßnahmen). In beiden Fällen war es Ziel dieser Studie, den Einfluss dieser Ansätze auf die Reaktion unzufriedener Kunden zu untersuchen. Demzufolge wurde in keinem der beiden Fälle ein möglicher kausaler Zusammenhang zwischen den jeweiligen Ansätzen analysiert. Vor diesem Hintergrund könnte zukünftig beispielsweise untersucht werden, ob der Organische Ansatz eine Determinante des Mechanistischen Ansatzes darstellt, d.h. ob das Personalmanagement und die Unternehmenskultur einen Einfluss auf die Implementierung angemessener Richtlinien für den Umgang mit Beschwerden besitzen. Zur Analyse dieses Sachverhalts sollte idealerweise eine Längsschnittanalyse zum Einsatz kommen.

- Eine zweite Restriktion bezieht sich auf die Zahl der Kunden (n=5), die zur Überprüfung des Beschwerdebehandlungs-Modells pro Unternehmen befragt wurden. Während diese Zahl in einem B2B-Kontext einen angemessenen Anteil an der Gesamtzahl der Kunden darstellt, könnte sie in einem B2C-Kontext als relativ begrenzt angesehen werden. Somit sollten zukünftige Studien versuchen, durch die Befragung einer größeren Anzahl an Konsumenten die betreffenden empirischen Ergebnisse in einem B2C-Kontext zu verifizieren.

- Eine dritte Restriktion steht in Zusammenhang mit denjenigen Beschwerdemanagement-Erfolgsgrößen im Integrativen Erfolgsfaktoren-Modell, die sich auf den kompletten Kundenstamm des Unternehmens beziehen. Eine für den kompletten Kundenstamm repräsentative Erhebung der Beschwerde- bzw. Gesamtzufriedenheit und Beschwerderate bei jedem teilnehmenden Unternehmen hätte den Umfang der empirischen Untersuchung bei weitem gesprengt. Zur Messung dieser Erfolgsgrößen wurde daher auf entsprechende Angaben der Unternehmensvertreter zurückgegriffen. Zur Überprüfung der auf dieser Datengrundlage basierenden empirischen Erkenntnisse könnten Forscher in Zusammenarbeit mit einer kleineren Anzahl an Unternehmen eine für den jeweiligen Kundenstamm repräsentative Erhebung dieser Erfolgsgrößen anstreben.

6.3 Implikationen für die Unternehmenspraxis

Neben Implikationen für die Forschung, liefern die Ergebnisse dieser Untersuchung auch zahlreiche Anregungen für die Unternehmenspraxis. Die wohl aus Praxissicht wichtigste Botschaft dieser Studie ist die Erkenntnis: „Professionelles Beschwerdemanagement lohnt sich!" Wie gezeigt wurde, können Unternehmen durch eine angemessene Gestaltung der zentralen Beschwerdemanagement-Aufgaben die wesentlichen Beschwerdemanagement-Erfolgsgrößen zu ihren Gunsten beeinflussen. Aus den Resultaten der vorliegenden Arbeit lassen sich hierfür im Einzelnen die folgenden Ansatzpunkte bzw. Empfehlungen ableiten:

- Die Gestaltung der Beschwerdebehandlung, die Gestaltung der Beschwerdestimulierung und die Gestaltung der Beschwerdeanalyse stellen die drei zentralen Stellhebel für einen systematischen Umgang mit Kundenbeschwerden dar.

- Für die Gestaltung der Beschwerdebehandlung stehen Unternehmen mit dem Mechanistischen Ansatz (Implementierung entsprechender Verfahrens-, Verhaltens- und Ergebnisrichtlinien) und dem Organischen Ansatz (Schaffung eines angemessenen internen Umfelds) zwei verschiedene Ansätze zur Verfügung. Angesichts der primär komplementären Beziehung zwischen den beiden Ansätzen (vgl. hierzu Abschnitt 6.2) ist Managern generell zu empfehlen, beide Ansätze in Kombination einzusetzen. Der Mechanistische Ansatz besitzt insgesamt eine stärkere Wirkung als der Organische Ansatz (vgl. hierzu Abschnitt 4.5.1). Keinesfalls sollte sich deshalb auf Kosten der „harten Faktoren" (d.h. Richtlinien) ausschließlich mit dem Management der „weichen Faktoren" (d.h. Personalmanagement, Unternehmenskultur) beschäftigt werden. Doch auch umgekehrt müssen Manager sich im Klaren sein, dass Richtlinien niemals alle Situationen abdecken können. Gerade in Situationen, die nicht geregelt sind (bzw. werden können), erweisen sich die „weichen Faktoren" als wertvolle Absicherung zur Gewährleistung einer angemessenen Beschwerdebehandlung. Unternehmen, die noch keine Richtlinien für die Beschwerdebehandlung besitzen, sei zu Beginn die Implementierung von Ergebnisrichtlinien empfohlen. Diese beeinflussen nachweislich am stärksten die Beschwerdezufriedenheit, gefolgt von Verfahrensrichtlinien und Verhaltensrichtlinien (vgl. hierzu Abschnitt 4.5.1).

- Die Gestaltung der Beschwerdestimulierung kann ebenfalls über zwei verschiedene Ansätze erfolgen. Zum einen handelt es sich hierbei um die Schaffung angemessener Beschwerdekanäle und zum anderen um die Durchführung geeigneter externer Kommunikationsmaßnahmen. Aufgrund der komplementären Beziehung zwischen diesen beiden Ansätzen (vgl. hierzu Abschnitt 6.2) sollte auch im Falle dieser Beschwerdemanagement-Aufgabe ein kombinierter Einsatz zweier Ansätze erfolgen.

- Im Hinblick auf die Gestaltung der Beschwerdeanalyse ist Unternehmen zu empfehlen, es nicht bei der reinen Auswertung der Gründe für Beschwerden zu belassen. Aufbauend auf den Resultaten der Beschwerdeauswertung sollte stattdessen auch eine Identifikation der tieferliegenden Ursachen für die häufigsten und schwerwiegensten Kundenprobleme erfolgen sowie eine Weiterleitung der zentralen Ergebnisse dieser Analysen an relevante Entscheidungsträger bzw. Bereiche. Erst dadurch werden die Voraussetzungen dafür geschaffen, mit Hilfe von Beschwerden tatsächlich aus Fehlern der Vergangenheit zu lernen.

- Aus Praxissicht ebenfalls sehr relevant ist die Erkenntnis, dass die Gesamtzufriedenheit der Kunden eines Unternehmens sowohl von der Gestaltung der Beschwerdebehandlung als auch von der Gestaltung der Beschwerdeanalyse relativ stark beeinflusst wird, nicht jedoch in jedem Fall von der Gestaltung der Beschwerdestimulierung (vgl. hierzu Abschnitte 3.5.1 und 3.5.2). Somit kann Managern generell zu einer professionellen Gestaltung der Beschwerdebehandlung und Beschwerdeanalyse geraten werden. Ein differenzierteres Bild ergibt sich im Hinblick auf die Gestaltung der Beschwerdestimulierung. Wie die Ergebnisse zu den moderierenden Effekten der Beschwerdezufriedenheit bzw. des Ausmaßes der beschwerdebasierenden Verbesserungen auf den Zusammenhang zwischen der Beschwerderate und der Gesamtzufriedenheit zeigen, stellt eine professionelle Gestaltung der Beschwerdestimulierung ein „zweischneidiges Schwert" dar. Über eine Steigerung der Beschwerderate führt sie im Falle einer hohen Beschwerdezufriedenheit bzw. eines hohen Ausmaßes an beschwerdebasierenden Verbesserungen zu einem Anstieg der Gesamtzufriedenheit, während sie im Falle einer geringen Beschwerdezufriedenheit bzw. eines geringen Ausmaßes an beschwerdebasierenden Verbesserungen einen negativen Einfluss auf die Gesamtzufriedenheit besitzt. Somit empfiehlt es sich aus Unternehmenssicht, eine aktive Beschwerdestimulierung nur dann zu betreiben, wenn gleichzeitig eine angemessene Beschwerdebehandlung und Beschwerdeanalyse gewährleistet sind.

- Wichtige Empfehlungen für die Unternehmenspraxis ergeben sich zu guter Letzt auch aus den Resultaten zu den moderierenden Effekten von Kontextvariablen (Art der Geschäftsbeziehung, Art der Branche) auf den Zusammenhang zwischen der Qualität der Gestaltung der zentralen Beschwerdemanagement-Aufgaben und den wesentlichen Beschwerdemanagement-Erfolgsgrößen (vgl. hierzu Abschnitte 3.5.2 und 4.5.2). So zeigt die vorliegende Arbeit, dass Richtlinien für die Beschwerdebehandlung und externe Kommunikationsmaßnahmen zur Beschwerdestimulierung in einem B2C-Kontext eine besonders hohe Erfolgswirksamkeit besitzen. Zudem wurde nachgewiesen, dass Richtlinien für die Beschwerdebehandlung in einem Dienstleistungskontext und die Gestaltung der Beschwerdeanalyse in einem Sachgüterkontext über eine besonders starke Wirkung auf den Beschwerdemanagement-Erfolg verfügen. Somit sollten Dienstleistungsunternehmen, deren Kundenstamm vorwiegend aus Konsumenten besteht, ein spezielles Augenmerk auf die Gestaltung von Richtlinien für die Beschwerdebehandlung legen. Darüber hinaus ist Anbietern, die hauptsächlich mit Konsumenten interagieren, zu empfehlen, besonders stark auf externe Kommunikationsmaßnahmen zur Beschwerdestimulierung zu achten. Unternehmen, die vornehmlich im Sachgüterbereich operieren, sollten zudem der Gestaltung der Beschwerdeanalyse eine besonders hohe Bedeutung beimessen.

Zu Beginn dieser Arbeit wurde die hohe praktische Relevanz des Beschwerdemanagements für den Aufbau und die Pflege langfristiger Kundenbeziehungen hervorgehoben. Wie allerdings die Ergebnisse der empirischen Bestandsaufnahme der Beschwerdemanagement-Praxis gezeigt haben, steht der hohen Bedeutung eines angemessenen Umgangs mit Kundenbeschwerden ein recht weit verbreiteter Nachholbedarf gegenüber. Es bleibt daher zu hoffen, dass die vorliegende Arbeit durch Schließung bislang bestehender Forschungslücken zu einer Steigerung der Professionalität des Beschwerdemanagements in der Unternehmenspraxis beitragen kann und damit hilft, dieses Missverhältnis zu beseitigen.

Literaturverzeichnis

Adams, J. S. (1963), Toward an Understanding of Inequity, Journal of Abnormal Social Psychology, 67, 5, 422-436.

Adams, J. S. (1965), Inequity in Social Exchange, in: Berkowitz, L. (Hrsg.), Advances in Experimental Social Psychology, New York, 267-299.

Adamson, C. (1993), Evolving Complaint Procedures, Managing Service Quality, 3, 2, 439-444.

Aiken, L. S., West, St. G. (1993), Multiple Regression: Testing and Interpreting Interactions, 3. Aufl., Newbury Park.

Alicke, M. D., Braun, J. C., Glor, J. E., Klotz, M. L., Magee, J., Sederholm, H., Siegel, R. (1992), Complaining Behavior in Social Interaction, Personality and Social Psychology Bulletin, 18, 3, 286-295.

Anderson, C. H. (1986), Hierarchical Moderated Regression Analysis: A Useful Tool for Retail Management Decisions, Journal of Retailing, 62, 2, 186-203.

Anderson, E. W., Fornell, C., Lehmann, D. R. (1994), Customer Satisfaction, Market Share and Profitability: Findings from Sweden, Journal of Marketing, 58, 3, 53-66.

Anderson, E. W., Sullivan, M. W. (1993), The Antecedents and Consequences of Customer Satisfaction for Firms, Marketing Science, 12, 2, 125-143.

Anderson, J. C., Gerbing, D. W. (1988), Structural Equation Modeling in Practice: A Review and Recommended Two-Step Approach, Psychological Bulletin, 103, 4, 411-423.

Andreasen, A. R. (1988), Consumer Complaints and Redress: What We Know and What We Don't Know, in: Maynes, E. S., ACCI Research Committee (Hrsg.), The Frontier of Research in the Consumer Interest, Proceedings of the International Conference on Research in the Consumer Interest, American Council on Consumer Interests, University of Missouri, Columbia, 675-722.

Andreasen, A. R., Best, A. (1977), Consumers Complain - Does Business Respond?, Harvard Business Review, 55, 4, 93-101.

Andreassen, T. W. (2000), Antecedents to Satisfaction With Service Recovery, European Journal of Marketing, 34, 1/2, 156-175.

Andreassen, T. W. (2001), From Disgust to Delight: Do Customers Hold a Grudge?, Journal of Service Research, 4, 1, 39-49.

Andrus, D. M., Norvell, W. (1990), Marketing Differences Between Large and Small Firms: A Test of the Industrial/Consumer Dichotomy Hypothesis, Akron Business and Economic Review, 21, 3, 81-90.

Armstrong, J. S., Overton, T. S. (1977), Estimating Nonresponse Bias in Mail Surveys, Journal of Marketing Research, 14, 3, 396-402.

Avlonitis, G. J., Gounaris, S. P. (1997), Marketing Orientation and Company Performance: Industrial vs. Consumer Goods Companies, Industrial Marketing Management, 26, 5, 385-402.

Backhaus, K., Erichson, B., Plinke, W., Weiber, R. (2003), Multivariate Analysemethoden: Eine anwendungsorientierte Einführung, 10. Aufl., Berlin.

Bagozzi, R. P. (1979), The Role of Measurement in Theory Construction and Hypothesis Testing: Toward a Holistic Model, in: Ferrell, O., Brown, S., Lamb, C. (Hrsg.), Conceptual and Theoretical Developments in Marketing, Chicago, 15-32.

Bagozzi, R. P., Baumgartner, H. (1994), The Evaluation of Structural Equation Models and Hypothesis Testing, in: Bagozzi, R. P. (Hrsg.), Principles of Marketing Research, Cambridge, 386-422.

Bagozzi, R. P., Fornell, C. (1982), Theoretical Concepts, Measurements, and Meaning, in: Fornell, C. (Hrsg.), A Second Generation of Multivariate Analysis, 2, New York, 24-38.

Bagozzi, R. P., Phillips, L. (1982), Representing and Testing Organizational Theories: A Holistic Construal, Administrative Science Quarterly, 27, 3, 459-489.

Bagozzi, R. P., Yi, Y. (1988), On the Evaluation of Structural Equation Models, Journal of the Academy of Marketing Science, 16, 1, 74-94.

Bagozzi, R. P., Yi, Y., Phillips, L. (1991), Assessing Construct Validity in Organizational Research, Administrative Science Quarterly, 36, 3, 421-458.

Bailey, D. (1994), Recovery from Customer Service Shortfalls, Managing Service Quality, 4, 6, 25-28.

Balderjahn, I. (1986), Das umweltbewußte Konsumentenverhalten, Berlin.

Bamberg, G., Coenenberg, A. G. (2004), Betriebswirtschaftliche Entscheidungslehre, 12. Aufl., München.

Bandalos, D. L., Finney, S. J. (2001), Item Parceling Issues in Structural Equation Modeling, in: Marcoulides, G. A., Schumacker, R. E. (Hrsg.), New Developments and Techniques in Structural Equation Modeling, Mahwah, 269-296.

Barlow, J., Møller, C. (1996), Eine Beschwerde ist ein Geschenk, Wien.

Barnard, Ch. I. (1938), The Functions of the Executive, Cambridge.

Bauer, H. H., Huber, F., Bräutigam, F. (1997), Determinanten der Kundenloyalität im Automobilsektor: Eine empirische Studie im Neu- und Gebrauchtwagenmarkt, Arbeitspapier W03, Institut für Marktorientierte Unternehmensführung (IMU), Universität Mannheim.

Baumgartner, H., Homburg, Ch. (1996), Applications of Structural Equation Modeling in Marketing and Consumer Research: A Review, International Journal of Research in Marketing, 13, 2, 139-161.

Bearden, W. O. (1983), Profiling Consumers Who Register Complaints Against Auto Repair Services, Journal of Consumer Affairs, 17, 2, 315-335.

Bearden, W. O., Mason, J. B. (1984), An Investigation of Influences on Consumer Complaint Reports, in: Kinnear, Th. (Hrsg.), Advances in Consumer Research, 11, Chicago, 490-495.

Bearden, W. O., Oliver, R. L. (1985), The Role of Public and Private Complaining in Satisfaction With Problem Resolution, Journal of Consumer Affairs, 19, 2, 222-240.

Bearden, W. O., Teel, J. E. (1980), An Investigation of Personal Influences on Consumer Complaining, Journal of Retailing, 56, 3, 3-20.

Bearden, W. O., Teel, J. E. (1983), Selected Determinants of Consumer Satisfaction and Complaint Reports, Journal of Marketing Research, 20, 1, 21-28.

Bentler, P. M., Bonett, D. G. (1980), Significance Tests and Goodness of Fit in the Analysis of Covariance Structures, Psychological Bulletin, 88, 3, 588-606.

Berekoven, L., Eckert, W., Ellenrieder, P. (2004), Marktforschung: Methodische Grundlagen und praktische Anwendung, 10. Aufl., Wiesbaden.

Berger, U., Bernhard-Mehlich, I. (2002), Die Verhaltenswissenschaftliche Entscheidungstheorie, in: Kieser, A. (Hrsg.), Organisationstheorien, 5. Aufl., Stuttgart, 133-168.

Berry, L. L. (1995), On Great Service: A Framework for Action, New York.

Berry, L. L., Parasuraman, A. (1991), Marketing Services, New York.

Berry, L. L., Zeithaml, V. A., Parasuraman, A. (1990), Five Imperatives for Improving Service Quality, Sloan Management Review, 31, 4, 29-38.

Berry, W. D., Feldman, S. (1985), Multiple Regression in Practice, Sage University Paper Series on Quantitative Applications in the Social Sciences, No. 07-050, Beverly Hills.

Best, A. (1981), When Consumers Complain, New York.

Best, A., Andreasen, A. R. (1977), Consumer Response to Unsatisfactory Purchases: A Survey of Perceiving Defects, Voicing Complaints, and Obtaining Redress, Law and Society Review, 11, 4, 701-742.

Bettencourt, L. A., Brown, St. W. (2003), Role Stressors and Customer-Oriented Boundary-Spanning Behaviors in Service Organizations, Journal of the Academy of Marketing Science, 31, 4, 394-408.

Beutin, N., Fürst, A., Finkel, B. (2003), Kundenorientierung - Wie systematisch pflegt der Autohandel seine Kunden?, Absatzwirtschaft, 46, 9, 52-55.

Bitner, M. J. (1995), Building Service Relationships: It's All About Promises, Journal of the Academy of Marketing Science, 23, 4, 246-251.

Bitner, M. J., Booms, B. H., Tetreault, M. St. (1990), The Service Encounter: Diagnosing Favorable and Unfavorable Incidents, Journal of Marketing, 54, 1, 71-84.

Bitner, M. J., Brown, St. W., Meuter, M. L. (2000), Technology Infusion in Service Encounters, Journal of the Academy of Marketing Science, 28, 1, 138-149.

Bitner, M. J., Hubbert, A. R. (1994), Encounter Satisfaction Versus Overall Satisfaction Versus Quality, in: Rust, R. T., Oliver, R. L. (Hrsg.), Service Quality: New Directions in Theory and Practice, Sage, 72-94.

Bitz, M. (1981), Entscheidungstheorie, München.

Blalock, H. M. (1964), Causal Inferences in Nonexperimental Research, Chapel Hill.

Blodgett, J. G., Anderson, R. D. (2000), A Bayesian Network Model of the Consumer Complaint Process, Journal of Service Research, 2, 4, 321-338.

Blodgett, J. G., Granbois, D. H., Walters, R. G. (1993), The Effects of Perceived Justice on Complainants' Negative Word-of-Mouth Behavior and Repatronage Intentions, Journal of Retailing, 69, 4, 399-428.

Blodgett, J. G., Hill, D. J., Tax, St. S. (1997), The Effects of Distributive, Procedural, and Interactional Justice on Postcomplaint Behavior, Journal of Retailing, 73, 2, 185-210.

Blodgett, J. G., Wakefield, K. L., Barnes, J. H. (1995), The Effects of Customer Service on Consumer Complaining Behavior, Journal of Services Marketing, 9, 4, 31-42.

Bohrnstedt, G. W. (1970), Reliability and Validity Assessment in Attitude Measurement, in: Summers, G. (Hrsg.), Attitude Measurement, London, 80-99.

Bolfing, C. P. (1989), How Do Customers Express Dissatisfaction and What Can Service Marketers Do About It?, Journal of Services Marketing, 3, 2, 5-23.

Bollen, K. A. (1989), Structural Equations With Latent Variables, New York.

Bollen, K. A., Lennox, R. (1991), Conventional Wisdom on Measurement: A Structural Equation Perspective, Psychological Bulletin, 110, 2, 305-314.

Bolton, R. N., Bronkhorst, T. M. (1994), The Relationship Between Customer Complaints to the Firm and Subsequent Exit Behavior, Advances in Consumer Research, 22, 1, 94-100.

Bolton, R. N., Drew, J. H. (1991a), A Longitudinal Analysis of the Impact of Service Changes on Customer Attitudes, Journal of Marketing, 55, 1, 1-10.

Bolton, R. N., Drew, J. H. (1991b), A Multistage Model of Customers' Assessments of Service Quality and Value, Journal of Consumer Research, 17, 4, 375-384.

Boshoff, Ch. (1997), An Experimental Study of Service Recovery Options, International Journal of Service Industry Management, 8, 2, 110-130.

Boshoff, Ch. (1999), RECOVSAT: An Instrument to Measure Satisfaction With Transaction-Specific Service Recovery, Journal of Service Research, 1, 3, 236-249.

Boshoff, Ch., Leong, J. (1998), Empowerment, Attribution and Apologising as Dimensions of Service Recovery: An Experimental Study, International Journal of Service Industry Management, 9, 1, 24-47.

Boudon, R. (2003), Beyond Rational Choice Theory, Annual Review of Sociology, 29, 1-21.

Brown, St. W. (1997), Service Recovery Through IT, Marketing Management, 6, 3, 25-27.

Browne, M. W., Cudeck, R. (1993), Alternative Ways of Assessing Model Fit, in: Bollen, K. A., Long, J. S. (Hrsg.), Testing Structural Equation Models, Newbury Park, 136-162.

Bruhn, M. (1982), Konsumentenzufriedenheit und Beschwerden: Erklärungsansätze und Ergebnisse einer empirischen Untersuchung in ausgewählten Konsumbereichen, Frankfurt am Main.

Bruhn, M. (1986), Beschwerdemanagement, Harvard Manager, 8, 3, 104-108.

Bruhn, M. (1987), Der Informationswert von Beschwerden für Marketingentscheidungen, in: Hansen, U., Schoenheit, I. (Hrsg.), Verbraucherzufriedenheit und Beschwerdeverhalten, Frankfurt am Main, 123-140.

Bruhn, M., Georgi, D. (2005), Wirtschaftlichkeit des Kundenbindungsmanagements, in: Bruhn, M., Homburg, Ch. (Hrsg.), Handbuch Kundenbindungsmanagement: Strategien und Instrumente für ein erfolgreiches CRM, 5. Aufl., Wiesbaden, 589-620.

Burns, T., Stalker, G. M. (1994), The Management of Innovation, New York.

Burrell, G., Morgan, G. (1979), Sociological Paradigms and Organisational Analysis, London.

Bush, R. F., Busch, P. (1981), The Relationship of Tenure and Age to Role Clarity and Its Consequences in the Industrial Salesforce, Journal of Personal Selling & Sales Management, 2, 1, 17-23.

Cadotte, E., Woodruff, R., Jenkins, R. (1987), Expectations and Norms in Models of Consumer Satisfaction, Journal of Marketing Research, 24, 3, 305-314.

Campbell, A. J. (1998), Do Internal Departmental Relationships Influence Buyers' Expectations About External Supply Partnerships?, Journal of Business & Industrial Marketing, 13, 3, 199-214.

Carmines, E. G., Zeller, R. A. (1979), Reliability and Validity Assessment, Sage University Paper Series on Quantitative Applications in the Social Sciences, Series No. 07-017, Newbury Park.

Champoux, J. E., Peters, W. S. (1987), Form, Effect Size, and Power in Moderated Regression Analysis, Journal of Occupational Psychology, 60, 3, 243-255.

Chan, L. K., Hui, Y. V., Lo, H. P., Tse, S. K., Tso, G. K. F., Wu, M. L. (2003), Consumer Satisfaction Index: New Practice and Findings, European Journal of Marketing, 37, 5/6, 872-909.

Chebat, J.-Ch., Kollias, P. (2000), The Impact of Empowerment on Customer Contact Employees' Roles in Service Organizations, Journal of Service Research, 3, 1, 66-81.

Chow, G. C. (1960), Tests of Equality Between Sets of Coefficients in Two Linear Regressions, Econometrica, 28, 3, 591-605.

Churchill, G. A. (1979), A Paradigm for Developing Better Measures of Marketing Constructs, Journal of Marketing Research, 16, 1, 64-73.

Churchill, G. A. (1991), Marketing Research – Methodological Foundations, 5. Aufl., Fort Worth.

Churchill, G. A., Ford, N. M., Hartley, St. W., Walker, O. C. (1985), The Determinants of Salesperson Performance: A Meta-Analysis, Journal of Marketing Research, 22, 2, 103-118.

Clark, G. L., Kaminski, P. F., Rink, D. R. (1992), Consumer Complaints: Advice on How Companies Should Respond Based on an Empirical Study, Journal of Consumer Marketing, 9, 3, 5-14.

Clemmer, E. C. (1993), An Investigation Into the Relationship of Fairness and Customer Satisfaction With Services, in: Cropanzano, R. (Hrsg.), Justice in the Workplace: Approaching Fairness in Human Resource Management, Hillsdale, 193-207.

Clemmer, E. C., Schneider, B. (1996), Fair Service, in: Brown, St. W., Bowen, D. A., Swartz, T. A. (Hrsg.), Advances in Services Marketing and Management, 5. Aufl., Greenwich, 109-126.

Cohen, J., Cohen, P., West, St. G., Aiken, L. S. (2002), Applied Multiple Regression/ Correlation Analysis for the Behavioral Sciences, 3. Aufl., Hillsdale.

Colombo, R. (2000), A Model for Diagnosing and Reducing Nonresponse Bias, Journal of Advertising Research, 40, 1/2, 85-93.

Conlon, D. E., Murray, N. M. (1996), Customer Perceptions of Corporate Responses to Product Complaints: The Role of Explanations, Academy of Management Journal, 39, 4, 1040-1056.

Cook, S., Macaulay, St. (1997), Practical Steps to Empowered Complaint Management, Managing Service Quality, 7, 1, 39-42.

Cooke, E. F. (1986), What is Business and Industrial Marketing?, Journal of Business and Industrial Marketing, 1, 1, 9-17.

Cortina, J. M. (1994), What is Coefficient Alpha? An Examination of Theory and Applications, Journal of Applied Psychology, 78, 1, 98-104.

Coviello, N. E., Brodie, R. J. (2001), Contemporary Marketing Practices of Consumer and Business-to-Business Firms: How Different Are They?, Journal of Business and Industrial Marketing, 16, 5, 382-400.

Coviello, N. E., Brodie, R. J., Danaher, P. J., Johnston, W. J. (2002), How Firms Relate to Their Markets: An Empirical Examination of Contemporary Marketing Practices, Journal of Marketing, 66, 3, 33-46.

Cronbach, L. J. (1947), Test 'Reliability': Its Meaning and Determination, Psychometrika, 12, 1, 1-16.

Cronbach, L. J. (1951), Coefficient Alpha and the Internal Structure of Tests, Psychometrika, 16, 3, 297-334.

Cudeck, R., Browne, M. W. (1983), Cross-Validation of Covariance Structures, Multivariate Behavioral Research, 18, 2, 147-167.

Cummings, W. Th., Jackson, D. W., Olstrom, L. L. (1989), Examining Product Managers' Job Satisfaction and Performance Using Selected Organizational Behavior Variables, Journal of the Academy of Marketing Science, 17, 2, 147-156.

Cyert, R. M., March, J. G. (1992), A Behavioral Theory of the Firm, 2. Aufl., Cambridge.

Darrow, A. L., Kahl, D. R. (1982), A Comparison of Moderated Regression Techniques Considering Strength of Effect, Journal of Management, 8, 2, 35-47.

Dart, J., Freeman, K. (1994), Dissatisfaction Response Styles Among Clients of Professional Accounting Firms, Journal of Business Research, 29, 1, 75-81.

Davidow, M. (2003), Organizational Responses to Customer Complaints: What Works and What Doesn't, Journal of Service Research, 5, 3, 225-250.

Davidow, M., Dacin, P. A. (1997), Understanding and Influencing Consumer Complaint Behavior: Improving Organizational Complaint Management, in: Brucks, M., MacInnis, D. (Hrsg.), Advances in Consumer Research, 24, Tucson, 450-456.

Davidow, M., Leigh, J. H. (1998), The Effects of Organizational Complaint Responses on Consumer Satisfaction, Word of Mouth Activity and Repurchase Intentions, Journal of Consumer Satisfaction, Dissatisfaction and Complaining Behavior, 11, 91-102.

Day, R. L. (1980), Research Perspectives on Consumer Complaining Behavior, in: Lamb, Ch., Dunne, P. (Hrsg.), Theoretical Developments in Marketing, American Marketing Association, Chicago, 211-215.

Day, R. L. (1984), Modeling Choices Among Alternative Responses to Dissatisfaction, in: Kinnear, Th. (Hrsg.), Advances in Consumer Research, 11, Chicago, 496-499.

Day, R. L., Grabicke, K., Schaetzle, Th., Staubach, F. (1981), The Hidden Agenda of Consumer Complaining, Journal of Retailing, 57, 3, 86-106.

Day, R. L., Landon, E. L. (1977), Toward a Theory of Consumer Complaining Behavior, in: Woodside, A. G., Sheth, J. N., Bennett, P. D. (Hrsg.), Consumer and Industrial Buying Behavior, New York, 425-437.

Dellande, St. (1995), Consumer Response to Dissatisfaction: An Overview, GSM Working Paper MK95012, University of California.

de Ruyter, K., Brack, A. (1993), European Legal Developments in Product Safety and Liability: The Role of Costumer Complaint Management as a Defensive Marketing Tool, International Journal of Research in Marketing, 10, 2, 153-164.

Deshpandé, R., Webster F. E. (1989), Organizational Culture and Marketing: Defining the Research Agenda, Journal of Marketing, 53, 1, 3-15.

Deutsch, M. (1975), Equity, Equality, and Need: What Determines Which Value Will Be Used as the Basis of Distributive Justice?, Journal of Social Issues, 31, 3, 137-149.

Deutsch, M. (1985), Distributive Justice: A Social-Psychological Perspective, New Haven.

Diamantopoulos, A. (1994), Modelling With LISREL: A Guide for the Uninitiated, Journal of Marketing Management, 10, 1-3, 105-136.

Diamantopoulos, A., Schlegelmilch, B. (1996), Determinants of Industrial Mail Survey Response: A Survey-on-Surveys Analysis of Researchers' and Managers' Views, Journal of Marketing Management, 12, 6, 505-531.

Diamantopoulos, A., Siguaw, J. A. (2000), Introducing LISREL: A Guide for the Uninitiated, London.

Didow, N. M., Barksdale, H. C. (1982), Conjoint Measurement Experiment of Consumer Complaining Behavior, Journal of Business Research, 10, 4, 419-429.

Dietze, U. (1997), Reklamationen als Chance nutzen, Landsberg/Lech.

Doty, D. H., Glick, W. H. (1994), Typologies as a Unique Form of Theory Building: Toward Improved Understanding and Modeling, Academy of Management Review, 19, 2, 230-251.

Eckey, H-F., Kosfeld, R., Dreger, Ch. (2001), Ökonometrie: Grundlagen – Methoden – Beispiele, 2. Aufl., Wiesbaden.

Estelami, H. (1999), The Profit Impact of Consumer Complaint Solicitation Across Market Conditions, Journal of Professional Services Marketing, 20, 1, 165-195.

Estelami, H. (2000), Competitive and Procedural Determinants of Delight and Disappointment in Consumer Complaint Outcomes, Journal of Service Research, 2, 3, 285-300.

Farrell, D. (1983), Exit, Voice, Loyalty, and Neglect as Responses to Job Dissatisfaction: A Multidimensional Scaling Study, Academy of Management Journal, 26, 4, 596-607.

Festinger, L. (1957), A Theory of Cognitive Dissonance, New York.

Finn, A., Kayandé, U. (1997), Reliability Assessment and Optimization of Marketing Measurement, Journal of Marketing Research, 34, 2, 262-275.

Fischer, L. (1992), Rollentheorie, in: Frese, E. (Hrsg.), Handwörterbuch der Organisation, 3. Aufl., Stuttgart, 2224-2234.

Fisher, C. D., Gitelson, R. (1983), A Meta-Analysis of the Correlates of Role Conflict and Ambiguity, Journal of Applied Psychology, 68, 2, 320-333.

Fiske, D. W. (1982), Convergent-Discriminant Validation in Measurements and Research Strategies, in: Brinberg, D., Kidder, L. (Hrsg.), New Directions for Methodology of Social and Behavioral Science: Forms of Validity in Research, 12, San Francisco, 77-92.

Folkes, V. S. (1984a), An Attributional Approach to Postpurchase Conflict Between Buyers and Sellers, in: Kinnear, Th. (Hrsg.), Advances in Consumer Research, 11, Chicago, 500-503.

Folkes, V. S. (1984b), Consumer Reactions to Product Failure: An Attributional Approach, Journal of Consumer Research, 10, 4, 398-409.

Folkes, V. S., Koletsky, S., Graham, J. L. (1987), A Field Study of Causal Inferences and Consumer Reaction: The View from the Airport, Journal of Consumer Research, 13, 4, 534-539.

Fornell, C. (1978a), Complaint Management and Marketing Performance, Working Paper, Northwestern University, Evanston.

Fornell, C. (1978b), Corporate Consumer Affairs Departments – A Communications Perspective, Journal of Consumer Policy, 2, 4, 289-302.

Fornell, C. (1981), Increasing the Organizational Influence of Corporate Consumer Affairs Departments, Journal of Consumer Affairs, 15, 2, 191-213.

Fornell, C. (1986), A Second Generation of Multivariate Analysis: Classification of Methods and Implications for Marketing Research, Working Paper, University of Michigan, Ann Arbor.

Fornell, C. (1992), A National Customer Satisfaction Barometer: The Swedish Experience, Journal of Marketing, 56, 1, 6-21.

Fornell, C., Didow, N. M. (1980), Economic Constraints on Consumer Complaining Behavior, in: Olson, J. (Hrsg.), Advances in Consumer Research, 7, Ann Arbor, 318-323.

Fornell, C., Johnson, M. D., Anderson, E. W., Cha, J., Bryant, B. E. (1996), The American Customer Satisfaction Index: Nature, Purpose and Findings, Journal of Marketing, 60, 4, 7-18.

Fornell, C., Larcker, D. F. (1981), Evaluating Structural Equation Models With Unobservable Variables and Measurement Error, Journal of Marketing Research, 18, 1, 39-50.

Fornell, C., Wernerfelt, B. (1987), Defensive Marketing Strategy by Customer Complaint Management: A Theoretical Analysis, Journal of Marketing Research, 24, 4, 337-346.

Fornell, C., Wernerfelt, B. (1988), A Model for Customer Complaint Management, Marketing Science, 7, 3, 287-298.

Fornell, C., Westbrook, R. A. (1979), An Exploratory Study of Assertiveness, Aggressiveness, and Consumer Complaining Behavior, in: Wilkie, W. L. (Hrsg.), Advances in Consumer Research, 6, Ann Arbor, 105-110.

Fornell, C., Westbrook, R. A. (1984), The Vicious Circle of Consumer Complaints, Journal of Marketing, 48, 3, 68-78.

Fritz, W. (1995), Marketing-Management und Unternehmenserfolg, 2. Aufl., Stuttgart.

Gardiner Jones, M. (1978), The Consumer Affairs Office: Essential Element in Corporate Policy and Planning, California Management Review, 20, 4, 63-73.

Garrett, D. E. (1999), The Effectiveness of Compensation Given to Complaining Consumers: Is More Better?, Journal of Consumer Satisfaction, Dissatisfaction and Complaining Behavior, 12, 26-34.

Gerbing, D. W., Anderson, J. C. (1988), An Updated Paradigm for Scale Development Incorporating Unidimensionality and its Assessment, Journal of Marketing Research, 25, 2, 186-192.

Giering, A. (2000), Der Zusammenhang zwischen Kundenzufriedenheit und Kundenloyalität: Eine Untersuchung moderierender Effekte, Wiesbaden.

Gilliland, St. W. (1993), The Perceived Fairness of Selection Systems: An Organizational Justice Perspective, Academy of Management Review, 18, 4, 694-734.

Gilly, M. C. (1981), A Study of Post-Purchase Attitudes and Behavior of Consumers With Different Complaining Tendencies, in: Bernhardt, K. L. (Hrsg.), The Changing Marketing Environment: New Theories and Applications, American Marketing Association, Chicago, 166-169.

Gilly, M. C. (1987), Postcomplaint Processes: From Organizational Response to Repurchase Behavior, Journal of Consumer Affairs, 21, 2, 293-313.

Gilly, M. C., Gelb, B. D. (1982), Post-Purchase Consumer Processes and the Complaining Consumer, Journal of Consumer Research, 9, 3, 323-328.

Gilly, M. C., Hansen, R. W. (1985), Consumer Complaint Handling as a Strategic Marketing Tool, Journal of Consumer Marketing, 2, 4, 5-16.

Goodman, J. A. (1999), Basic Facts on Customer Complaint Behavior and the Impact of Service on the Bottom Line, Competitive Advantage, 9, 1, 1-5.

Goodwin, C., Ross, I. (1989), Salient Dimensions of Perceived Fairness in Resolution of Service Complaints, Journal of Consumer Satisfaction, Dissatisfaction and Complaining Behavior, 2, 87-92.

Goodwin, C., Ross, I. (1990), Consumer Evaluations of Responses to Complaints: What's Fair and Why, Journal of Services Marketing, 4, 3, 53-61.

Goodwin, C., Ross, I. (1992), Consumer Responses to Service Failures: Influence of Procedural and Interactional Fairness Perceptions, Journal of Business Research, 25, 2, 149-163.

Granbois, D., Summers, J. O., Frazier, G. L. (1977), Correlates of Consumer Expectations and Complaining Behavior, in: Day, R. L. (Hrsg.), Consumer Satisfaction, Dissatisfaction and Complaining Behavior, Proceedings of the Second Annual Conference on Consumer Satisfaction, Dissatisfaction and Complaining Behavior, Indiana University, Bloomington, 18-25.

Grandori, A. (2001), Organization and Economic Behavior, London.

Greenberg, J. (2005), Managing Behavior in Organizations, 4. Aufl., Upper Saddle River.

Gronhaug, K., Kvitastein, O. (1991), Purchases and Complaints: A Logit-Model Analysis, Psychology & Marketing, 8, 1, 21-35.

Groves, R. M. (1991), Measurement Error Across Disciplines, in: Biemer, P. P., Groves, R. M., Lyberg, L. E., Mathiowetz, N. A., Sudman, S. (Hrsg.), Measurement Errors in Surveys, New York, 1-25.

Grönroos, Ch. (1988), Service Quality: The Six Criteria of Good Perceived Service Quality, Review of Business, 9, 3, 10-13.

Grönroos, Ch. (2000), Service Management and Marketing, 2. Aufl., Chichester.

Gujarati, D. N. (2003), Basic Econometrics, 4. Aufl., Boston.

Guseman, D. S. (1981), Risk Perception and Risk Reduction in Consumer Services, in: Donnelly, J. H., George, W. R. (Hrsg.), Marketing of Services, American Marketing Association, Chicago, 200-204.

Günter, B. (2000), Aktives Beschwerdemanagement-System (ABMS), in: Zollondz, H.-D. (Hrsg.), Lexikon Qualitätsmanagement, München, 6-9.

Günter, B. (2003), Beschwerdemanagement als Schlüssel zur Kundenzufriedenheit, in: Homburg, Ch. (Hrsg.), Kundenzufriedenheit: Konzepte – Methoden – Erfahrungen, 5. Aufl., Wiesbaden, 291-312.

Halstead, D., Dröge, C., Cooper, M. B. (1993), Product Warranties and Post-Purchase Service: A Model of Consumer Satisfaction With Complaint Resolution, Journal of Services Marketing, 7, 1, 33-40.

Halstead, D., Morash, E. A., Ozment, J. (1996), Comparing Objective Service Failures and Subjective Complaints, Journal of Business Research, 36, 2, 107-115.

Halstead, D., Page, Th. J. (1992), The Effects of Satisfaction and Complaining Behavior on Consumer Repurchase Intentions, Journal of Consumer Satisfaction, Dissatisfaction and Complaining Behavior, 5, 1-11.

Hammann, P., Erichson, B. (2000), Marktforschung, 4. Aufl., Stuttgart.

Hansen, S. W., Swan, J. E., Powers, Th. L. (1996), Encouraging "Friendly" Complaint Behavior in Industrial Markets: Preventing a Loss of Customers and Reputation, Industrial Marketing Management, 25, 4, 271-281.

Hansen, S. W., Swan, J. E., Powers, Th. L. (1997), Vendor Relationships as Predictors of Organizational Buyer Complaint Response Styles, Journal of Business Research, 40, 1, 65-77.

Hansen, U. (1979), Verbraucherabteilungen als Frühwarnsysteme, Zeitschrift für Betriebswirtschaft, 49, 2 (Ergänzungsheft), 120-134.

Hansen, U. (1990), Absatz- und Beschaffungsmarketing des Einzelhandels: Eine Aktionsanalyse, 2. Aufl., Göttingen.

Hansen, U., Jeschke, K. (2000), Beschwerdemanagement für Dienstleistungsunternehmen – Beispiel des Kfz-Handels, in: Bruhn, M., Stauss, B. (Hrsg.), Dienstleistungsqualität, 3. Aufl., Wiesbaden, 433-459.

Hansen, U., Jeschke, K., Schöber, P. (1995), Beschwerdemanagement – Die Karriere einer kundenorientierten Unternehmensstrategie im Konsumgütersektor, Marketing ZFP, 17, 2, 77-88.

Hansen, U., Niestrath, U., Thieme, U. (1983), Beschwerdeaufkommen und Beschwerdepolitik am Beispiel des Möbeleinzelhandels, Zeitschrift für Betriebswirtschaft, 53, 6, 535-550.

Hart, Ch. W. L., Heskett, J. L., Sasser, W. E. (1990), The Profitable Art of Service Recovery, Harvard Business Review, 68, 4, 148-156.

Hartline, M. D., Ferrell, O. C. (1996), The Management of Customer-Contact Service Employees: An Empirical Investigation, Journal of Marketing, 60, 4, 52-70.

Hartung, J., Elpelt, B., Klösener, H.-K. (2002), Statistik: Lehr- und Handbuch der angewandten Statistik, 13. Aufl., München.

Heeler, R. M., Ray, M. L. (1972), Measure Validation in Marketing, Journal of Marketing Research, 9, 4, 361-370.

Heide, J. B., John, G. (1992), Do Norms Matter in Marketing Relationships?, Journal of Marketing, 56, 2, 32-44.

Heider, F. (1958), The Psychology of Interpersonal Relations, New York.

Hennig-Thurau, Th. (1999), Beschwerdezufriedenheit: Empirische Analyse der Wirkungen und Determinanten einer Schlüsselgröße des Beziehungsmarketing, Jahrbuch der Absatz- und Verbrauchsforschung, 45, 2, 214-240.

Herrmann, A., Homburg, Ch. (2000), Marktforschung: Ziele, Vorgehensweisen und Methoden, in: Herrmann, A., Homburg, Ch. (Hrsg.), Marktforschung: Methoden – Anwendungen – Praxisbeispiele, 2. Aufl., Wiesbaden, 13-32.

Heskett, J. L., Jones, T. O., Loveman, G. W., Sasser, W. E., Schlesinger, L. A. (1994), Putting the Service-Profit Chain to Work, Harvard Business Review, 72, 2, 164-174.

Hildebrandt, L. (1983), Konfirmatorische Analysen von Modellen des Konsumentenverhaltens, Berlin.

Hildebrandt, L. (1984), Kausalanalytische Validierung in der Marketingforschung, Marketing ZFP, 6, 1, 41-51.

Hildebrandt, L. (1995), Kausalanalyse, in: Tietz, B., Köhler, R., Zentes, J. (Hrsg.), Handwörterbuch des Marketing, 2. Aufl., Stuttgart, 1126-1135.

Hildebrandt, L. (1998), Kausalanalytische Validierung in der Marketingforschung, in: Hildebrandt, L., Homburg, Ch. (Hrsg.), Die Kausalanalyse: Ein Instrument der empirischen betriebswirtschaftlichen Forschung, Stuttgart, 86-115.

Hill, D. J. (1986), Satisfaction and Consumer Services, in: Lutz, R. J. (Hrsg.), Advances in Consumer Research, 13, Provo, 311-315.

Hillebrand, B., Biemans, W. G. (2003), The Relationship Between Internal and External Cooperation: Literature Review and Propositions, Journal of Business Research, 56, 9, 735-743.

Hillebrecht, St. W. (1998), Beschwerden sind gut für's Geschäft, Marketing Journal, 31, 1, 44-48.

Hirschman, A. O. (1970), Exit, Voice, and Loyalty: Responses to Decline in Firms, Organizations und States, Cambridge.

Hirschman, A. O. (1974), Abwanderung und Widerspruch: Reaktionen auf Leistungsabfall bei Unternehmungen, Organisationen und Staaten, Tübingen.

Hirshleifer, J. (1973), Where Are We in the Theory of Information?, American Economic Review, 63, 2, 31-39.

Hoffman, K. D., Kelley, S. W., Rotalsky, H. M. (1995), Tracking Service Failures and Employee Recovery Efforts, Journal of Services Marketing, 9, 2, 49-61.

Hoffmann, A. (1991), Die Erfolgskontrolle von Beschwerdemanagement-Systemen: Theoretische und empirische Erkenntnisse zum unternehmerischen Nutzen von Beschwerdeabteilungen, Frankfurt am Main.

Hofstede, G. (1984), Culture's Consequences: International Differences in Work-Related Values, Newbury Park.

Hogarth, J. M., English, M. (1997), Consumer Satisfaction With the Complaint Resolution Efforts of a U.S. Federal Agency, Journal of Consumer Satisfaction, Dissatisfaction and Complaining Behavior, 10, 51-60.

Homans, G. C. (1961), Social Behavior: Its Elementary Forms, New York.

Homburg, Ch. (1989), Exploratorische Ansätze der Kausalanalyse als Instrument der Marketingplanung, Frankfurt am Main.

Homburg, Ch. (1992), Die Kausalanalyse – Eine Einführung, Wirtschaftswissenschaftliches Studium, 21, 10, 499-508 und 541-544.

Homburg, Ch. (1998), On Closeness to the Customer in Industrial Markets, Journal of Business-to-Business Marketing, 4, 4, 35-72.

Homburg, Ch. (2000a), Kundennähe von Industriegüterunternehmen: Konzeption – Erfolgsauswirkungen – Determinanten, 3. Aufl., Wiesbaden.

Homburg, Ch. (2000b), Entwicklungslinien der deutschsprachigen Marketingforschung, in: Backhaus, K. (Hrsg.), Deutschsprachige Marketingforschung: Bestandsaufnahme und Perspektiven, Stuttgart, 145-162.

Homburg, Ch., Baumgartner, H. (1995a), Die Kausalanalyse als Instrument der Marketingforschung: Eine Bestandsaufnahme, Zeitschrift für Betriebswirtschaft, 65, 10, 1091-1108.

Homburg, Ch., Baumgartner, H. (1995b), Beurteilung von Kausalmodellen: Bestandsaufnahme und Anwendungsempfehlungen, Marketing ZFP, 17, 3, 162-176.

Homburg, Ch., Becker, A., Hentschel, F. (2005), Der Zusammenhang zwischen Kundenzufriedenheit und Kundenbindung, in: Bruhn, M., Homburg, Ch. (Hrsg.), Handbuch Kundenbindungsmanagement: Strategien und Instrumente für ein erfolgreiches CRM, 5. Aufl., Wiesbaden, 93-123.

Homburg, Ch., Bucerius, M. (2003), Kundenzufriedenheit als Managementherausforderung, in: Homburg, Ch. (Hrsg.), Kundenzufriedenheit: Konzepte – Methoden – Erfahrungen, 5. Aufl., Wiesbaden, 53-86.

Homburg, Ch., Bucerius, M. (2006), Is Speed of Integration Really a Success Factor of Mergers and Acquisitions? An Analysis of the Role of External and Internal Relatedness, Strategic Management Journal (in Druck).

Homburg, Ch., Daum, D. (1997), Marktorientiertes Kostenmanagement, Frankfurt am Main.

Homburg, Ch., Dobratz, A. (1991), Iterative Modellselektion in der Kausalanalyse, Zeitschrift für betriebswirtschaftliche Forschung, 43, 3, 213-237.

Homburg, Ch., Dobratz, A. (1992), Covariance Structure Analysis via Specification Searches, Statistical Papers, 33, 2, 119-142.

Homburg, Ch., Fürst, A. (2003a), Complaint Management Excellence - Leitfaden für professionelles Beschwerdemanagement, Arbeitspapier M73, Institut für Marktorientierte Unternehmensführung (IMU), Universität Mannheim.

Homburg, Ch., Fürst, A. (2003b), Beschwerdemanagement in deutschen Unternehmen: Eine branchenübergreifende Erhebung des State of Practice, Arbeitspapier M80, Institut für Marktorientierte Unternehmensführung (IMU), Universität Mannheim.

Homburg, Ch., Fürst, A. (2003c), Ernstfall Beschwerde: Relevanz eines professionellen Beschwerdemanagements, Markenartikel: Die Zeitschrift für Markenführung, 65, 5, 12-18 und 44-45.

Homburg, Ch., Fürst, A. (2004), Complaint Management Excellence – Leitfaden für professionelles Beschwerdemanagement, in: Homburg, Ch. (Hrsg.), Perspektiven der marktorientierten Unternehmensführung, Wiesbaden, 329-370.

Homburg, Ch., Fürst, A. (2005a), Beschwerdeverhalten und Beschwerdemanagement: Eine Bestandsaufnahme der Forschung und Agenda für die Zukunft, Arbeitspapier, Institut für Marktorientierte Unternehmensführung (IMU), Universität Mannheim.

Homburg, Ch., Fürst, A. (2005b), See No Evil, Hear No Evil, Speak No Evil: A Study of Defensive Organizational Behavior towards Customer Complaints, Arbeitspapier, Institut für Marktorientierte Unternehmensführung (IMU), Universität Mannheim.

Homburg, Ch., Fürst, A. (2005c), Überblick über die Messung von Kundenzufriedenheit und Kundenbindung, in: Bruhn, M., Homburg, Ch. (Hrsg.), Handbuch Kundenbindungsmanagement: Strategien und Instrumente für ein erfolgreiches CRM, 5. Aufl., Wiesbaden, 555-588.

…
Literaturverzeichnis

Homburg, Ch., Fürst, A. (2005d), How Organizational Complaint Handling Drives Customer Loyalty: An Analysis of the Mechanistic and the Organic Approach, Journal of Marketing, 69, 3, 95-114.

Homburg, Ch., Fürst, A., Sieben, F. (2003), Kundenrückgewinnung: Willkommen zurück!, Harvard Business Manager, 25, 12, 57-67.

Homburg, Ch., Giering, A. (1996), Konzeptualisierung und Operationalisierung komplexer Konstrukte: Ein Leitfaden für die Marketingforschung, Marketing ZFP, 18, 1, 5-24.

Homburg, Ch., Jensen O., Fürst, A. (2004a), Key Account Management: Vom Chef-Verkäufer zum Systemmanager, salesBUSINESS, 13, 9, 26-29.

Homburg, Ch., Jensen O., Fürst, A. (2004b), Kundenbeziehung 2010: Entscheidungsträger systematisch entlarven, Acquisa, 52, 10, 62-65.

Homburg, Ch., Jensen O., Fürst, A. (2004c), Key-Account-Management: Lieber früh auditieren als zu spät reparieren, Absatzwirtschaft, 47, 12, 52-58.

Homburg, Ch., Koschate, N. (2003), Kann Kundenzufriedenheit negative Reaktionen auf Preiserhöhungen abschwächen?, Die Betriebswirtschaft, 63, 6, 619-634.

Homburg, Ch., Koschate, N., Hoyer, W. D. (2005), Do Satisfied Customers Really Pay More? A Study of the Relationship Between Customer Satisfaction and Willingness to Pay, Journal of Marketing, 69, 2, 84-96.

Homburg, Ch., Krohmer, H. (2003), Marketingmanagement: Strategie – Instrumente – Umsetzung – Unternehmensführung, Wiesbaden.

Homburg, Ch., Pflesser, Ch. (2000a), Konfirmatorische Faktorenanalyse, in: Herrmann, A., Homburg, Ch. (Hrsg.), Marktforschung: Methoden – Anwendungen – Praxisbeispiele, 2. Aufl., Wiesbaden, 413-437.

Homburg, Ch., Pflesser, Ch. (2000b), Strukturgleichungsmodelle mit latenten Variablen: Kausalanalyse, in: Herrmann, A., Homburg, Ch. (Hrsg.), Marktforschung: Methoden – Anwendungen – Praxisbeispiele, 2. Aufl., Wiesbaden, 633-660.

Homburg, Ch., Schäfer, H., Schneider, J. (2003), Sales Excellence – Vertriebsmanagement mit System, 3. Aufl., Wiesbaden.

Homburg, Ch., Sieben, F., Stock, R. (2004), Einflussgrößen des Kundenrückgewinnungserfolgs, Marketing ZFP, 26, 1, 25-41.

Homburg, Ch., Sütterlin, S. (1990), Kausalmodelle in der Marketingforschung, Marketing ZFP, 12, 3, 181-192.

Homburg, Ch., Werner, H. (1998), Kundenorientierung mit System: mit Customer Orientation Management zu profitablem Wachstum, Frankfurt am Main.

Homburg, Ch., Workman, J. P., Jensen, O. (2002), A Configurational Perspective on Key Account Management, Journal of Marketing, 66, 2, 38-60.

Huang, J.-H. (1994), National Character and Purchase Dissatisfaction Response, Journal of Consumer Satisfaction, Dissatisfaction and Complaining Behavior, 7, 257-266.

Huber, G. P. (1991), Organizational Learning: The Contributing Processes and the Literatures, Organization Science, 2, 1, 88-115.

Hui, M. K., Au, K. (2001), Justice Perceptions of Complaint Handling: A Cross-Cultural Comparison Between PRC and Canadian Customers, Journal of Business Research, 52, 2, 161-173.

Humphreys, M. A., Williams, M. R. (1996), Exploring the Relative Effects of Salesperson Interpersonal Process Attributes and Technical Product Attributes on Customer Satisfaction, Journal of Personal Selling & Sales Management, 16, 3, 47-57.

Hunt, S. D. (1991), Modern Marketing Theory: Critical Issues in the Philosophy of Marketing Science, Cincinnati.

Hunt, S. D., Sparkman, R. D., Wilcox, J. B. (1982), The Pretest in Survey Research: Issues and Preliminary Findings, Journal of Marketing Research, 19, 2, 269-273.

Hüttner, M., Schwarting, U. (2000), Exploratorische Faktorenanalyse, in: Herrmann, A., Homburg, Ch. (Hrsg.), Marktforschung: Methoden – Anwendungen – Praxisbeispiele, 2. Aufl., Wiesbaden, 381-412.

Hüttner, M., Schwarting, U. (2002), Grundzüge der Marktforschung, 7. Aufl., München.

Jackson, S. E., Schuler, R. S. (1985), A Meta-Analysis and Conceptual Critique of Research on Role Ambiguity and Role Conflict in Work Settings, Organizational Behavior and Human Decision Processes, 36, 1, 16-78.

Jacoby, J. (1978), Consumer Research: A State of the Art Review, Journal of Marketing, 42, 2, 87-96.

Jacoby, J., Jaccard, J. J. (1981), The Sources, Meaning and Validity of Consumer Complaint Behavior: A Psychological Analysis, Journal of Retailing, 57, 3, 4-24.

Jain, D. (1994), Regression Analysis for Marketing Decisions, in: Bagozzi, R. (Hrsg.), Principles of Marketing Research, Cambridge, 162-194.

Jaworski, B. J., Kohli, A. K. (1993), Market Orientation: Antecedents and Consequences, Journal of Marketing, 57, 3, 53-70.

Jensen O., Fürst, A. (2004), In Search of Excellence: Das Fazit einer 20 Jahre währenden Suche, Absatzwirtschaft, 47, 1, 44-47.

Jeschke, K., Schulze, H. (1999), Internes Marketing und Beziehungsorientierung als Grundlage eines kunden- und mitarbeiterorientierten Beschwerdemanagement, in: GfK (Hrsg.), Jahrbuch der Absatz- und Verbrauchsforschung, 45, 4, 402-417.

John, G., Reve, T. (1982), The Reliability and Validity of Key Informant Data from Dyadic Relationships in Marketing Channels, Journal of Marketing Research, 19, 4, 517-524.

Johnston, R. (1995), Service Failure and Recovery: Impact, Attributes and Process, Advances in Services Marketing and Management, 4, 211-228.

Johnston, R. (1998), The Effect of Intensity of Dissatisfaction on Complaining Behavior, Journal of Consumer Satisfaction, Dissatisfaction and Complaining Behavior, 11, 69-77.

Johnston, R. (2001), Linking Complaint Management to Profit, International Journal of Service Industry Management, 12, 1, 60-69.

Johnston, R., Fern, A. (1999), Service Recovery Strategies for Single and Double Deviation Scenarios, The Service Industries Journal, 19, 2, 69-82.

Johnston, T. C., Hewa, M. A. (1997), Fixing Service Failures, Industrial Marketing Management, 26, 5, 467-473.

Jones, E., Busch, P., Dacin, P. (2003), Firm Market Orientation and Salesperson Customer Orientation: Interpersonal and Intrapersonal Influences on Customer Service and Retention in Business-to-Business Buyer-Seller Relationships, Journal of Business Research, 56, 4, 323-340.

Jöreskog, K. G. (1966), Testing a Simple Structure Hypothesis in Factor Analysis, Psychometrika, 31, 2, 165-178.

Jöreskog, K. G. (1967), Some Contributions to Maximum Likelihood Factor Analysis, Psychometrika, 32, 4, 443-482.

Jöreskog, K. G. (1969), A General Approach to Confirmatory Maximum Likelihood Factor Analysis, Psychometrika, 34, 2, 183-202.

Jöreskog, K. G. (1977), Structural Equation Models in the Social Sciences: Specification, Estimation, and Testing, in: Krishnaiah, P. (Hrsg.), Applications of Statistics, Amsterdam, 265-287.

Jöreskog, K. G. (1978), Structural Analysis of Covariance and Correlation Matrices, Psychometrika, 43, 4, 443-477.

Jöreskog, K. G., Sörbom, D. (1982), Recent Developments in Structural Equation Modeling, Journal of Marketing Research, 19, 4, 404-416.

Jöreskog, K. G., Sörbom, D. (1989), LISREL 7 – A Guide to the Program and Applications, 2. Aufl., Chicago.

Jöreskog, K. G., Sörbom, D. (1993), LISREL 8 – User's Reference Guide, Chicago.

Kaas, K. (1995), Informationsökonomik, in: Tietz, B., Köhler, R., Zentes, J. (Hrsg.), Handwörterbuch des Marketing, 2. Aufl., Stuttgart, 971-981.

Kahn, R. L., Wolfe, D. M., Quinn, R. P., Snock, J. D., Rosenthal, R. A. (1964), Organizational Stress, New York.

Kahneman, D., Tversky, A. (1979), Prospect Theory: An Analysis of Decision Under Risk, Econometrica, 47, 2, 263-291.

Kaiser, H. F. (1974), An Index of Factorial Simplicity, Psychometrika, 39, 1, 31-36.

Katz, D., Kahn, R. L. (1966), The Social Psychology of Organizations, New York.

Katz, D., Kahn, R. L. (1978), The Social Psychology of Organizations, 2. Aufl., New York.

Keaveney, S. M. (1995), Customer Switching Behavior in Service Industries: An Exploratory Study, Journal of Marketing, 59, 2, 71-82.

Kelley, H. H. (1967), Attribution Theory in Social Psychology, in: Levine, D. (Hrsg.), Nebraska Symposium on Motivation, 15, 192-238.

Kelley, S. W., Hoffman, K. D., Davis, M. A. (1993), A Typology of Retail Failures and Recoveries, Journal of Retailing, 69, 4, 429-452.

Kendall, C. L., Russ, F. A. (1975), Warranty and Complaint Policies - An Opportunity for Marketing Management, Journal of Marketing, 39, 2, 36-43.

Keng, K. A., Richmond, D., Han, S. (1995), Determinants of Consumer Complaint Behaviour: A Study of Singapore Consumers, Journal of International Consumer Marketing, 8, 2, 59-76.

Kepper, G. (1996), Qualitative Marktforschung: Methoden, Einsatzmöglichkeiten und Beurteilungskriterien, 2. Aufl., Wiesbaden.

Kieser, A. (2002), Konstruktivistische Ansätze, in: Kieser, A. (Hrsg.), Organisationstheorien, 5. Aufl., Stuttgart, 287-318.

Kieser, A., Kubicek, H. (1992), Organisation, 3. Aufl., Berlin.

Kirsch, W. (1977), Einführung in die Theorie der Entscheidungsprozesse, 2. Aufl., Wiesbaden.

Kleinaltenkamp, M. (2005), Kundenbindung durch Kundenintegration, in: Bruhn, M., Homburg, Ch. (Hrsg.), Handbuch Kundenbindungsmanagement: Strategien und Instrumente für ein erfolgreiches CRM, 5. Aufl., Wiesbaden, 361-378.

Kleinaltenkamp, M., Haase, M. (1999), Externe Faktoren in der Theorie der Unternehmung, in: Albach, H. (Hrsg.), Die Theorie der Unternehmung in Forschung und Praxis, Berlin, 167-194.

Knisely, G. (1979), Financial Services Marketers Must Learn Packaged Goods Selling Tools, Advertising Age, 50, 19. März, 58-62.

Kohli, A. K. (1985), Some Unexplored Supervisory Behaviors and Their Influence on Salespeople's Role Clarity, Specific Self-Esteem, Job Satisfaction, and Motivation, Journal of Marketing Research, 22, 4, 424-433.

Kolodinsky, J. (1993), Complaints, Redress, and Subsequent Purchases of Medical Services by Dissatisfied Consumers, Journal of Consumer Policy, 16, 2, 193-214.

Kowalski, R. M. (1996), Complaints and Complaining: Functions, Antecedents, and Consequences, Psychological Bulletin, 119, 2, 179-196.

Kraus, St. J. (1995), Attitudes and the Prediction of Behavior: A Meta-Analysis of the Empirical Literature, Personality and Social Psychology Bulletin, 21, 1, 58-75.

Krishnan, S., Valle, V. A. (1979), Dissatisfaction Attributions and Consumer Complaint Behavior, in: Wilkie, W. (Hrsg.), Advances in Consumer Research, 4, Ann Arbor, 445-449.

Kumar, N., Scheer, L., Steenkamp, J. (1995), The Effects of Supplier Fairness on Vulnerable Resellers, Journal of Marketing Research, 32, 1, 54-65.

Kumar, N., Stern, L. W., Anderson, J. C. (1993), Conducting Interorganizational Research Using Key Informants, Academy of Management Journal, 36, 6, 1633-1651.

Landis, R. S., Beal, D. J., Tesluk, P. E. (2000), A Comparison of Approaches to Forming Composite Measures in Structural Equation Models, Organizational Research Methods, 3, 2, 186-207.

Landon, E. L. (1980), The Direction of Consumer Complaint Research, in: Olson, J. (Hrsg.), Advances in Consumer Research, 7, Ann Arbor, 335-338.

Langeard, E., Bateson, J. E. G., Lovelock, Ch. H., Eiglier, P. (1981), Service Marketing: New Insights from Consumers and Managers, Cambridge.

Lapidus, R. S., Schibrowsky, J. A. (1994), Aggregate Complaint Analysis: A Procedure for Developing Customer Service Satisfaction, Journal of Services Marketing, 8, 4, 50-60.

Lewis, B. R., Spyrakopoulos, S. (2001), Service Failures and Recovery in Retail Banking: The Customers' Perspective, International Journal of Bank Marketing, 19, 1, 37-47.

Lewis, R. C. (1982), Consumers Complain - What Happens When Business Responds?, in: Day, R. L., Hunt, K. (Hrsg.), International Fare in Consumer Satisfaction and Complaining Behavior, Proceedings of the Seventh Annual Conference on Consumer Satisfaction, Dissatisfaction and Complaining Behavior, Indiana University, Bloomington, 88-94.

Liefeld, J. P., Edgecombe, F. H. C., Wolfe, L. (1975), Demographic Characteristics of Canadian Consumer Complainers, Journal of Consumer Affairs, 9, 1, 73-89.

Lilien, G. L. (1987), Business Marketing: Present and Future, Industrial Marketing and Purchasing, 2, 3, 3-21.

Liljander, V. (1999), Consumer Satisfaction With Complaint Handling Following a Dissatisfactory Experience With Car Repair, in: Dubois, B. et al. (Hrsg.), European Advances in Consumer Research, 4, 270-275.

Lind, E. A., Tyler, T. R. (1988), The Social Psychology of Procedural Justice, New York.

Little, T. D., Cunningham, W. A., Shahar, G., Widaman, K. F. (2002), To Parcel or Not to Parcel: Exploring the Question, Weighing the Merits, Structural Equation Modeling, 9, 2, 151-173.

Little, T. D., Lindenberger, U., Nesselroade, J. R. (1999), On Selecting Indicators for Multivariate Measurement and Modeling With Latent Variables: When 'Good' Indicators are Bad and 'Bad' Indicators are Good, Psychological Methods, 4, 2, 192-211.

Liu, R. R., McClure, P. (2001), Recognizing Cross-Cultural Differences in Consumer Complaint Behavior and Intentions: An Empirical Examination, Journal of Consumer Marketing, 18, 1, 54-74.

Long, J. (1983), Confirmatory Factor Analysis, Sage University Paper Series on Quantitative Applications in the Social Sciences, Series No. 07-033, Beverly Hills.

Lovelock, Ch. H. (1981), Why Marketing Management Needs to Be Different for Services, in: Donnelly, J. H., George, W. R. (Hrsg.), Marketing of Services, American Marketing Association, Chicago, 5-9.

MacCallum, R. C., Browne, M. W., Sugawara, H. M. (1996), Power Analysis and Determination of Sample Size for Covariance Structure Modeling, Psychological Methods, 1, 2, 130-149.

Malhotra, N. (1993), Marketing Research: An Applied Orientation, Englewood Cliffs.

March, J. G. (1994), A Primer on Decision Making: How Decisions Happen, New York.

March, J. G. (1997), Understanding How Decisions Happen in Organizations, in: Shapira, Z. (Hrsg.), Organizational Decision Making, Cambridge, 9-32.

March, J. G., Simon, H. A. (1993), Organizations, 2. Aufl., Cambridge.

Mason, J. B., Himes, S. H. (1973), An Exploratory Behavioral and Socio-Economic Profile of Consumer Action About Dissatisfaction With Selected Household Appliances, Journal of Consumer Affairs, 7, 2, 121-127.

Mattila, A. S. (2001), The Effectiveness of Service Recovery in a Multi-Industry Setting, Journal of Services Marketing, 15, 7, 583-596.

Maute, M. F., Forrester, W. R. (1993), The Structure and Determinants of Consumer Complaint Intentions and Behavior, Journal of Economic Psychology, 14, 2, 219-247.

Maxham, J. G., Netemeyer, R. G. (2002), A Longitudinal Study of Complaining Customers' Evaluations of Multiple Service Failures and Recovery Efforts, Journal of Marketing, 66, 4, 57-71.

Maxham, J. G., Netemeyer, R. G. (2003), Firms Reap What They Sow: The Effects of Shared Values and Perceived Organizational Justice on Customers' Evaluations of Complaint Handling, Journal of Marketing, 67, 1, 46-62.

McColl-Kennedy, J. R., Sparks, B. A. (2003), Application on Fairness Theory to Service Failures and Service Recovery, Journal of Service Research, 5, 3, 251-266.

McCollough, M. A., Berry, L. L., Yadav, M. S. (2000), An Empirical Investigation of Customer Satisfaction After Service Failure and Recovery, Journal of Service Research, 3, 2, 121-137.

McQuitty, S. (1999), Recent Issues in Marketing Scale Testing and Development Using Structural Equation Models, Working Paper, College of Business Administration and Economics, New Mexico State University, Las Cruces.

Meffert, H., Bruhn, M. (1981), Beschwerdeverhalten und Zufriedenheit von Konsumenten, Die Betriebswirtschaft, 41, 4, 597-613.

Meyer, A., Dornach, F. (1999), Kundenmonitor Deutschland – Jahrbuch der Kundenorientierung in Deutschland, München.

Michaels, R. E., Day, R. L., Joachimsthaler, E. A. (1987), Role Stress Among Industrial Buyers: An Integrative Model, Journal of Marketing, 51, 2, 28-45.

Miller, G. A. (1956), The Magical Number Seven, Plus or Minus Two: Some Limits on Our Capacity for Processing Information, Psychological Review, 63, 81-97.

Mintzberg, H. (1979), The Structuring of Organizations: A Synthesis of the Research, Englewood Cliffs.

Mitchell, V. W., Brown, J. (1997), Research Note: A Cost-Benefit Analysis of Letter Prenotification and Follow-up, Journal of Marketing Management, 13, 8, 853-866.

Mittal, V., Ross, W. T., Baldasare, P. M. (1998), The Asymmetric Impact of Negative and Positive Attribute-Level Performance on Overall Satisfaction and Repurchase Intentions, Journal of Marketing, 62, 1, 33-47.

Moncrief, W. C. (1986), Selling Activity and Sales Position Taxonomies for Industrial Salesforces, Journal of Marketing Research, 23, 3, 261-270.

Morganosky, M. A., Buckley, H. M. (1987), Complaint Behavior: Analysis by Demographics, Lifestyle, and Consumer Values, in: Wallendorf, M., Anderson, P. (Hrsg.), Advances in Consumer Research, 14, Ann Arbor, 223-226.

Morris, D., Reeson, D. I. (1978), The Economic Determinants of Consumer Complaints, European Journal of Marketing, 12, 4, 275-282.

Morris, S. V. (1988), How Many Lost Customers Have You Won Back Today?: An Aggressive Approach to Complaint Handling in the Hotel Industry, Journal of Consumer Satisfaction, Dissatisfaction and Complaining Behavior, 1, 86-92.

Moyer, M. S. (1984), Characteristics of Consumer Complainants: Implications for Marketing and Public Policy, Journal of Public Policy and Marketing, 3, 1, 67-84.

Murray, K. B., Schlacter, J. L. (1990), The Impact of Services Versus Goods on Consumers' Assessment of Perceived Risk and Variability, Journal of the Academy of Marketing Science, 18, 1, 51-65.

Nerdinger, F. W. (2003), Grundlagen des Verhaltens in Organisationen, Stuttgart.

Neter, J., Kutner, M. H., Nachtsheim, Ch. J., Wasserman, W. (1996), Applied Linear Statistical Models, 4. Aufl., Chicago.

Nielson, Ch. C. (1998), An Empirical Examination of the Role of 'Closeness' in Industrial Buyer-Seller Relationships, European Journal of Marketing, 32, 5/6, 441-463.

Nunnally, J. (1967), Psychometric Theory, New York.

Nunnally, J. (1978), Psychometric Theory, 2. Aufl., New York.

Nyer, P. U. (1999), Cathartic Complaining as a Means of Reducing Consumer Dissatisfaction, Journal of Consumer Satisfaction, Dissatisfaction and Complaining Behavior, 12, 15-25.

Nyer, P. U. (2000), An Investigation Into Whether Complaining Can Cause Increased Consumer Satisfaction, Journal of Consumer Marketing, 17, 1, 9-19.

Oess, A. (1991), Total Quality Management: Die ganzheitliche Qualitätsstrategie, 2. Aufl., Wiesbaden.

Oliver, R. L. (1997), Satisfaction: A Behavioral Perspective on the Consumer, New York.

Oliver, R. L., Swan, J. E. (1989a), Equity and Disconfirmation Perceptions as Influences on Merchant and Product Satisfaction, Journal of Consumer Research, 16, 3, 372-383.

Oliver, R. L., Swan, J. E. (1989b), Consumer Perceptions of Interpersonal Equity and Satisfaction in Transactions: A Field Survey Approach, Journal of Marketing, 53, 2, 21-35.

Orwin, R. G. (1981), Measuring Percentage Change: Assumptions Underlying Unbiased Treatment Estimates, Journal of Applied Psychology, 66, 6, 671-678.

Owens, D. L., Hausknecht, D. R. (1999), The Effect of Simplifying the Complaint Process: A Field Experiment With the Better Business Bureau, Journal of Consumer Satisfaction, Dissatisfaction and Complaining Behavior, 12, 35-43.

Palmer, A., Beggs, R., Keown-McMullan, C. (2000), Equity and Repurchase Intention Following Service Failure, Journal of Services Marketing, 14, 6, 513-528.

Parasuraman, A., Zeithaml, V. A., Berry, L. L. (1988), SERVQUAL: A Multiple-Item Scale for Measuring Consumer Perceptions of Service Quality, Journal of Retailing, 64, 1, 12-40.

Parsons, T. (1991), The Social System, 2. Aufl., London.

Pepels, W. (1997), Beschwerdemanagement, Das Wirtschaftsstudium (WISU), 26, 1, 45-49.

Perkins, D. S. (1991), A Consumer Satisfaction, Dissatisfaction and Complaining Behavior Bibliography: 1982-1990, Journal of Consumer Satisfaction, Dissatisfaction and Complaining Behavior, 4, 194-228.

Perkins, D. S. (1993), An Update of the CS/D & CB Bibliography: Revolution and Evolution, Journal of Consumer Satisfaction, Dissatisfaction and Complaining Behavior, 6, 217-279.

Peter, J. P. (1979), Reliability: A Review of Psychometric Basics and Recent Marketing Practices, Journal of Marketing Research, 16, 1, 6-17.

Peter, J. P. (1981), Construct Validity: A Review of Basic Issues and Marketing Practices, Journal of Marketing Research, 18, 2, 133-145.

Peter, J. P., Churchill, G. A. (1986), Relationships Among Research Design Choices and Psychometric Properties of Rating Scales: A Meta-Analysis, Journal of Marketing Research, 23, 1, 1-10.

Peterson, R. A. (1994), A Meta-Analysis of Variance Accounted for and Factor Loadings in Exploratory Factor Analysis, Marketing Letters, 11, 3, 261-275.

Pfahlert, V., Fürst, A. (2003), Management von Kundenzufriedenheit im pharmazeutisch-diagnostischen Markt: das Beispiel Roche Diagnostics, in: Homburg, Ch. (Hrsg.), Kundenzufriedenheit: Konzepte – Methoden – Erfahrungen, 5. Aufl., Wiesbaden, 403-432.

Pfeffer, J. S., Salancik, G. R. (1978), The External Control of Organizations: A Resource Dependence Perspective, New York.

Phillips, L. W. (1981), Assessing Measurement Error in Key Informant Reports: A Methodological Note on Organizational Analysis in Marketing, Journal of Marketing Research, 18, 4, 395-415.

Ping, R. A. (1993), The Effects of Satisfaction and Structural Constraints on Retailer Exiting, Voice, Loyalty, Opportunism, and Neglect, Journal of Retailing, 69, 3, 320-352.

Ping, R. A. (1997), Voice in Business-to-Business Relationships: Cost-of-Exit and Demographic Antecedents, Journal of Retailing, 73, 2, 261-281.

Plymire, J. (1991), Complaints as Opportunities, Journal of Consumer Marketing, 8, 2, 39-43.

Podsakoff, P. M., Organ, D. W. (1986), Self-Reports in Organizational Research: Problems and Prospects, Journal of Management, 12, 4, 531-544.

Prakash, V. (1991), Intensity of Dissatisfaction and Consumer Complaint Behaviors, Journal of Consumer Satisfaction, Dissatisfaction and Complaining Behavior, 4, 110-122.

Rich, P. (1992), The Organizational Taxonomy: Definition and Design, Academy of Management Review, 17, 4, 758-781.

Richins, M. L. (1980), Consumer Perceptions of Costs and Benefits Associated With Complaining, in: Hunt, K., Day, R. L. (Hrsg.), Refining Concepts and Measures of Consumer Satisfaction and Complaining Behavior, Proceedings of the Fourth Annual Conference on Consumer Satisfaction, Dissatisfaction and Complaining Behavior, Indiana University, Bloomington, 50-53.

Richins, M. L. (1982), An Investigation of Consumers' Attitudes toward Complaining, in: Mitchell, A. (Hrsg.), Advances in Consumer Research, 9, Provo, 502-506.

Richins, M. L. (1983a), Negative Word-of-Mouth by Dissatisfied Consumers: A Pilot Study, Journal of Marketing, 47, 1, 68-78.

Richins, M. L. (1983b), An Analysis of Consumer Interaction Styles in the Marketplace, Journal of Consumer Research, 10, 1, 73-82.

Richins, M. L. (1987), A Multivariate Analysis of Responses to Dissatisfaction, Journal of the Academy of Marketing Science, 15, 3, 24-31.

Richins, M. L., Verhage, B. J. (1985), Seeking Redress for Consumer Dissatisfaction: The Role of Attitudes and Situational Factors, Journal of Consumer Policy, 8, 1, 29-44.

Riemer, M. (1986), Beschwerdemanagement, Frankfurt am Main.

Rigdon, E. E. (1996), CFI Versus RMSEA: A Comparison of Two Fit Indexes for Structural Equation Modeling, Structural Equation Modeling, 3, 4, 369-379.

Rogers, J. C., Williams, T. G. (1990), Consumer Personal Values as Antecedents to Dyadic and Third Party Public Consumer Complaining Behavior: An Exploratory Study, Journal of Consumer Satisfaction, Dissatisfaction and Complaining Behavior, 3, 71-81.

Rossiter, J. R. (2002), The C-OAR-SE Procedure for Scale Development in Marketing, International Journal of Research in Marketing, 19, 4, 305-335.

Rusbult, C. E., Farrell, D., Rogers, G., Mainous, A. G. (1988), Impact of Exchange Variables on Exit, Voice, Loyalty, and Neglect: An Integrative Model of Responses to Declining Job Satisfaction, Academy of Management Journal, 31, 3, 599-627.

Rusbult, C. E., Johnson, D. J., Morrow, G. D. (1986), Determinants and Consequences of Exit, Voice, Loyalty, and Neglect: Responses to Dissatisfaction in Adult Romantic Involvements, Human Relations, 39, 1, 45-63.

Rusbult, C. E., Zembrodt, I. M. (1983), Responses to Dissatisfaction in Romantic Involvements: A Multidimensional Scaling Analysis, Journal of Experimental Social Psychology, 19, 274-293.

Rusbult, C. E., Zembrodt, I. M., Gunn, L. K. (1982), Exit, Voice, Loyalty, and Neglect: Responses to Dissatisfaction in Romantic Involvements, Journal of Personality and Social Psychology, 43, 6, 1230-1242.

Rust, R. T., Subramanian, B., Wells, M. (1992), Making Complaints a Management Tool, Marketing Management, 1, 3, 41-45.

Rust, R. T., Zahorik, A. J., Keiningham, T. L. (1996), Service Marketing, New York.

Sales, St. M. (1970), Some Effects of Role Overload and Role Underload, Organizational Behavior & Human Performance, 5, 6, 592-608.

Saunders, D. R. (1956), Moderator Variables in Prediction, Educational and Psychological Measurement, 16, 209-222.

Schibrowsky, J. A., Lapidus, R. S. (1994), Gaining a Competitive Advantage by Analyzing Aggregate Complaints, Journal of Consumer Marketing, 11, 1, 15-26.

Schöber, P. (1997), Organisatorische Gestaltung von Beschwerdemanagement-Systemen, Frankfurt am Main.

Schütze, R. (1992), Kundenzufriedenheit: After-Sales-Marketing auf industriellen Märkten, Wiesbaden.

Scott, W. R. (1998), Organizations: Rational, Natural, and Open Systems, 4. Aufl., Englewood Cliffs.

Seidel, W. (1997), Bausteine eines Beschwerdemanagementsystems – Der konzeptionelle Ansatz, in: Stark, M. (Hrsg.), Beschwerdemanagement: Einstellungsveränderung im Unternehmen, Stuttgart, 17-55.

Sharma, S. (1996), Applied Multivariate Techniques, New York.

Sharma, S., Durand, R. M., Gur-Arie, O. (1981), Identification and Analysis of Moderator Variables, Journal of Marketing Research, 18, 3, 291-300.

Shaw, M. E., Costanzo, Ph. R. (1982), Theories of Social Psychology, 2. Aufl., New York.

Shoemaker, M. E. (1999), Leadership Practices in Sales Managers Associated With the Self-Efficacy, Role Clarity, and Job Satisfaction of Individual Industrial Salespeople, Journal of Personal Selling & Sales Management, 19, 4, 1-19.

Shuptrine, K. F., Wenglorz, G. (1981), Comprehensive Identification of Consumers' Marketplace Problems and What They Do About Them, in: Monroe, K. (Hrsg.), Advances in Consumer Research, 8, Ann Arbor, 687-692.

Siguaw, J. A., Brown, G., Widing, R. E. (1994), The Influence of the Market Orientation of the Firm on Sales Force Behavior and Attitudes, Journal of Marketing Research, 31, 1, 106-116.

Simon, H. A. (1997), Administrative Behavior, 4. Aufl., New York.

Singh, J. (1988), Consumer Complaint Intentions and Behavior: Definitional and Taxonomical Issues, Journal of Marketing, 52, 1, 93-107.

Singh, J. (1990a), A Typology of Consumer Dissatisfaction Response Styles, Journal of Retailing, 66, 1, 57-99.

Singh, J. (1990b), Voice, Exit, and Negative Word-of-Mouth Behaviors: An Investigation Across Three Service Categories, Journal of the Academy of Marketing Science, 18, 1, 1-16.

Singh, J. (1990c), Identifying Consumer Dissatisfaction Response Styles: An Agenda for Future Research, European Journal of Marketing, 24, 6, 55-72.

Singh, J. (1991), Industry Characteristics and Consumer Dissatisfaction, Journal of Consumer Affairs, 25, 1, 19-55.

Singh, J., Pandya, S. (1991), Exploring the Effects of Consumers' Dissatisfaction Level on Complaint Behaviours, European Journal of Marketing, 25, 9, 7-21.

Singh, J., Rhoads, G. K. (1991), Boundary Role Ambiguity in Marketing-Oriented Positions: A Multidimensional, Multifaceted Operationalization, Journal of Marketing Research, 28, 3, 328-338.

Singh, J., Verbeke, W., Rhoads, G. K. (1996), Do Organizational Practices Matter in Role Stress Processes? A Study of Direct and Moderating Effects for Marketing-Oriented Boundary Spanners, Journal of Marketing, 60, 3, 69-86.

Singh, J., Widing, R. E. (1991), What Occurs Once Consumers Complain?: A Theoretical Model for Understanding Satisfaction/Dissatisfaction Outcomes of Complaint Responses, European Journal of Marketing, 25, 5, 30-46.

Singh, J., Wilkes, R. E. (1991), A Theoretical Framework for Modeling Consumers' Response to Marketplace Dissatisfaction, Journal of Consumer Satisfaction, Dissatisfaction and Complaining Behavior, 4, 1-12.

Singh, J., Wilkes, R. E. (1996), When Consumers Complain: A Path Analysis of the Key Antecedents of Consumer Complaint Response Estimates, Journal of the Academy of Marketing Science, 24, 4, 350-365.

Sinkula, J. M., Baker, W. E., Noordewier, Th. (1997), A Framework for Market-Based Organizational Learning: Linking Values, Knowledge, and Behavior, Journal of the Academy of Marketing Science, 25, 4, 305-318.

Skiera, B., Albers, S. (1998), Regressionsanalyse, Arbeitspapier, Christian-Albrechts-Universität, Kiel.

Skiera, B., Albers, S. (2000), Regressionsanalyse, in: Herrmann, A., Homburg, Ch. (Hrsg.), Marktforschung: Methoden – Anwendungen – Praxisbeispiele, 2. Aufl., Wiesbaden, 203-236.

Skinner, B. F. (1938), The Behavior of Organisms, New York.

Slater, St. F., Narver, J. C. (1995), Market Orientation and the Learning Organization, Journal of Marketing, 59, 3, 63-74.

Smart, D. T., Martin, Ch. L. (1993), Consumers Who Correspond With Business: A Profile and Measure of Satisfaction With Responses, Journal of Applied Business Research, 9, 2, 30-42.

Smith, A. K., Bolton, R. N. (1998), An Experimental Investigation of Customer Reactions to Service Failure and Recovery Encounters – Paradox or Peril?, Journal of Services Research, 1, 1, 65-81.

Smith, A. K., Bolton, R. N., Wagner, J. (1999), A Model of Customer Satisfaction With Service Encounters Involving Failure and Recovery, Journal of Marketing Research, 36, 3, 356-372.

Sparks, B. A., McColl-Kennedy, J. R. (2001), Justice Strategy Options for Increased Customer Satisfaction in a Services Recovery Setting, Journal of Business Research, 54, 3, 209-218.

Spreng, R. A., Harrell, G. D., Mackoy, R. D. (1995), Service Recovery: Impact on Satisfaction and Intentions, Journal of Services Marketing, 9, 1, 15-23.

Spreng, R. A., MacKenzie, S., Olshavsky, R. (1996), A Reexamination of the Determinants of Consumer Satisfaction, Journal of Marketing, 60, 3, 15-32.

Stauss, B. (1989), Beschwerdepolitik als Instrument des Dienstleistungsmarketing, in: GfK (Hrsg.), Jahrbuch der Absatz- und Verbrauchsforschung, 35, 1, 41-62.

Stauss, B. (1994), Total Quality Management und Marketing, Marketing ZFP, 16, 3, 149-159.

Stauss, B. (1995), Beschwerdemanagement, in: Tietz, B., Köhler, R., Zentes, J. (Hrsg.), Handwörterbuch des Marketing, 2. Aufl., Stuttgart, 226-238.

Stauss, B. (1998), Beschwerdemanagement, in: Meyer, A. (Hrsg.), Handbuch Dienstleistungs-Marketing, Stuttgart, 1255-1271.

Stauss, B. (2002), The Dimensions of Complaint Satisfaction: Process and Outcome Complaint Satisfaction Versus Cold Fact and Warm Act Complaint Satisfaction, Managing Service Quality, 12, 3, 173-183.

Stauss, B. (2003), Kundenbindung durch Beschwerdemanagement, in: Bruhn, M., Homburg, Ch. (Hrsg.), Handbuch Kundenbindungsmanagement: Strategien und Instrumente für ein erfolgreiches CRM, 5. Aufl., Wiesbaden, 315-342.

Stauss, B. (2004), Beschwerdemanagement als Instrument der Kundenbindung, in: Hinterhuber, H. H., Matzler, K. (Hrsg.), Kundenorientierte Unternehmensführung, 4. Aufl., Wiesbaden, 341-360.

Stauss, B., Schöler, A. (2003), Beschwerdemanagement Excellence: State-of-the-Art und Herausforderungen der Beschwerdemanagement-Praxis in Deutschland, Wiesbaden.

Stauss, B., Seidel, W. (1996), Rechnerunterstütztes Beschwerdemanagement, Zeitschrift für wirtschaftlichen Fabrikbetrieb (ZWF), 91, 3, 97-100.

Stauss, B., Seidel, W. (2002), Beschwerdemanagement: Kundenbeziehungen erfolgreich managen durch Customer Care, 3. Aufl., München.

Steenkamp, J.-B., Baumgartner, H. (1998), Assessing Measurement Invariance in Cross-National Consumer Research, Journal of Consumer Research, 25, 1, 78-90.

Steiger, J. H. (1989), EzPATH: A Supplementary Module for SYSTAT and SYGRAPH, Evanston.

Stephens, N., Gwinner, K. P. (1998), Why Don't Some People Complain?: A Cognitive-Emotive Process Model of Consumer Complaint Behavior, Journal of the Academy of Marketing Science, 26, 3, 172-189.

Szymanski, D. M., Henard, D. H. (2001), Customer Satisfaction: A Meta-Analysis of the Empirical Evidence, Journal of the Academy of Marketing Science, 29, 1, 16-35.

TARP (1979), Consumer Complaint Handling in America: Final Report, Technical Assistance Research Programs, United States Office of Consumer Affairs, Washington, D.C.

TARP (1981), Measuring the Grapevine - Consumer Response and Word-of-Mouth, Technical Assistance Research Programs, United States Office of Consumer Affairs, Washington, D.C.

TARP (1986a), Consumer Complaint Handling in America: An Update Study – Part II, Technical Assistance Research Programs, United States Office of Consumer Affairs, Washington, D.C.

TARP (1986b), Consumer Complaint Handling in America: An Update Study – Executive Summary, Technical Assistance Research Programs, United States Office of Consumer Affairs, Washington, D.C.

TARP (1997), Using Complaints for Quality Assurance Decisions, Technical Assistance Research Programs, Arlington.

Tax, St. S., Brown, St. W. (1998), Recovering and Learning from Service Failure, Sloan Management Review, 40, 1, 75-88.

Tax, St. S., Brown, St. W., Chandrashekaran, M. (1998), Customer Evaluations of Service Complaint Experiences: Implications for Relationship Marketing, Journal of Marketing, 62, 2, 60-76.

Teas, R. K., Wacker, J. G., Hughes, R. E. (1979), A Path Analysis of Causes and Consequences of Salespeople's Perceptions of Role Clarity, Journal of Marketing Research, 16, 3, 355-369.

Tversky, A., Kahneman, D. (1981), The Framing of Decisions and the Psychology of Choice, Science, 211, 30, 358-453.

Valle, V. A., Wallendorf, M. (1977), Consumers' Attributions of the Cause of their Product Satisfaction and Dissatisfaction, in: Day, R. L. (Hrsg.), Consumer Satisfaction, Dissatisfaction and Complaining Behavior, Proceedings of the Second Annual Conference on Consumer Satisfaction, Dissatisfaction and Complaining Behavior, Indiana University, Bloomington, 26-30.

van Ossel, G., Stremersch, St. (1998), Complaint Management, in: van Looy, B., van Dierdonck, R., Gemmel, P. (Hrsg.), Services Management: An Integrated Approach, London, 171-196.

Villarreal-Camacho, A. (1983), Consumer Complaining Behavior: A Cross-Cultural Comparison, in: Murphy, P. E. et al. (Hrsg.), American Marketing Association Educators' Proceedings, Chicago, 68-73.

Voss, K. E., Stem, D. E., Fotopoulos, St. (2000), A Comment on the Relationship Between Coefficient Alpha and Scale Characteristics, Marketing Letters, 11, 2, 177-191.

Walker, O. C., Churchill, G. A., Ford, N. M. (1975), Organizational Determinants of the Industrial Salesman's Role Conflict and Ambiguity, Journal of Marketing, 39, 1, 32-39.

Warland, R. H., Herrmann, R. O., Willits, J. (1975), Dissatisfied Consumers: Who Gets Upset and Who Takes Action, Journal of Consumer Affairs, 9, 2, 148-163.

Webster, F. E. (1978), Management Science in Industrial Marketing, Journal of Marketing, 42, 1, 21-27.

Wegmann, Ch. (2001), Internationales Beschwerdemanagement, Wiesbaden.

Weiber, R., Adler, J. (1995), Der Einsatz von Unsicherheitsreduktionsstrategien im Kaufprozeß: Eine informationsökonomische Analyse, in: Kaas, K. (Hrsg.), Kontrakte, Geschäftsbeziehungen, Netzwerke – Marketing und Neue Institutionenökonomik, Düsseldorf, 61-78.

Weiber, R., Jacob, F. (2000), Kundenbezogene Informationsgewinnung, in: Kleinaltenkamp, M., Plinke, W. (Hrsg.), Technischer Vertrieb: Grundlagen des Business-to-Business-Marketing, 2. Aufl., Berlin, 523-612.

Weiner, B. (2000), Attributional Thoughts About Consumer Behavior, Journal of Consumer Research, 27, 3, 382-387.

Wilson, E. J., Lilien, G. L. (1992), Using Single Informants to Study Group Choice: An Examination of Research Practice in Organizational Buying, Marketing Letters, 3, 3, 297-305.

Wimmer, F. (1985), Beschwerdepolitik als Marketinginstrument, in: Hansen, U., Schoenheit, I. (Hrsg.), Verbraucherabteilungen in privaten und öffentlichen Unternehmen, Frankfurt am Main, 225-254.

Wimmer, F., Roleff, R. (2001), Beschwerdepolitik als Instrument des Dienstleistungsmanagements, in: Bruhn, M., Meffert, H. (Hrsg.), Handbuch Dienstleistungsmanagement, 2. Aufl., Wiesbaden, 266-301.

Wiswede, G. (2000), Einführung in die Wirtschaftspsychologie, 3. Aufl., München.

Withey, M. J., Cooper, W. H. (1989), Predicting Exit, Voice, Loyalty, and Neglect, Administrative Science Quarterly, 34, 4, 521-539.

Zedeck, S. (1971), Problems With the Use of 'Moderator' Variables, Psychological Bulletin, 76, 295-310.

Zeelenberg, M., Pieters, R. (2004), Beyond Valence in Customer Dissatisfaction: A Review and New Findings on Behavioral Responses to Regret and Disappointment in Failed Services, Journal of Business Research, 57, 4, 445-455.

Zeithaml, V. A. (1981), How Consumer Evaluation Processes Differ Between Goods and Services, in: Donnelly, J. H., George, W. R. (Hrsg.), Marketing of Services, Chicago, 186-190.

Zeithaml, V. A. (2000), Service Quality, Profitability, and the Economic Worth of Customers: What We Know and What We Need to Learn, Journal of the Academy of Marketing Science, 28, 1, 67-85.

Zeithaml, V. A., Berry, L. L., Parasuraman, A. (1988), Communication and Control Processes in the Delivery of Service Quality, Journal of Marketing, 52, 2, 35-48.

Zeithaml, V. A., Bitner, M. J. (2000), Services Marketing: Integrating Customer Focus Across the Firm, 2. Aufl., Boston.

Zeithaml, V. A., Parasuraman, A., Berry, L. L. (1985), Problems and Strategies in Services Marketing, Journal of Marketing, 49, 2, 33-46.

Zeithaml, V. A., Parasuraman, A., Berry, L. L. (1990), Delivering Quality Service: Balancing Customer Perceptions and Expectations, New York.

AUS DER REIHE Gabler Edition Wissenschaft

Schriftenreihe des Instituts für Marktorientierte Unternehmensführung (IMU),
Universität Mannheim
Hrsg.: Prof. Dr. Hans H. Bauer, Prof. Dr. Christian Homburg

zuletzt erschienen:

Andreas Fürst
Beschwerdemanagement
Gestaltung und Erfolgsauswirkungen
2005. XVI, 207 S., 13 Abb., 31 Tab., Br. € 49,90
ISBN 3-8350-0205-8

Christian Homburg (Hrsg.)
Perspektiven der marktorientierten Unternehmensführung
Arbeiten aus dem Institut für Marktorientierte Unternehmensführung der
Universität Mannheim
2004. IX, 434 S., Geb. € 69,90
ISBN 3-8244-7845-5

Ove Jensen
Key-Account-Management
Gestaltung - Determinanten - Erfolgsauswirkungen
2. Auflage 2004. XVIII, 201 S., 20 Abb., 47 Tab., Br. € 49,90
ISBN 3-8244-8143-X

Ralf Mäder
Messung und Steuerung von Markenpersönlichkeit
Entwicklung eines Messinstruments und Anwendung in der Werbung mit prominenten
Testimonials
2005. XVIII, 279 S., 51 Abb., 79 Tab., Br. € 55,90
ISBN 3-8244-8337-8

Alexandra Valtin
Der Wert von Luxusmarken
Determinanten des konsumentenorientierten Markenwerts und Implikationen für das
Luxusmarkenmanagement
2005. XIX, 231 S., Br. € 49,90
ISBN 3-8350-0039-X

www.duv.de
Änderung vorbehalten.
Stand: September 2005

Deutscher Universitäts-Verlag
Abraham-Lincoln-Str. 46
65189 Wiesbaden

UNIVERSITÄT MANNHEIM

Institut für Marktorientierte Unternehmensführung (IMU)

Direktoren Prof. Dr. H. H. Bauer, Prof. Dr. Ch. Homburg

- ◆ Praxisorientierte Arbeitspapiere („Management Know-how") zu aktuellen Themen in Marketing, Vertrieb und Unternehmensführung

- ◆ Wissenschaftliche Arbeitspapiere zu aktuellen Forschungsfragen in Marketing, Vertrieb und Unternehmensführung

Weitere Informationen erhalten Sie beim IMU,
Universität Mannheim, 68131 Mannheim,
Tel. 0621-181-1555, Fax 0621-181-1556,
e-mail imu@bwl.uni-mannheim.de